완덕오계, 일은

분심잡념을

물리치고

완덕오계 수련 총서
2022년호(1)

완덕오계, 일은 분심잡념을 물리치고

분심잡념과 그리스도인 신앙생활

한국순교복자성직수도회 편

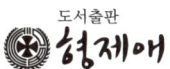

완덕
오계

完德
五誡

일은 **분심잡념을 물리치고**

이는 **사욕을 억제하고**

삼은 **용모에 명랑과 평화와 미소를 띄우고,**
　　　언사에 불만과 감정을 발하지 말고,
　　　태도에 단정하고 예모답고 자연스럽게 하고

사는 **양심불을 밝히고**

오는 **자유를 천주께 바치고 그 성의를 따를지니라.**

차례

축사 / 10
발간사 / 12

1부_ 창설자영성연구소 편

일은 분심잡념을 물리치고 ─────────── 17

01_일은, 분심잡념을 물리치고 / 18
02_분심잡념의 정의 / 23
03_영혼의 구름(분심잡념의 영향) / 33
04_분심잡념을 어떻게 물리칠 것인가 / 36
05_마치며 / 49

무의미로의 헌신 ─────────────── 51

01_설립자의 '생각' / 53
02_설립자가 말하는 정화의 단계는 무엇일까 / 59
03_설립자의 인식론 / 71
04_물리치고 / 78
05_무의미로의 헌신 / 82

2부_ 복자수도회 편

무아 방유룡 신부님의 '분심잡념을 물리치고' ——— 87
01_시작하며 / 88
02_창설신부님-분심에 동의만 하지 마라 / 90
03_나를 흔든 분심들 / 95
04_분심은 악이 떠올려 준다 / 100
05_악마는 내 뜻을 이루라고 한다 / 111
06_모든 것을 버리고 주님을 따름 / 116

방유룡 신부의 완덕오계 제일계 '분심잡념을 물리치고'에 관한 성서신학적 전망 ——— 123
01_시작하며 / 124
02_완덕오계 / 127
03_'완덕오계'에 나타난 방유룡 신부의 인간 이해 / 133
04_완덕오계의 제일계 '분심잡념을 물리치고' / 137
05_성서 안에 나타난 '나쁜 생각, 나쁜 마음' / 144
06_'분심잡념을 물리치고'의 신학적 고찰 / 154
07_마치며 / 168

완덕오계 제1계 분심잡념을 물리치고 ——— 171
01_시작하며 / 172
02_분심잡념에 대한 개념 / 173

03_분심잡념을 만나는 태도 / 179

04_최초의 분심잡념 / 184

05_마치며 / 194

무아 방유룡 신부님의 영성에 기초한 분심잡념을 물리치는
방법에 관한 연구 ──────────── 197

01_시작하며 / 198

02_분심잡념의 원인과 종류 / 201

03_분심잡념을 물리치는 기본적인 방법 / 205

04_기도 중에 분심잡념을 물리치는 데 도움이 되는 구체적인 방법들 / 211

05_마치며 / 219

3부_ **외부 전문가 편**

영신수련의 관점에서 바라본 '분심잡념을 물리치고' —— 223
01_시작하며 / 224
02_'분심잡념'이라는 말 / 226
03_분심잡념에 대한 이해를 위한 길잡이 / 229
04_'영신수련'에서의 '분심잡념을 물리치고' / 237
05_마치며 / 245

정신병리학적 관점에서 바라본 '분심잡념을 물리치고' —— 247
01_시작하며 / 248
02_분심잡념에 대한 이해 / 250
03_마치며 / 265

교부학적 관점에서 바라본 '분심잡념을 물리치고' —— 267
01_시작하며 / 268
02_용어에 대하여 / 269
03_오리게네스의 인간학 / 272
04_대 바실리우스, 하느님의 기억 / 278
05_생각의 평정 / 282
06_하느님의 기억과 하느님의 내주 / 286
07_하느님 말씀의 기억 / 291
08_마치며 / 296

| 축사 |

완덕오계 수련 총서의 첫 권 발행을 진심으로 축하합니다. 본회 형제들과 더불어 제3회원들이 완덕의 길을 걸어가는 데 작은 도움이나마 되길 기도합니다.

완덕오계는 설립자께서 우리에게 주신 보물입니다. 이 다섯 가지 계명을 지킴으로써 우리는 침묵대월을 완수하고, 면형무아로 나아갈 수 있습니다. 그렇기에 완덕오계는 단순한 머릿속 이해가 아니라 실천으로 완수해야 하는 것입니다. 설립자께서는 오계를 실천하는 정도만큼 하느님과 가까워진다고 말씀하셨습니다.

따라서 저는 이 수련 총서의 발간을 몹시 환영합니다. 해마다 완덕오계 중의 하나를 다루는 이 시리즈가 일계부터 오계까지 몇 번을 돌고 나면, 완덕에 대한 우리 형제자매들의 경험과 지식도 더욱 풍부해질 것입니다. 그래서 설립자의 영성을 어떻게 가르쳐야 할지, 사도직 현장에서 어떻게 적용하면 좋을지, 우리의 생활에서 어떻게 나누어야 할지에 대해서 좀 더 구체적인 해답을 찾을 수 있기를 기대합니다.

형제자매 여러분, 많은 미래학자들은 앞으로 영성의 시대가 올 것이라고 말하고 있습니다. 하지만 이 영성은 종교와는 아무런 상관이 없습니다. 하느님 없이 신적 체험을 하고, 하느님 없이 마음의 평화와 치유를 경험하려는 것입니다. 사람들은 더 이상 영적인 답을 종교에서 찾지 않게 되었습니다. 그러나 이러한 시대일수록 하느님을 믿고 따르는 이들의 영적 체험과 그 여정이 더 중요합니다. 마치 우리 순교자들이 주변의 불신과 회유에도 굴하지 않고 주님을 증거하였듯이, 이 시대야말로 우리의 참된 신앙을 증거해야 하는 때입니다. 그래서 우리 주님을 따르는 길이 참 평화와 구원에 이르는 길임을 세상에 보여 주어야 합니다.

이미 세상의 거짓 영성이 교회 안에도 들어와 우리를 위협하고 있습니다. 그러니 형제자매 여러분, 부디 완덕오계를 실천하기 바랍니다. 하느님을 향해 걸어가는 여러분의 영적인 여정만이 이 모든 것에 대한 해답입니다. 면형무아를 위해 힘차게 나아가고, 그 경험을 형제자매들과 세상에 다시 나누어 주기를 부탁합니다.

다시 한번 이 책의 출간을 축하하면서, 우리 모두가 완덕 절정을 지나 면형무아에 이르기를 기도합니다.

2022. 4.

한국순교복자성직수도회 총원장 **양 낙 규** 라파엘

| 발간사 |

찬미예수님! 먼저, 이 책을 읽는 모든 분들에게 주님의 평화가 함께하기를 기도합니다.

완덕오계 수련 총서의 첫 권이 마침내 빛을 보게 되었습니다. 이 책을 내는 데 도움을 주신 모든 분들께 감사의 인사를 드립니다. 수련 총서는 연간지로서 매년마다 완덕오계 중 한 가지를 집중적으로 다룰 예정입니다. 그리하여 보다 많은 이들이 완덕오계를 쉽게 실천하여 면형무아에 더 가깝게 다가가는 것이 목적입니다. 작은 한 걸음이지만, 매년 노력과 성의를 다할 것을 약속드립니다.

이 책의 구성은 크게 3부로 되어 있습니다. 1부는 창설자영성연구소에서 일계를 실천하는 데 필요한 개념을 설명하는 글 두 편을 실었습니다. 분심잡념이 무엇을 의미하는지, 그리고 설립자 영성의 보다 큰 틀에서 어떤 자리를 차지하고 있는지 고찰하는 내용입니다.

2부에서는 같은 영성으로 살아가는 본 수도회의 형제들과 한국순교복자수녀회 수녀님의 글들을 모았습니다. 수도생활 동안 일계에 대해 배우고, 경험한 것을 자유로운 형식을 빌려 형제자매들에게 전하고자 했습니다. 그래서 이미 글을 쓸 때부터 형식에 구애

받지 않고, 수도회 안에서 완덕오계를 살았던 경험과 지식을 나누어 주십사고 저자분들에게 부탁하였습니다. 그렇기에 2부의 글은 수련 총서라는 취지에 가장 부합하는 내용이기도 합니다.

3부는 외부의 전문가분들께서 분심잡념에 관해 작성해 주신 글입니다. 본 수도회의 영성을 떠나 교회의 역사 안에서 분심잡념을 어떻게 다루고 있는지, 그리고 다른 수도회의 영성 안에서는 분심잡념에 대해 어떻게 가르치는지 배우기 위함입니다. 이를 통해 형제자매들의 시각이 보다 넓어지기를 바랍니다. 부족한 시간임에도 열과 성을 다해 주신 성바오로 수도회의 황인수 신부님, 예수회 박경웅 신부님, 성안드레아병원 진료부장이신 최영숙 선생님께 진심으로 감사의 인사를 전합니다.

힘든 사도직 가운데 시간을 내어 글을 작성하신 본회의 형제들과 함께 작업을 논의하고 격려해 준 학술위원회, 아낌없는 지지를 보내주신 총원장 신부님께 감사를 표합니다.

부디 주님의 은총이 모든 이의 마음에 닿기를 기도합니다. 한국의 모든 순교자들이시여, 저희를 위하여 빌어 주소서!

2022. 4.

창설자영성연구소 소장 **엄 상 일** 비오

일은
분심잡념을
물리치고

분심잡념과
그리스도인 신앙생활

1부

창설자영성연구소 편

일은 분심잡념을 물리치고

창설자영성연구소

01_ 일은, 분심잡념을 물리치고

02_ 분심잡념의 정의

03_ 영혼의 구름(분심잡념의 영향)

04_ 분심잡념을 어떻게 물리칠 것인가

05_ 마치며

01   일은, 분심잡념을 물리치고

설립자인 무아 방유룡 안드레아 신부님의 영적인 지향점은 면형무아麪形無我이다.[1] 그리고 이 목표를 향해 나아가는 데 있어 반드시 필요한 것이 우리의 협조協助다. 물론 성인이 되는 것은 하느님의 힘으로 가능한 것이지만, 이 힘이 내려오기 위해서는 인간의 협조도 함께 해야 한다.[2]

따라서 설립자는 우리에게 협조의 방법을 가르쳐 주었으니, 점성點性·침묵沈默·대월對越과 향주칠법向主七法 같은 것들이다.[3] 이들은 아는 데서 그치면 안 되고, 숙달, 훈련, 수련하여 저절로 되게 실천해야 한다.[4] 설립자는 다음과 같이 충고한다.

> 하느님께서 우리에게 성녀 되라고 가르쳐 주신 것이 있으니 침묵, 대

---

[1] 주 예수와 하나가 된 것으로, 본회 영성의 지향점이다. 누룩 없는 제병(면형)에 성령께서 오시어 주 예수의 몸인 성체로 변하듯이, 우리도 사욕 없는 무아를 통해 성령을 모시어 주 예수와 일치하는 것을 말한다. 『영혼의 빛』 강론 편 1967.8.1; 1968.8.19; 1968.8.20. 이하 날짜만 기입한 것은 『영혼의 빛』 강론 편을 지칭한다.

[2] 1962.4.13.

[3] 1962.1.17. "우리 수도자들에게 가르쳐 주는 것 특별한 것이 있으니 침묵십계 대월삼칙 향주칠법 그 외 신비입니다."; 1962.5.10; 1962.9.17.

[4] 1961.10.18; 1968.8.19.

월, 향주칠법, 여러 가지 신비가 그것입니다. 사람은 음식으로만 사는 것이 아니라 하느님의 말씀으로 살아가는 것이니, 음식을 먹으면 소화시켜야 하는데 못 시킨다면 먹지 않는 것과 같습니다. 이와 같이 배운 것을 실천해야 되고 노력하여야 되는 것입니다.(1961.10.18)

완덕오계完德五誡는 바로 이렇게 실천하고 노력하려는 사람들을 위한 것이다. 설립자는 많고도 많은 말씀이 있는데 어찌 그것을 다 실천하겠느냐며, 그 중에 완덕오계만 하면 된다고 가르친다.[5] 이보다 간단한 것은 없으며, 하겠다는 마음과 성의만 있으면 된다는 것이다. 실제로 설립자는 완덕오계가 하느님의 마음대로, 하느님의 생각대로 살 수 있는 틀이라고 말하면서,[6] 이를 지키며 살려고 애쓰는 것이 수도생활의 직분에 충실한 것이며,[7] 하느님을 내 마음에 모시는 방법이라고 말한다.[8]

이토록 큰 중요성 때문에 설립자는 완덕오계를 특별히 잘 지키라고 당부하셨고,[9] 이 책의 목적 역시 다르지 않다. 우리의 일상생

---

5 1960.6.26; 1960.10.12; 1960.12.2; 1963.4.1; 1963.8.18. "말씀이 많고도 많은데 이것을 어찌 다 실천하겠나? 그 중에 완덕오계만 하면 된다. 이것보다도 더 간단한 것은 없다. 하겠다는 마음과 성의만 있으면 된다."
6 1963.8.15.
7 1961.2.18.
8 1964.2.7.
9 1962.6.14.

활이 완덕오계의 실천이 되게 하려는 것이다.[10] 이 글은 그 중에서도 일계('분심잡념을 물리치고')의 실천에 필요한 기초 개념들을 설명하는 데 중점을 두고 있으며, 다음의 세 가지를 명확하게 풀어내려고 한다. 1) 설립자가 이야기하는 분심잡념이란 무엇인가? 2) 분심잡념은 우리에게 어떤 영향을 미치는가? 3) 분심잡념에 어떻게 대처해야 하는가? 본 연구소는 이에 대한 해답으로 아래의 강론을 제시한다.[11]

수도생활에 있어 그 기초가 분심잡념 물리치고 사욕을 누르는 데 있는 것을 예수님은 친히 말씀하셨다. "너 만일 완전한 자 되고자 하거든 가서 가진 것을 팔아 빈궁한 자에게 주라. 너 하늘에 보배를 얻으리니 그때는 와서 나를 따르라."(마태 19,21) "누가 나를 따르되 만일 그 부친과 모친, 아내와 자녀, 형제와 자매, 또한 자기 생명까지도 미워하지 않으면 능히 나의 제자가 되지 못할 것이요, 또 자기 십자가를 지지 아니하고 나를 따르지 아니하는 자는 나의 제자가 되지 못하리라."(루카 14,26-27) 상기 말씀은 분심을 없애기 위하여 그 원인이 되는 혈육과 재물을 다 버리고 죄벌罪罰의 근원이 되는 사욕을 십자가를 짐으로써 누르고 따라오라고 하셨다. 혈육과 재물을 끊지 않고 십자가를 지지 않으면서 수도생활하는 사람은 불 붙은 데 기름을

---

10 『사랑이 사랑을 위하여』(이하 『사사』), 열심 편. "일상생활 방침은 완덕오계 실천화다. 이것만 하면 성인이 된다."
11 이하 '본 강론'으로 지칭한다.

부으면서 불을 끄고자 하는 것과 같다. 기름을 부으니 꺼질 수가 있겠는가! 혈육과 재물에 대한 욕심이 불에 기름과 같은 것이다. 그러므로 끊어야 할 것이다. 육친에 대한 애정, 물질에 대한 욕심, 이것이 분심잡념이요, 영혼의 구름이므로 빛을 도무지 못 보게 된다. 빛을 못 보면 우리는 캄캄한 속에 헤매며, 원망, 불만, 불평으로 지내게 되는 것이다. 분심잡념을 물리치고, 사욕 누르는 것이 우리의 일생 사업一生事業이요, 우리 주 예수께서 명하신 것이고, 당신이 친히 실행으로 가르쳐 주신 것이다.(『영혼의 빛』 강론 편 1959.3.9)

'입문적' 성격을 고려할 때 본 강론은 몇 가지 장점을 지니고 있다. 무엇보다 큰 것은 분심잡념의 정의와 원인, 결과를 간단명료하게 제시하고 있다는 점이다. 설립자는 강론 안에서 "육친에 대한 애정, 물질에 대한 욕심, 이것이 분심잡념"이라고 정의한다. 육친과 물질은 원인(또는 재료)이며, 이들에 대해 애정과 욕심을 가지는 것이 분심잡념이다. 결과 역시 명확한데, 분심잡념은 영혼의 구름으로써 (영혼의) 빛을 보지 못하게 한다. 따라서 사람은 캄캄한 속에서 헤매며, 원망과 불만, 불평으로 지내게 된다고 설립자는 설명

분심잡념의 정의	육친에 대한 애정, 물질에 대한 욕심
분심잡념의 원인	육친과 물질(=혈육과 재물)
분심잡념의 효과	1) 분심잡념은 영혼의 구름 2) 따라서 영혼의 빛을 보지 못함 3) 그 결과로 어둠속에서 헤매며 원망, 불만, 불평

한다. 이렇게 간결하면서도 분명한 정의를 통해 우리는 일계를 이루는 분심잡념의 핵심 개념들을 쉽게 파악할 수 있다.

다만, 이렇게 내용 제시가 단순한 만큼 충분한 이해를 위해서는 설립자의 전체 영성 안에서 비추어 보는 과정이 반드시 필요하다. 따라서 이 글에서는 본 강론을 기초로 하여 설립자가 제시한 일계를 주제에 따라 상세히 풀이해 보도록 하겠다.

02 분심잡념의 정의

대부분의 분심잡념에 관한 정의에서는 분심거리가 무엇인지 전혀 중요하지 않다. 일반적으로 주의산만, 주의력 산만, 또는 즉흥적으로 떠오르는 생각이나 떠도는 마음이라고 분심잡념을 규정하기 때문에, 그 생각의 재료가 무엇이든지 큰 상관이 없다.[12] 뭐라도 분심거리가 될 수 있는 것이다. 이에 반해 설립자의 정의는 실로 독특한 데가 있다. 왜냐하면 그 대상(재료, 원인)을 명확하게 규정하고 있기 때문이다. 비단, 본 강론에서만이 아니라 다른 자료에서도 육친과 물질(=혈육과 재물)이 분심의 원인이며, 재료라는 생각을 일관적으로 보여 준다.[13] 그래서 결과적으로 볼 때, 분심잡념이란 '육친에 대한 애정'과 '재물에 대한 욕심'이라는 아주 특정한 두 가지 상태(혹은 행위)를 지칭하는 내용이 되었다.

이러한 정의가 나온 배경은 아마도 본 강론에 나오는 복음 말씀일 것이다. 설립자는 마태오 복음 19장 21절의 말씀과 루카 복음 14장 26절에서 27절까지의 말씀을 인용하는데, 이들은 본 강론에

---

[12] 『가톨릭 대사전』 6권, 「분심잡념」, 3,686쪽; 『가톨릭교회 교리서』 2729항; Halvor Eifring, "Spontaneous thoughts in meditative traditions.", *Meditation and culture: The interplay of practice and context*, 2015, p.200.

[13] 1959.4.19; 1959.9.21; 1961.9.22; 1962.6.9.

서 분심잡념을 물리쳐야 하는 근거가 되고 있다.[14] 부친과 모친, 아내와 자녀, 형제와 자매를 미워하고, 가진 것을 팔아 가난한 이에게 주라는 복음 내용을 분심을 없애기 위해 그 원인이 되는 것을 다 버려야 한다는 뜻으로 해석하는 것이다.[15] 이 과정에서 '무엇인가에 집중하지 못하고 있는 산만한 상태'보다는 복음에 나오는 '육친과 재물'이라는 재료(원인)가 분심잡념의 정의에서 더 본질적인 역할을 맡고 있다. 따라서 일계를 이해하기 위해서는 이 두 가지 재료의 특성을 먼저 이해하는 것이 필요하다.

1) 육친에 대한 애정

본 강론에서 루카 복음은 육친을 "부친과 모친, 아내와 자녀, 형제와 자매"라고 표현한다. 이는 일반적인 혈육, 육친의 의미에서 벗어나지 않는 개념이다. 그런데 설립자는 이 복음 구절을 수도자의 입장에서 재해석한다. 그 결과로, 원래 같은 혈육의 범주에 있었던 부모·형제와 아내·자녀 사이에 분리가 일어난다. 왜냐하면 수도자에게 부모·형제는 이미 가지고 있는 관계인데 반해, 아내와 자녀, 후손 등은 미래의 가능성만으로 남아 있으며, 수도생활과 양립이 불가능하기 때문이다. 따라서 분심의 원인인 육친을 끊어

---

14 다음과 같은 소개 구절 뒤에 복음을 인용한다. "수도생활에 있어 그 기초가 분심잡념 물리치고 사욕을 누르는 데 있는 것을 예수님은 친히 말씀하셨다."
15 "상기 말씀은 분심을 없애기 위하여 그 원인이 되는 혈육과 재물을 다 버리고 죄벌(罪罰)의 근원이 되는 사욕을 십자가를 짐으로써 누르고 따라오라고 하셨다."

버린다는 것도 두 가지 의미를 지닌다. 부모·형제의 경우에는 이미 가지고 있는 관계를 '떠남'을 의미하지만, 아내·자녀의 경우에는 미래의 가능성에 대한 '포기'를 뜻하는 것이다.

뿐만 아니라, 이들에 대한 '애정'도 내용에 있어서 차이가 난다. 먼저, 부모·형제의 경우, 이들에 대한 애정이 그 자체로 잘못된 것만은 아니다. 왜냐하면 부모·형제는 하느님과 예형론적豫型論的 관계를 맺고 있기 때문이다. 자연계를 보고 신비계를 알아보라는 창설자의 말씀처럼 혈육인 부모·형제는 하느님과의 관계를 미리 보여 주는 예형(모상)이다.[16] 그렇기에 부모님이 우리에게 주신 사랑을 통해 우리는 하느님의 더 큰 사랑을 볼 수 있어야 한다.[17] 예를 들어 우리가 병들 때 우리를 위해 약을 지어 먹이고, 우리가 잘하여 칭찬 받고 드러나게 되는 것을 기뻐하는 부모를 보면서, 그렇게 하느님도 우리를 위해 주시고 기뻐하신다는 것을 알아야 하는 것이다. 이처럼 부모의 사랑은 더 크신 하느님의 사랑을 보여 주기 위해 미리 한 가닥 떼어 주신 것이다.[18] 부모·형제가 이렇게 하느

---

[16] 1959.7.17.

[17] 1959.7.7; 1961.10.15; 1963.8.19; 1968.8.18; 1970.1.25.

[18] 1959.8.22; 1959.8.21; 1959.8.28. "자연계는 하느님의 사업인 신비사업의 준비 사업이며, 신비계는 최종 목적인 성화사업으로써 영혼과 관련한 것이다. 결국에는 후자가 전자를 완성하는 관계다. 그런데 창설자의 영성에서 육친과 하느님 사이의 관계는 준비사업인 자연계와 본 사업인 신비계의 관계와 같다. 창설자가 자연계도 그 자체로 좋은 것이라고 했듯이 육신의 부모나 형제도 분심의 원인이기는 하지만 그 자체로 나쁜 것은 아니다."

님의 사랑을 미리 보여 주기에 그 자체로 나쁜 것은 아니며, 오히려 하느님께서 허락하신 애정이다. 중요한 것은 이 때문에 하느님의 것을 잃으면 안 된다는 것이다.[19] 우선순위에서 철저히 하느님 다음이다.[20] 이를 강조하기 위해 설립자는 하느님과의 관계에서 절대적 인연을 강조한다.[21] 따라서 부모·형제의 경우, 이들에 대한 애정 자체로 잘못된 것은 아니나, 그 애정이 하느님에 대한 사랑보다 더 우위에 있을 때 분심잡념을 형성한다고 말할 수 있다.

반대로, 처자에 대해서 설립자는 분명한 단절을 강조한다. 왜냐하면 수도생활의 본질에 해당하는 독신생활과 양립할 수 없는 개념이기 때문이다. 그래서 부모·형제가 수도자에게 있어 우선순위의 문제였던 데 반해, 처자는 서로 양립이 불가능한 택일의 문제이다. 부모·형제의 예형론적 성격과는 달리 여기에는 분명히 상호 대립하는 단절이 존재하는 것이다. 그렇기 때문에 독신생활의 가치에 반하는 그 어떤 생각이라도 분심잡념을 형성한다.[22] 그리고 이러한 분심은 하느님의 맛을 못 느끼고, 하느님께 애착이 없다는

---

[19] 1962.4.13. "부모, 형제에 대한 애정은 하느님께서 허락하신 애정이니까 해도 되나 이것 때문에 하느님의 것을 잃으면 안 된다."

[20] 1962.10.20.

[21] 1963.8.16. "지극히 복된 자가 된다고 하셨는데 주 예수 모르는 이는 몰라도 우리는 주 예수를 위하여 부모, 형제, 친척, 처자를 떠났고, 세속이 불쌍하다고 보는 이들이요, 하느님과 예수님과 우리는 절대적 인연을 맺고 있다."; 1959.2.21. "우리와 하느님과의 관계는 절대적이다."

[22] 설립자는 분심의 원인인 육친과 재물을 종종 육신생활과 세상 복락으로 보면서 이에 반하는 독신생활의 가치를 설파한다. 1959.5.25; 1960.9.23; 1960.12.4.

표지이다.[23]

2) 재물에 대한 욕심

재물은 육친과는 전혀 다른 속성을 가지고 있는데 부속성附屬性이 바로 그것이다.[24] 한마디로 표현하자면, '덤으로 주시는 것'이다.[25] 설립자에게 이에 대한 직접적인 표상은 솔로몬이다.[26] 그 중 자주 반복되면서 핵심이 되는 구절은 다음과 같다.

> 솔로몬이 하느님의 성총인 지혜를 청하였더니 재물은 덤으로 주셨습니다.(1962.3.9)

이처럼 재물이란 하느님 나라와 그 의덕을 구할 때 저절로 따라오는 것이다. 그렇기에 재물이 우리 욕심의 대상이 되어서는 안

---

[23] 1970.2.8. "특히 우리 수도자는 독신생활인데 하느님의 맛을 못 느낀 이, 하느님께 애착된 마음이 없는 이, 이 생활 할 수 없다. 한다 해야 표리부동한 생활이다."
[24] 1959.7.17. "이 부속성은 자연계 창조가 신비계 창조인 성화사업에 대해 가지는 본래적인 속성이다. 이 자연계의 창조는 하느님께서 뜻하신 본 사업의 준비 사업이요, 하느님께서 뜻하신 본 사업은 성화사업이다. 하느님은 이것만 생각하신다. 벌써 몇 번 말해 온 것이나 준비 사업인 우주의 삼라만상도 얼마나 아름답고 풍성하냐? 아직까지도 이 우주 사이에 되는 것을 우리 인간은 다 모른다. 준비에 지나지 않는 이 우주가 이럴 때야 하느님 뜻하신 본 사업은 얼마나 아름답고 풍부하고 깊을까. 하느님의 빛이 아니면 느끼고 깨달을 수 없다. 성화사업을 하는 이 위해 덤으로 주려고 내신 것이라고 우리 주 예수 말씀하셨다. 성화사업에만 힘쓰면 다른 것은 덤으로 주신다."
[25] 설립자는 물질과 관련하여 이 표현을 자주 사용하고 있다. 1960.9.21; 1962.9.17; 1962.9.18.
[26] 1959.7.17; 1961.8.21; 1961.10.15.

되며, 물질에 대한 신경, 염려, 걱정은 그 자체로 분심잡념이라고 할 수 있다.[27]

그런데 이 재물, 물질이란 정확히 무엇을 의미하는 것일까? 사실, 설립자에게 재물은 그 의미의 범주가 매우 넓은 개념이다. 창설자는 완덕오문完德五門이라는 영적 여정의 단계를 설명하면서 재물을 끊어 버림[28]이 '모든 것'을 다 끊어 버림을 의미한다고 말하고 있다. 재물이라는 표현이 자연계의 모든 것을 뜻한다는 것이다. 따라서 굉장히 광범위한 해석이 되는데, 자연계 전체가 분심의 원인이 될 수도 있다는 것이다.

이러한 생각은 설립자의 창조관과 맞닿아 있다. 설립자는 하느님의 창조사업을 두 가지 단계로 본다. 첫째는 물질의 창조사업(자연계)이요, 둘째는 영신靈身의 창조사업(신비계)이다.[29] 당연히 이 중에 더 중요한 사업은 후자이다. 육신에 관한 사업은 영혼사업을 돕기 위한 사업이며, 유한한 것을 특성으로 한다.[30] 때문에 영적인 것이 아닌 물질적인 것을 선택하는 것 자체가 어리석음이

---

27 1962.9.17. "강림 14주일 복음에 '참새도 먹이시고 백합도 입히신다. 하물며, 너희에게야! 그러니 왜 걱정하느냐, 다만 천국과 그의 의를 구하라. 이 모든 것은 아버지께서 덤으로 주신다' 하셨다. 하느님을 믿거든 그렇게 할 수 없다. 이렇게 사는 이는 물질에 대해 걱정하게 아니 하실 것이다."; 1962.9.18. "그러므로 심중 천국 건설해야 한다. 너희가 천국과 그 의덕을 구하면 다른 것은 덤으로 주신다 하셨는데, 덤으로 받는 것은 물질계를 말함이다."

28 1964.9.15.

29 1958.12.4.

30 1959.2.8; 1959.8.21.

다.[31] 부속적인 것 때문에 본질적인 것을 잃어버리는 것이다. 당연히 재물이 뜻하는 모든 것 역시 자연계의 것이기에 거기에 묶여 신비계로 나아가지 못하는 원인이 되어서는 안 된다. 만약, 자연계의 어떤 것 때문에 영적인 선택을 하지 않는다면, 이는 잘못된 애착관계에 빠진 것이며, 분심잡념에 빠진 것이다. 때문에 분심잡념을 물리친다는 것의 본질은 유한한 물질계의 유혹에서 벗어나 신비계로 들어가는 데 있다고 볼 수 있다. 설립자는 이를 다음과 같이 표현한다.

> 세상의 유한한 빛 물질계의 빛은 무한한 빛 앞에서는 캄캄한 암흑이다. 세상의 빛이라고 하는 금, 은, 보석은 진구덩이요 세속 사랑은 어름장과 같은 것이다. 이 유한한 빛을 버리고 무한한 빛을 얻으려면 누구나 다 할 수 있는 쉬운 방법을 가르쳐 주셨다. 나쁜 생각 나쁜 마음을 물리치는 이 방법, 우리 수도자뿐만 아니라 모든 사람이 다 할 수 있는 것이다.(1959.3.13)

다른 한편으로, 설립자는 자연계에 대한 인간 욕심의 허망한 본질도 분명히 지적한다. 하느님 이외의 것에 대한 욕심은 그 자체로 한계가 존재한다는 것이다. 자연계는 유한함을 특징으로 하는데, 본성상 인간이 바라는 것은 끝이 없기에, 오직 하느님을 모

---

[31] 1959.3.13; 1959.4.20; 1962.9.18; 1963.9.19.

셔야만 한이 없는 욕심을 채울 수 있다고 설립자는 이야기한다.

> 사람이 바라는 것은 무한하다. 의욕을 한이 없게 만드셨다. 하느님을 모셔야만 한다. 한이 없는 욕심은 한이 없는 복락으로 채워야 된다.(1968.8.20)

따라서 무한한 욕심을 유한한 물질로 채우려는 생각, 그리고 덤으로 주시는 것인데도 불구하고 그 덤을 얻으려고 애쓰는 생각들은 모두 분심잡념이 된다. 설립자는 물질에 대한 욕심에 빠지는 어리석음을 경계하며 다음과 같이 표현한다.

> 속인은 물질을 얻으려고 전력을 기울이고 애쓰는데, 수도자는 하느님 공경하는 데만 전력을 기울이고 애쓴다. 그러면 물질계는 하느님 그냥 주신다. 이것을 깨닫게 해 주신 것만 해도 특별한 은혜이다. 물질 얻기 위해 속인은 생명 바치고 덤을 빈다.(1962.5.10)

3) 분심잡념이란 무엇인가

설립자는 분심잡념을 특정 대상에 대한 애정과 욕심이라고 표현함으로써 일종의 애착관계로 표현한다. 이는 『가톨릭교회 교리서』와 비슷한데, 교리서 역시 분심이 우리가 무엇에 집착하는지 알려준다고 말한다.[32] 하지만 주의해야 할 것은 모든 애정과 욕심, 애착이 나쁜 것은 아니라는 점이다. 무아 방유룡 신부는 인간이라면 누구나 원욕, 애정, 정서를 가지고 있다고 말한다. 다만, 여기서 문제는 방향성이며 우선순위다. 우리의 애정과 욕심은 하느님께로 기울어야 하며, 하느님에 대한 것이 우선적이어야 한다.[33] 이를 망각할 때 우리는 잘못된 애착관계에 빠지게 되며, 그로 인해 영혼의 구름 안에 머물게 되는 것이다. 그래서 분심잡념을 이해할 때는 이 방향성과 우선순위를 항상 염두에 두고 있어야 한다.

이제까지의 풀이를 정리하면 다음과 같다.
① 분심잡념이란 육친에 대한 애정, 물질에 대한 욕심이다. 육친과 물질은 분심의 원인이며, 이들에 대한 애정과 욕심이 분심잡념이다.
② 하느님보다 부모·형제에 대한 애정을 우선으로 여길 때, 독신생활에 대한 완전한 선택이 이루어지지 않을 때, 이는 잘못된 방향의 애정이며 분심에 빠진 것이다.
③ 재물이란 하느님 나라와 그 의덕을 구할 때 저절로 따라오는 것이기에 그것이 우리 욕심의 대상이 되어서는 안 된다.[34] 따라서

---

32 『가톨릭교회 교리서』, 2729항. "분심은 우리가 무엇에 집착하고 있는지를 알려 주므로, 이것을 하느님 앞에서 겸손되이 깨달으면, 하느님에 대한 우리의 우선적인 사랑이 일깨워질 것이다."
33 1963.12.6; 1968.8.18. "예수님께 애착하는 데, 봉사하는 데 전력을 기울인다는 것, 이것이 얼마나 큰 일인가?"
34 1962.9.17; 1962.9.18.

물질에 대한 신경, 염려, 걱정은 그 자체로 분심이다.

④ 분심잡념을 물리친다는 것의 본질은 유한한 물질계에서 벗어나 신비계로 들어가는 데 있으며, 『가톨릭교회 교리서』도 제시하듯이 우리가 애착하고 있는 것을 깨닫고, 하느님에 대한 우리의 우선적인 사랑을 일깨우는 과정이다.[35]

---

35 『가톨릭교회 교리서』, 2729항.

03   영혼의 구름(분심잡념의 영향)

육친에 대한 애정, 물질에 대한 욕심, 이것이 분심잡념이요, 영혼의 구름이므로 빛을 도무지 못 보게 된다. 빛을 못 보면 우리는 캄캄한 속에 헤매며, 원망, 불만, 불평으로 지내게 되는 것이다.

분심잡념이 영혼의 구름이라 불리는 것은 빛을 보지 못하게 하기 때문이다. 그래서 우리가 분심잡념에 빠져 있을 때, 우리는 어둠 속을 헤매게 된다. 그렇다면 분심이 보지 못하게 하는 이 빛은 무엇일까? 여기에서의 빛은 당연히 자연세계의 물리적인 빛을 의미하지 않는다. 이 빛은 신비세계의 빛, 영혼의 빛을 가리킨다. 1959년 8월 21일자 강론은 우리에게 신비계의 빛의 특징을 잘 보여 주고 있다.

신비세계: 자연세계와 같이 빛이 필요하다. 그러나 이 빛은 자연계 빛이 아니다. 하느님에게서 직접 나오는 빛이다. 침묵십계에서만 만들 수 있는 빛이다. 이 빛에서 모든 선과 완덕과 복이 나온다. 또 이 빛이 곧 성신이시니 성신과 일치하게 되는 것이다. 곧 성인이 되는 것이다. 이 신비계에서는 시시각각으로 창조가 계속되는 당신 최종 목적인 성화사업의 대상인 영혼이 창조된다.(1959.8.21)

신비계의 빛은 우리가 완덕을 이룰 수 있게 하는 비결이며 힘이다. 모든 선과 완덕과 복이 여기에서 나오며, 이 빛을 통해 성령과 일치할 수 있다. 또, 우리는 빛을 통해 하느님과 친해지고,[36] 빛이 많이 올수록 하느님을 많이 알아 하느님께서 원하시는 것만 해 드리게 된다.[37] 이렇게 빛은 우리가 하느님의 자녀가 되기 위해 필요한 생명이며 피다.[38] 설립자는 한 걸음 더 나아가 이 빛이 곧 하느님이라고까지 표현한다.[39] 따라서 이 빛을 받는 것은 하느님이 하시는 영혼사업의 완수를 위해 반드시 필요한 것이다. 설립자는 이를 위해 나쁜 생각과 나쁜 마음을 먹지 말아야 한다고 전한다.

> 영신계 창조사업에 있어서도 먼저 빛이 있어야 한다. 이 빛이 곧 하느님이시다. 이 빛을 받아야 하느님이 원하시는 빛, 그것으로 하느님의 마음과 같은 착한 사람이 될 수 있는 것이다. 이 빛을 받을 때가 영적 창조사업이 끝나는 때다. 이 빛을 받기 위하여는 나쁜 생각과 나쁜 마음을 먹지 아니해야 한다.(1958.12.4)

분심잡념을 물리쳐야 하는 이유도 여기에 있다. 육친에 대한 애정, 물질에 대한 욕심과 같이 잘못된 방향을 지닌 애착은 마치 구

36　1959.7.7; 1961.2.18.
37　1959.7.19.
38　1959.8.24; 1959.8.25.
39　1958.12.4; 1970.5.26.

름처럼 이 빛을 가로막는다. 그리고 그 결과는 원망과 불만, 불평과 같은 삶에 대한 불만족이다. 게다가, 거기서 그치는 것이 아니라 또 다른 결과마저 일으키는데, 첫째는 그로 인한 죽음이요, 둘째는 예수님을 보지 못한다는 것이다.

> 불만, 불평, 원망을 한다면 그 불만, 불평, 원망은 첩첩이 쌓여 결국은 그 불만, 불평, 원망에 죽게 된다.(1961.9.29)

> 우리 사람은 얼마나 캄캄한가! 분심잡념 속에서, 사욕 속에서, 걱정으로, 근심으로, 싸움으로, 증오로, 원망으로 헤매고 있다. 헤매기만 하므로 예수님을 도무지 알아보지 못한다.(1959.3.17)

걱정, 근심, 불만, 불평은 오늘날 일종의 스트레스나 그 결과물로 받아들여지며, 많은 고통의 원인이다. 그런데 설립자는 이 스트레스의 원인이 우리 자신의 분심잡념에 있다고 본다. 우리 자신의 잘못된 애착이 영혼의 빛을 보지 못하게 하여, 우리 삶을 고통과 죽음에 이르게 하고, 예수님도 알아보지 못하게 한다는 것이다. 그렇기에 삶의 불만족 속에서 스스로 고통 받는 사람들은 분심잡념을 물리침으로써 영혼의 구름에서 벗어나기 위해 노력해야 한다. 또한, 영적으로 진일보하려는 이들 역시 먼저 빛을 받기 위해 분심잡념을 물리쳐야만 한다.

04 분심잡념을 어떻게 물리칠 것인가

그렇다면 우리는 분심잡념을 과연 어떻게 물리칠 수 있을까? 이에 답하기 위한 가장 좋은 방법은 침묵대월과 협조에 대해 아는 것이다. 왜냐하면 이들을 간단히 정리해 놓은 것이 완덕오계이기에 침묵대월과 협조의 원리를 그대로 적용할 수 있기 때문이다.

먼저, 침묵대월을 살펴보면 크게 침묵십계沈默十誡와 대월삼칙對越三則으로 나눌 수 있다.[40] 침묵십계는 육신침묵과 영혼침묵으로 나뉘는데, 극기로써 다스려야 할 열 가지 대상을 말한다.[41] 대월삼칙은 내 자작으로 하지 않고 하느님께서 가르쳐 주시는 것만 행하며, 하느님께서 좋아하시는 것만 하는 3단계로 구성되어 있고, 이를 통해 하느님과 가까워지는 과정이다.[42] 이 중 일계는 침묵십계에 해당하며, 그 중에서도 육신내적침묵에 속한다.

빛을 받는 또 다른 방법은 협조이다. 내용적으로는 매우 다양

---

[40] 1959.1.27. "빛은 침묵십계(沈默十誡)와 대월삼칙(對越三則) 생활에서 받게 됨은 우리가 기억하고 있는 것이다."

[41] 1961.8.22. "침묵은 십계인데 육신침묵, 영혼침묵 두 가지로 볼 수 있겠습니다. 육신침묵에는 내(內) 침묵으로 분심잡념 사욕을 없애고 외(外) 침묵으로는 이, 목, 구, 비, 수족, 마음이며, 영혼침묵에는 이성 침묵과 의지 침묵이 있습니다."

[42] 1961.8.3.

한 양식을 포함하고 있는데, 결점을 고치려고 애쓰는 것,[43] 하느님을 연구해서 알려고 애쓰는 것,[44] 자기는 돌아보지 않고 하느님만 생각하는 것,[45] 심지어 앞서 말한 침묵대월과 완덕오계[46]까지 포함하는 광범위한 개념이다. 사실, 설립자 영성의 모든 방법이 협조에 해당한다고 말할 수 있다. 따라서 협조의 핵심은 구체적인 방법론에 있지 않다. 오히려, 은총을 받기 위해 필요한 우리의 자세, 성화를 위해 해야 할 우리의 몫을 강조한다. 설립자의 은총과 의화론의 정수라고 할 수 있는 개념이며, 이의 바탕을 이루는 원칙을 간단히 이야기하자면, 우리가 협조하면 하느님의 힘이 달려온다는 것이다.[47] 비록, 하느님께서 모든 것을 이루시지만, 우리가 그분께 협조하는 정도에 따라 은총을 받을 수 있다.[48] 그래서 우리가 협조만 해 드리면 성화는 저절로 된다는 것이다.[49] 요약하자면, 성화에 이르기 위해 필요한 우리의 몫이 있으며, 우리에게도 '애쓰고 노력하는 것'이 필요하다는 것이다.[50] 우리의 주제인 나쁜 생각을 물리치는 것 역시 은총을 받기 위해 우리가 애쓰고 노력해야

---

43 1959.8.18.
44 1960.6.19.
45 1960.9.26.
46 1960.6.5.
47 1962.9.22.
48 1959.5.3; 1959.3.12; 1960.6.5.
49 『사사』, 죄 안 짓는 비결 편.
50 1960.11.6; 1960.11.13; 1960.12.18.

할 부분에 속한다.[51]

이처럼 분심잡념을 물리치는 것은 침묵대월과 협조의 한 부분이다. 때문에, 일계의 실천 방법을 알기 위해서는 보다 상위 개념인 침묵대월과 협조의 원리를 잘 이해하는 것이 필요하다. 본 강론에서 설립자가 말하는 "물리치고", "버리고", "끊어야" 하는 과정의 전제가 되는 것들이기 때문이다. 그러므로 먼저, 침묵대월과 협조의 원리에 대해서 살펴본 후, 분심잡념을 물리치는 구체적인 방법에 대해 알아보기로 하자.

1) 침묵대월과 협조

침묵대월과 협조의 근간에 있는 공통 원리 중 하나는 괴로움을 달게 받는 것이다. 이는 설립자의 영성이 추구하는 목표 중 하나로 침묵대월의 근간이자, 십자가의 신비, 전화위복의 신비, 죽음의 죽음을 관통하는 핵심이다.[52] 당연히 이는 분심잡념의 경우에도 적용되며, 그 자체로 나쁜 생각을 물리치는 방법의 하나이다. 왜냐하면 괴로움을 달게 받을 때 우리의 정신은 하느님께 온전히 향하게 되기 때문이다.[53] 그렇기에 삶의 어려움 속에서 그것에 불평,

---

51 1959.1.18; 1959.2.8; 1959.3.12. "내 지금 환경에서 이 장소에서 내가 할 수 있는 범위 내에서 내 능력대로 어떠한 일이든지 어떠한 모양으로든지 하느님을 위하여 나쁜 생각, 나쁜 마음을 물리치며 지내는 것이 곧 협조이다."
52 1959.12.31; 1970.1.25; 1971.2.28.
53 1961.2.26. "하느님만 생각하고 바라는 대로 온전히 정신이 팔리게 되는데, 이렇게 되기까지는 어떻게 해서 되나? 괴로움을 당할 때 침묵대월로 살면 된다. 즉 앞에 닥쳐오는

불만 하지 않고 주님의 십자가를 본받아 달게 받는 것이 필요하다.[54] 이는 동시에 훌륭한 협조이기도 한데, 협조의 조건 중 하나가 "당하는 일, 하느님 위해 잘해 드리는 것"이기 때문이다.[55] 설립자는 "빛을 더욱 강하게 하는 것은 ①억울한 말을 들을 때 ②남에게 손가락질을 받을 때 ③업신여김을 받을 때"라고 가르친다.[56] 이렇게 십자가를 달게 받으면, 덕능을 이루어 그의 앞에 있는 구름이 물러간다.[57] 그러므로 삶의 괴로움, 십자가를 달게 받아들이는 것은 고도의 침묵대월이며 협조를 이룸과 동시에 나쁜 생각과 그 결과물인 영혼의 구름을 물리쳐 준다.

또 다른 원리로는 흠숭欽崇이 있다. 침묵대월과 협조의 지향점으로 하느님을 만유 위에 공경하여 모시는 것이다. 우리의 모든 정서, 생각과 사상, 의지를 온전히 하느님께로 향해야 한다는 것이

큰 괴로움을 달게 받게 된다. 침묵대월 안 하는 이는 캄캄해서 이렇게 살기를 싫어한다. 하느님의 뜻대로 사는 것은 어려운 줄로 알기 때문에 싫어한다."

54 『사사』, 주의 고난 십자가 편. "천주 이처럼 세상을 사랑하사 십자가상에 희생이 되셨도다. 세상에 괴로움이 많고 많아 치명이라 할지언정 주의 고난의 표양을 따라 어찌 달게 받지 아니하리오. 네가 진 십자가는 얼마나 컸더뇨, 져야 할 것은 얼마나 크겠뇨. 마음에 맞지 않는다 하여 불만 불평이 웬일이뇨. 적은 역경에 미소한 감정에 노기(怒氣)에 흐린 얼굴이 웬일이뇨."

55 1959.5.21.

56 1959.1.27.

57 1959.6.17. "침묵대월하는 영혼에게는 빛뿐이다. 그에게는 어떤 고통과 십자가도 침범치 못한다. 십자가를 달게 받기 때문에 이것이 덕능(德能)이 되어서 그의 앞에는 구름, 즉 지장물이 물러간다."

다.[58] 흠숭에 지장이 가는 것을 끊는 것이 침묵대월이며, 자기는 생각 않고 하느님만 생각하는 것은 극치의 협조이다.[59] 사실 분심이란 것도 우리의 생각이 온전히 하느님께 향하는 것을 방해하는 것이기 때문에, 반대로 흠숭하려고 노력하는 것이 나쁜 생각을 없애는 좋은 방법이 되기도 한다. 잡념이 들었을 때, 온 마음과 정신을 하느님께 집중하려고 하는 것이다. 실제로 온전한 정신과 온전한 마음, 모든 힘으로 주를 사랑하려고 하는 것은 나쁜 생각을 녹아내리게 한다.

> 아침에 일어나면 즉시 몸과 마음을 다하여 '당신을 사랑합니다. 온전한 정신과 온전한 마음, 모든 힘으로 내 천주를 사랑합니다.' 할 것이다. 이 말은 빛과 강한 힘을 발한다. 차차 힘을 받아 가지고 온전한 마음으로 사랑 못 했던 것을 알게 되어 이 기구가 나쁜 생각을 녹아내리게 한다.[60]

이렇게 우리 마음을 온전히 하느님께 봉헌하겠다는 지향(흠숭)과 삶의 모든 역경을 주님의 십자가로 달게 받아들이겠다는 결심(침묵대월의 원리)은 분심잡념을 물리치는 데 있어서 기둥과 같은

---

58 1960.6.19; 1962.4.13.
59 1960.9.26.
60 1960.10.8.

근본 원리들이다. 그러므로 일계를 실천하려는 이들은 자신의 지향은 굳건한지, 내 삶의 십자가를 외면하고 있지는 않은지를 먼저 반성해 보아야 한다.

2) 분심잡념을 물리치고

설립자는 '분심잡념을 물리치고'에서 물리친다는 것이 정확하게 어떤 행위인지 말하지 않았으나, 몇 가지 자료를 통해 그 의미를 유추해 볼 수 있다.

① 통회, 정개, 보속
죄, 사욕, 나쁜 생각 없애고, 있어도 통회, 정개, 보속하고 나쁜 생각대로 아니하고, 동의하지 않았으면 하느님과 나 사이에는 갈림이 없다.(1962.5.10)

설립자는 잘못된 애착관계인 분심잡념을 물리치는 것이 결코 쉬운 과정이 아니라고 생각한 듯하다. 왜냐하면 이를 위해 애써야 한다는 말들이 자주 나오며[61] 꾸준히, 부지런히 해야 함을 강조하기 때문이다.[62] 그래서 초기 강론들을 살펴보면 분심잡념을 물

---

61 1959.2.5; 1959.2.8; 1960.11.6; 1960.12.18. 사실 애쓰고 힘쓰는 것은 협조의 특징이기도 하다. 1959.8.18. "협조는 결점을 고치려고 애쓰는 것이다. … 전심전력을 기울여 힘쓰는 것이 협조다."
62 1961.8.22; 1968.9.10.

리친다는 것이 통회, 정개, 보속과 마치 한 과정처럼 연결되어 있다.[63] 인간은 본성을 지니고 있고, 이 본성에서 오는 실수와 나약함으로 인해 누구나 나쁜 생각에 자주 빠질 수 있다고 본 것이다.

> 우리는 매일 실수와 약함으로 죄를 범하는 우리들이라고 실망할 것이 아니다. 자연성自然性의 아름다움에 초자연超自然의 아름다움을 더하기 위하여 분심分心을 물리치고, 사욕邪慾을 눌러 죄 없이 살려고 애쓰며, 통회痛悔, 보속, 정개를 함으로써 하루에도 몇 번씩 초성超性한 어린이로 다시 나는 것이다.(1959.2.5)

인간은 누구나 죄에 떨어질 수 있고, 약함과 실수 때문에 실망할 수도 있다. 그러나 이럴 때일수록 해도 안 된다고 하지 말고, 통회, 정개, 보속을 통해 하루에도 몇 번이고 자신의 지향을 잃지 않는 것이 필요하다.[64] 분심잡념이란 우리가 이미 가지고 있는 잘못된 애착이기에, 대개의 경우 습관적이면서 고착화되었을 가능성이 크다. 때문에 우리의 결심에도 불구하고 쉽게 바뀌지 않을 수도 있다. 설립자는 바로 이때에 통회, 정개, 보속을 통해 다시 나아가기로 힘쓸 것을 주문한다. 결점이 드러났을 때 좋아해야

---

63 1958.12.5; 1958.12.11.
64 1968.9.10.

고칠 바람이 있는 사람이라고까지 이야기한다.[65] 오히려 떨어졌을 때 실망한다는 것이 아직 세속 사람임을 보여 주는 표지이다.[66] 만약 우리가 통회, 정개, 보속을 계속한다면 우리의 마음은 더 강해지고 애착의 방향을 하느님께로 되돌릴 수 있다.[67] 그렇기에 나쁜 생각에 빠져도 실망하지 않고 통회, 정개, 보속으로 끊임없이 나아가야 한다.

> 잘못하였다 하여 끊어짐이 아니라 즉시 통회, 정개, 보속하여 끊어짐이 없는 열심을 하느님 원하십니다.(1961.7.29)

② 끊어 버림

예수님은 사람들에게 "모두 끊어 버리고 나를 따랐기 때문에 백배도 더 준다"고 하셨다. 왜? 모든 것을 끊어 버리라고 했는가? 이런 것이 분심잡념과 사욕의 재료가 되기 때문이다.(1963.8.19)

예수님 말씀하시기를 모든 것을 끊어 버려라, 즉 하느님 싫어하시는 것은 하지 말라고 하셨다. 끊어 버리는 것은 지장 되는 것만을 가리

---

[65] 1959.6.28; 1959.8.18. "결점이 드러나게 하는 빛은 다름 아닌 우리 일상 중에 쉽게 찾아볼 수 있는 것들이다. 장상이 일러 주는 말이나 동료의 충고, 강론이나 감동되는 말, 글, 생각 등으로 빛을 받게 된다."
[66] 1960.12.10. "세속 사람은 자기의 뜻을 이루지 못하면 실망한다."
[67] 1963.8.17. "정개할 적마다 우리 마음이 더 강해지고 커지고 하느님께로 더 애착된다."

킨다. 애착을 갖지 말라는 것이다. 이는 지장이 되니까. 처자를 끊으라는 것은, 욕심을 끊기 위해서다. 처자가 있으면 물욕과 명예욕이 더욱 더 일어나기 때문이다.(1964.2.5)

1959년 3월 9일자 강론을 살펴보면 분심잡념과 그 재료가 되는 육친, 재물에 대해서 "버리고", "끊어야" 한다는 표현이 나온다. 따로 쓰이든지, 혹은 '끊어 버린다'는 식으로 묶어 쓰이든지, 설립자는 이러한 표현을 주로 분심의 재료(육친과 재물)에 대해 사용하며, 수도생활의 기본 조건처럼 묘사한다. 모든 것을 끊어 버리고 자제하지 않는 사람은 수도생활이 헛되고 수도생활의 맛을 모른다는 것이다.[68] 뿐만 아니라, 종국에는 이 끊어 버림이 복음 삼덕에까지 연결된다. 물질을 끊는 것은 청빈에, 혈육을 끊는 것은 정결에, 나까지 끊어 버리는 것은 순명에 해당한다.[69] 끊어 버림이 이렇게 설립자 영성에서 중요한 역할을 차지하는 이유는 이것이 침묵의 본질을 이루기 때문이다.[70] 따라서 분심잡념의 원인을 끊는 것은 수도생활의 기본 조건임과 동시에, 복음삼덕이라는 수도자의 본질에까지 연결되는 중요한 덕목임을 알 수 있다.

주의할 점은 이 끊어 버림이 단순히 그 대상을 포기하거나 쓸모

---

68 1964.4.2.
69 1960.9.21.
70 1964.4.2. "침묵은 자제(自制)하고 모든 것을 끊어 버리고 십자가를 지는 것이다."

없다고 취급하는 것이 아니라는 것이다. 오히려 그 모든 것을 하느님께 바치는 봉헌을 의미한다.[71] 하느님께 바치는 제물祭物인 것이다. 설립자는 이러한 점을 설명하기 위해 자주 아브라함을 이야기한다. 특히, 영가 '아브람 아브라함'은 이사악을 하느님께 바치는 장면을 통해, 우리가 애착을 넘어 왜 봉헌으로 넘어가야 하는지를 잘 보여 준다.[72] 영가에서 설립자는 어떤 대상에 대한 애착보다 사랑 그 자체에 관심을 가지기를 설파한다.[73] 우리가 무엇을 사랑하느냐가 중요한 것이 아니라, 사랑 그 자체가 우리 삶의 목적이라는 것이다. 그렇다면 사랑 그 자체는 무엇인가? 바로 하느님이 천지만물을 내시고 모든 것의 근본이 되는 사랑이시다. 그렇기에 우리가 사랑하는 대상이 우리의 애착을 지나 더 큰 사랑인 하느님께로 갈 때 그 자체로 가장 좋은 것이다. 때문에 우리의 봉헌은 우리가 애정하는 것들을 더 완전하게 만든다. 설립자는 아브라함이 이사악을 하느님께 바치는 장면도 이런 관점에서 이해하고 있다.[74]

---

71 우리 수도자는 부모, 형제, 처자 다 끊어 버렸으며 또한 집, 재물, 자유까지도 끊어 버림으로 하느님께 바쳤으니 더 나은 사제라고 하겠습니다.(1959.9.21) 수도생활은 아브라함이 독자를 바친 제사보다도 비할 수 없는 더 높은 제사이다. 아브라함은 독자 하나를 바쳤으나, 우리 수도자는 부모, 처자, 자유, 의지까지 나를 온전히 다 제물로 바쳤으니 얼마나 더 큰 제물인가!(1959.8.20)

72 『사사』, 아브람 아브라함 편.

73 상동. "사람에게는 대상이 여럿이니 ※ 그 중에 제일이 사랑이로다. 사람이 좋아하는 대상 중에 ※ 사랑이 제일이로다. 사람에겐 마음이 제일이니 ※ 그 대상은 사랑이로다."

74 1970.3.22. "마음은 사랑이 제일이다. 사랑께서 사랑으로 만물을 내셨으니, 아브라함이 이사악을 한없이 사랑했으니 이사악을 하느님께 바친다면 더 사랑으로 돌아간다. 그래서 그는 기뻐했다."

그렇기에 육친의 정을 끊어 버리는 것이 겉으로는 매정해 보이지만, 사실 더 큰 사랑을 위한 봉헌인 셈이다. 그리고 이러한 봉헌을 통해 우리 자신의 잘못된 애착도 치유할 수 있다.

③ 동의하지 않기

나쁜 생각이 일어나도 동의 아니 하면, 이것이 노력의 침묵이다. 하느님 즐거워하시는 가치 있는 침묵이다.(1958.12.5)

설립자는 이성과 의지가 식물, 동물과는 다른 인간의 특징이며,[75] 제각기 진리와 선을 취급하는 기능을 가지고 있는 것으로 보았다. 그리고 이 두 가지 기능은 결국 '선택하는 자유'로 이어진다. 문제는 이성과 의지를 사용해서 우리가 어떤 선택을 하느냐이다.[76] 이 선택의 자유는 당연히 분심잡념에도 똑같이 적용할 수 있다. 예를 들어 나쁜 생각이 우리에게 일어났다고 해서 그것이 바로 죄가 되는 것은 아니다. 왜냐하면 떠오르는 생각은 우리의 이성과 의지, 선택권과는 아무런 상관이 없는 것이기 때문이다.

---

[75] 1959.1.25; 1961.11.20.

[76] 1963.8.15. "의지에는 동작이 하나 있으니 자유다. 의지는 선을 취급한다. 눈은 형체를 취급함과 같다. 상상은 생각을 하고 평가는 내게 이롭고 해로운 것을 분간하고 이성은 진리를 취급한다. 따라서 하느님이 대상이 되고 의지는 선을 취급한다. 영혼이 진리를 모른다면 즉 진리의 근본이신 하느님을 모른다면 소경만도 못하고, 더군다나 의지에 가서 선을 안 한다면 극치의 비참이다. 선에는 복이, 죄에는 벌이 따른다. 이것이 수도학의 원칙이다. 덕문에는 복이 와서 기다린다. 의지의 동작은 자유인데 자유가 말하기를 나는 선택한다. 자유는 선택하는 능력이다. 선택하면 좋은 것을 선택하게 된다."

나쁜 생각 그 자체가 아니라, 거기에 이성과 의지를 사용하여 동의를 하느냐 하지 않느냐의 선택이 중요하다.[77]

설립자는 우리의 의지를 통해 애착에서 벗어나는 것이 중요하다고 말한다. 아무것도 알지 못하는 어린아이의 무사무욕보다 의지적으로 자제한 무사무욕이 더 가치 있다는 것이다. 이는 자유로운 의지로 선을 선택하려는 노력이 영적 성장 안에서 큰 가치를 지니고 있음을 말해 준다.[78] 때문에 보고 듣는 것은 우리에게 해를 끼치지 않으며 문제가 되지 않는다. 다만, 이에 동의하지 않는 것이 중요할 뿐이다.[79]

④ 극기: 본성과의 투쟁

분심잡념을 물리치기 위해 상술上述한 과정들을 실천하기란 쉽지 않다. 왜냐하면 우리가 본성을 지니고 있기 때문이다. 본성은 사욕이기에[80] 그 자체로 잘못된 애착이며, 설립자는 여기에서 벗어나고 갈라질 것을 요청한다.[81] 우리가 본성대로 아니 할 때 하느

---

77 『사사』, 잘사는 길(1) 편. 이 영가가 이러한 과정을 잘 설명해 주고 있다. 동의에 대한 부분은 다음을 참조: 1958.12.5; 1959.6.14; 1959.7.17; 1961.7.9.

78 1959.8.20. "어린이의 무사무욕보다 의지적으로 자제한 무사무욕이 더욱 가치 있는 것이다."; 1963.8.17. "죄가 있나? 사욕이 있나? 물론 사욕이 일어난다. 그러나 그에 동의하지 않으면 사욕 없는 것보다 더 낫다."

79 1959.3.19.

80 1959.2.14; 『사사』, 단상 75편: 초자연 학문 편: 제일 좋은 제물 편: 이별 편.

81 1959.8.29. "손을 벌리고 대월하는 것은 이스라엘 백성이 복지에 들어갈 때 물이 물 본성을 없이 하고 갈라져 복지에 들어간 것과 같이 사욕에서 분심잡념에서 나를 갈라내어

님의 사랑을 느낄 수 있고, 본성에서 벗어나야 하느님의 자녀라고 할 수 있기 때문이다.[82]

분심잡념에 관해서도 마찬가지인데, 설립자는 본성에서 벗어나듯이 나쁜 생각으로부터 갈라지고 떠 있어야 함을 강조한다. 마치 홍해 바다의 이쪽저쪽이 갈라지듯 사욕과 분심잡념에서 나를 갈라내야 하며, 마치 공중에 떠 있는 성인들처럼 사욕과 분심잡념에서 떠 있어야 한다.[83] 이렇게 분심잡념으로부터 거리를 두고 영혼의 힘을 통해 본성에 동의하지 않을 때 우리는 빛을 받을 수 있다.

하느님께 내 마음을 열어 보이고 하느님과 일치하기 위한 뜻이다."; 1959.9.20; 1959.2.14; 1959.6.14.
82 상동
83 1960.9.20; 1961.12.2; 1962.6.9.

05 마치며

지금까지의 내용을 정리하면 다음과 같다. 첫째, 분심잡념이란 결국 방향성과 우선순위의 문제다. 하느님께로 향하지 않는 생각, 하느님보다 다른 것을 우선시하는 생각이 곧, 분심잡념이다. 주님 이외의 다른 것에 애착을 가진 것이다. 둘째, 분심은 영혼의 구름으로, 빛을 못 보고 어둠 속을 헤매며, 원망, 불만, 불평 속에 지내게 한다. 더 나아가 그로 인해 죽음에까지 이를 수 있으며, 영적으로 예수님을 보지 못하게 할 수도 있다. 셋째, 분심잡념을 물리치는 방법에는 크게 두 가지 해답이 있다. 먼저, 침묵대월과 협조의 원리로, 하느님께 온전한 지향을 가져야 하고, 주어지는 삶의 십자가를 잘 받아들이는 것이다. 또, 나쁜 생각이 일어날 때 통회, 정개, 보속과 함께 동의하지 않고 끊어 버려야 한다. 분심잡념을 물리친다는 것은 본성과의 싸움으로써 우리에게 극기를 요구한다.

> 이날은 가고 아주 갔사오니 이 밤을 비추사
> 밤이 낮같이 내 영혼을 빛나게 하소서.
> 세락육정世樂肉情에서 벗어나 성신의 위로 안에서
> 이 밤을 거룩하게 지낸 후에 새 정신으로 주를 뵈옵게 하소서.

나의 침묵에 힘을 주사 분심잡념에 들지 말게 하소서.
망상이 침묵을 이기고 꿈으로 들어가지 말게 하소서.[84]

설립자는 분심잡념과의 싸움을 캄캄한 밤으로 표현한다. 이 밤을 지나는 여정은 우리의 정신이 새로 태어나는 것과 같다. 수많은 생각들에 이끌려 어둠 속에서 헤매던 것을 멈추고, 빛 속으로 걸어 나가는 과정이기 때문이다. 하지만, 결코 이 길이 쉽지만은 않다. 자기 생각이 주는 설득력에 저항하면서 이미 마음속에 지니고 있는 애착을 단호히 끊어야 하기 때문이다. 자기 포기 없이는 불가능한 과정이다.

그러나 희망은 분명히 존재한다. 협조만 하면 하느님께서 도와주신다.[85] 우리는 협조만 하면 된다. 하느님께서 하시는 것을 다 자기가 하는 줄 아는 것도 잘못된 생각이며 분심이다.[86] 포기하거나 실망하지 않고 주님만 믿고 의탁하며 이 길을 걸어가면, 마침내 우리는 망상을 이기고 새 정신으로 주님을 만나뵈올 수 있을 것이다.

---

84 『사사』, 단상 77편, 254~255쪽.
85 1959.6.28.
86 1959.5.21.

무의미로의 헌신

창설자영성연구소

01_ 설립자의 '생각'

02_ 설립자가 말하는 정화의 단계는 무엇일까

03_ 설립자의 인식론

04_ 물리치고

05_ 무의미로의 헌신

본고에서는 일계一誡가 가지는 의미를 보다 넓은 범주에서 다루어 보려 한다. 설립자 영성의 지도를 펼쳐 일계가 전체적으로 볼 때, 어떤 과정에 해당하는지 더욱 선명히 알기 위함이다. 이를 위해 논의할 주제들은 다음과 같다. 첫째, 분심잡념을 넘어 생각 자체에 대해 설립자가 어떤 견해를 가지고 있는지 살펴볼 것이다. 좋은 생각과 나쁜 생각의 기준은 무엇이며, 우리의 생각은 어디를 향해야 하는가? 둘째, 설립자가 말하는 정화-조명-일치의 영적 삼단계가 무엇인지, 특히, 일계가 속한 정화의 과정이 어떤 것인지 살펴볼 것이다. 셋째로는 설립자의 인식론을 다루면서, 이에 기초한 분심잡념의 작동원리를 이해하고자 한다. 그리고 마지막에 가서는, 앞의 연구들을 종합하여 이 책의 주제인 분심잡념을 물리치는 방법에 대해 논할 것이다.

01 ____ 설립자의 '생각'

1) 제일 좋은 생각: 하느님의 생각

설립자의 생각에 대한 견해를 알기 위해 우리는 어디에서 출발하는 것이 좋을까? 아마도 생각의 좋고 나쁨의 기준을 묻는 것이 아닐까? 왜냐하면 설립자는 나쁜 생각을 없애고, 좋은 생각을 가져야 하느님을 모실 수 있다고 이야기하는데, 그 좋고 나쁨의 기준을 알지 못한다면 아무런 의미가 없는 것이 되기 때문이다.[1] 그렇기에 우리는 생각의 좋고 나쁨의 잣대가 무엇인지를 먼저 알아야만 한다. 해답은 매우 단순하다. 설립자는 다음과 같이 말한다.

> 그러면 제일 좋은 마음이 무엇인가? 하느님의 마음이다. 그래서 하느님의 마음에 비춰 보고 좋은 마음, 나쁜 마음을 가려낼 수 있다.(1969.11.23)

여기서는 비록 마음에 관해 이야기하지만, 설립자에게 하느님은 생각과 마음이 같은 분이시다.[2] 때문에 제일 좋은 생각은 하느

---

[1] 1958.12.4; 1959.2.8; 1971.6.9; 1963.11.6.
[2] 1963.11.6.

님의 생각이며, 이에 비춰 보고 좋은 생각, 나쁜 생각을 가려낼 수 있다고 말할 수 있다. 즉, 하느님의 생각이 기준인 것이다. 그렇다면 하느님의 생각은 무엇인가? 그 해답도 어렵지 않다.

> 하느님은 우리만 생각하시고 우리만 위해 일하시며 끓고 타시면서 우리를 잊어버리려 해도 잊을 수가 없을 만큼 우리를 생각하시고 걱정하십니다.(1959.8.26)

하느님께서는 우리만 생각하신다. 이는 초기 강론부터 후기 강론에 이르기까지 설립자의 변함없는 주장이다.[3] 천사를 내신 것도, 창조사업과 재창조사업을 하시는 것도, 돌아가시고 일하시는 것도 하느님께서 우리만 생각하시고, 우리만 사랑하신 결과이다. 즉, 하느님은 우리밖에 모르신다.[4]

---

[3] "하느님께서 우리만 생각하시고 사랑하시고 나를 위하여 무한한 보배를 창조하시는 것, 까막눈은 못 보는 것을 마련해 주심을 자주 감사할 것이다."(1959.6.21) "하느님은 우리만 생각하시고 우리만 위해 일하시며 끓고, 타시면서 우리를 잊어버리려 해도 잊을 수가 없을 만큼 우리를 생각하시고 걱정하십니다."(1959.08.26) "하느님이 하신 외적 사업은 온전히 우리만 사랑하고 우리만 생각해서 하신 것이다."(1960.12.18) "우리를 위해 죽으시고, 우리를 보호하시기 위해 천사를 내시고, 우리만 생각하시고 우리만 사랑하시고, 우리만 위해 일하신다."(1962.4.13) "우리만 위해 주시고 우리만 생각해 주시는 분이시다."(1962.06.14) "하느님 우리만 생각하시고, 우리만 사랑하시고 우리 위해 모든 것을 재창조신다."(1963.8.18) "하느님은 우리만 전적으로 생각하고 사랑하시는 분"(1970.2.15)

[4] "하느님의 유일무이한 목적이 우리에게 있는 것이다. 하느님은 우리밖에 모르신다. 만유 위에 우리를 위해 주셨다."(1960.6.19)

2) 우리 생각의 목표: 흠숭

하느님께서 우리만 생각하시기에, 우리 역시 은혜를 갚기 위해 하느님만 생각해야 한다. 이것이 수도원에 모인 목적이며, 설립자가 바라보는 우리 생각의 지향점이다.[5] 이렇게 온전히 하느님만을 생각하기 위해 노력하는 것이 흠숭이다.[6] 설립자의 영적 지향점 중 하나인 흠숭은 다른 것이 아니다. 우리만 생각해 주시고, 우리만 위해 주신 하느님의 사랑을 본받아, 우리도 주님만 생각하고, 주님만 사랑하는 것이다. 이렇게 나뉨 없는 온전한 사랑을 주님께 바칠 때, 하느님의 도움에 힘입어 우리에게 변화가 일어난다. 이는 설립자 영성에서 하나의 분기점을 이루는데, 우리의 생활이 바뀌고 하느님의 사랑을 느낄 수 있게 된다.[7] 자신이 은총 속에 살고 있음을 깨닫는 것이다. 결국 이를 통해 우리의 마음은 점점 하느님께로 기울어 간다.

3) 생각의 일치: 성령강림

이처럼 하느님과 인간이 오직 서로만 생각하면서 나아갈 때, 그 길의 최종 목적지는 바로 성령강림이다. 하느님의 생각과 우리의 생각이 완전한 일치를 이룬 상태이다.

---

5 1960.6.19.
6 흠숭은 생각뿐만 아니라, 우리의 마음, 정신, 영신, 힘 모두를 총괄하는 개념이다. 1963.8.17; 1963.8.19; 1968.8.24.
7 1959.12.12; 1962.4.13; 1970.2.15; 1959.8.25.

이때부터는 성신이 내 마음에 와서 사신다. 우리의 생각, 말 모두가 성신께서 하시는 것이다.(1958.12.5)

내 안에 계시면서 내가 하는 모든 일을 아버지 몸소 하신다고 생각하고, 말하고, 행동하고 사는 것은 영혼이 하는 것인데, 내가 동작하고 사는 모든 것을 내 아버지께서 하신다는 것은 즉 성신께서 하신다는 뜻이다.(1970.5.29)

성령께서 내 마음에 오시고, 모든 것이 그분께서 하시는 것이 될 때, 우리는 생각에 있어 하느님과 완전한 일치를 이루었다고 말할 수 있다. 가장 완전한 흠숭이며, 수도생활의 목적이고, 신비사업의 끝이다.[8] 때문에 우리는 여기에 전심전력을 기울여야 한다.

4) 일치의 방법: 침묵대월

하느님과 생각의 일치를 이루어 성령강림에 도달하는 방법은 간단하다. 이미 말한 바와 같이 흠숭을 실천하는 것이다. 나뉨 없이 온전히 하느님만을 생각해야 한다. 그러나 이에 방해되는 것이 있으니, 바로 사욕이다. 결정적으로 하느님과 우리가 다른 점이 바로 여기에 있다.

---

[8] 1959.8.23; 1963.8.19; 1963.4.1. "성녀 되는 것은 하느님 마음과 내 마음이 똑같고 하느님 생각과 내 생각이 똑같으면 성녀 된다."

하느님 생각은 우리 생각과 다르다. 사욕을 자아내는 말을 절대로 못한다.(1973.2.23)

우리는 멍에가 달기는커녕 아주 싫으니 웬일일까? 이는 우리 마음이 하느님의 마음과 다르고 정신이 하느님과 다르고 사욕이 있기 때문이다. 사욕이 있어 멍에가 괴로워 실망하고 비관하게 된다.(1963.6.28)

분심잡념 역시 사욕에서 나온다. 그렇기에 온전히 하느님만 생각하지 못하고 여러 생각들에 이끌린다는 것은 그만큼 우리 안에 사욕이 있다는 증거이다.

그래서 우리에게는 침묵대월이 필요하다. 사욕을 없애는 과정이 있어야만 하는 것이다. 설립자는 성령께서 사욕이 없는 이에게 오신다고 보았으며,[9] 아예 성령강림 자체가 침묵대월의 마지막 결과라고 단언하기까지 한다.[10] 때문에 침묵대월이 없는 생각의 일치는 있을 수가 없다. 그리고 그 중에서도 특히 효과가 있는 것은 괴로움을 당할 때, 침묵대월로 사는 것이다. 그러면 하느님만 생각하고 온전히 정신이 팔리게 된다.[11] 사람들이 하느님의 뜻대로

---

9 1971.4.4.
10 1962.7.22.
11 1961.2.26.

무의미로의 헌신 57

하는 것을 싫어하는 이유가 삶의 어떤 부분이 어렵다고, 힘들기만 하다고 생각하기 때문인데, 우리 삶에 주어지는 범상한 일, 미소한 일, 천대, 모욕, 십자가 안에 무한한 복이 담겨 있다는 것을 알아야 한다.[12]

5) 우리는 어떤 생각을 하며 살아야 할까

결국 우리 생각의 지향점은 흠숭이다. 온전히 우리 생각을 하느님께로 향하는 것이다. 흠숭을 통해서 우리는 하느님의 사랑을 느끼고, 하느님께로 마음이 기울어져서 성령강림을 통해 완전히 하느님과 일치하는 삶을 살 수 있다.

물론 인간은 사욕을 가지고 있기 때문에 침묵대월 없이 온전한 생각을 이룰 수는 없다. 따라서 우리 자신의 정화를 위해 노력해야만 한다. 이는 우리 자신의 온전함을 되찾기 위한 노력이다. 가장 효과적인 것은 역경 속에서 자신을 비우고 하느님의 뜻대로 살려고 노력하는 것이다. 역경이 복으로 돌아가며, 하느님께서 모든 복을 십자가에 부어 주셨다는 '생각'이 우리에게 있어야 한다. "하느님 사랑하는 수도자에게는 세상이 괴롭고, 싫고, 어렵다고 하는 그것이 오히려 복이 된다."[13] 온갖 역경과 고난 속에서도 온전히 하느님만 생각하는 것이 수도생활의 보화이다.

---

12 1959.8.24; 1961.2.26.
13 1963.12.4.

02 ── 설립자가 말하는 정화의 단계는 무엇일까

1) 전통적인 영성의 3단계

설립자는 본인의 영적 여정에 대해 정화-조명-일치라는 교회의 오래된 전통을 따르고 있다. 실제로 하느님께 나아가는 여정을 3단계로 구분하여 보는 전통이 교회의 초창기부터 존재해 왔다. 많은 영성가들이 자신의 영적 과정을 설명하기 위해 이를 사용했는데, 설립자 영성에 대한 이해를 돕기 위해 간략히 설명하자면 다음과 같다.

어떤 이들은 구약성경의 시편이나, 신약성경의 말씀, 혹은 바오로 서간들에서 나오는 표현들이 영적인 세 가지 단계에 대해 말했다고 생각하기도 한다.[14]

하지만 명확하게 3단계 개념을 처음 제시한 사람은 오리게네스이다. 그는 아가서 주해에서 그리스 철학자들이 철학을 윤리학,

---

[14] 아돌프 땅끄레, 정대식 역, 『수덕신비신학(정화의 길)』 3, 크리스챤출판사, 2000, 14~18쪽. 예를 들면, 구약의 시편 33, 15의 "악을 피하고 선을 행하며 평화를 찾고 또 추구하여라."나 신약의 루카 복음 9장 23절의 말씀을 쪼개어 세 단계로 보든지, 바오로 서간의 1코린 9,26~27, 필립 3,13~14, 갈라 2, 20의 말씀이 이러한 세 단계들을 말하고 있다고 보는 것이다.

자연학, 형이상학의 세 가지로 나누듯이 지혜를 다루는 정경을 잠언, 코헬렛, 아가 순으로 배치하여 적용했다.[15] 그리고 이를 영혼이 신비에 이르기 위한 세 가지 단계로 해석하는데, 덕을 배우는 단계, 자연을 바르게 받아들이는 단계, 하느님을 관상하며 상승하는 단계이다. 첫 번째 길에서 관상의 준비를 갖추고, 두 번째 길에서 관상의 능력을 점차로 키워 나가며, 세 번째 길에서 열매를 맺기에 이른다.[16]

이에 반해 니싸의 그레고리오 역시 3단계를 이야기하기는 하나, 그는 빛-구름-어둠이라는 과정을 취한다. 그레고리오에게 하느님이란 말로 표현하거나 감각과 이성으로 온전히 알 수 없는 분이기에, 영혼은 진보하면 할수록 더 깊은 어둠 속으로 들어가게 되는 것이다.[17] 이를 부정신학이라고 하는데, 점점 빛으로 나아가는 오리게네스와는 대조되는 것이다.[18]

에바그리오 폰티코는 수도생활을 통한 실천학의 면에서 이를 발전시켰다. 그는 오리게네스의 윤리학·자연학·형이상학 대신에 실천학·자연학·신학이란 말을 사용하였다. 실천학의 주요 목표는 아파테이아(apatheia, 무관념), 즉 글자 그대로 무감정, 정념에서

---

15 앤드루 라우스, 배성옥 역, 『서양신비사상의 기원』, 분도출판사, 2002, 98~99쪽. 실제로 이들의 내용은 정화-조명-일치와 크게 다르지 않다.
16 앤드루 라우스, 130쪽.
17 위의 책, 130~131쪽.
18 위의 책, 132쪽.

해방된 상태에 있는 것이다.[19]

설립자가 쓴 정화-조명-일치라는 말을 처음으로 쓴 사람은 위 디오니시우스이다. 그런데 이를 영적 단계의 의미로 사용한 것은 한 번뿐이고, 개별적인 그리스도인의 삶에 길이나 단계의 개념을 적용하지는 않았다.[20] 오히려 그에게 이는 위계질서적이고 직무 중심적 개념이었는데, 예를 들면 성사의 신비는 우리를 완성시키고, 성직자는 성사를 통해 비추어 주며, 평신도는 정화되는 과정에 있는 식이다. 이러한 위계질서에서 상승이란 다른 3단계 구조와 달리, 각자의 위계질서에 충실한 것으로 나타난다.[21]

아우구스티누스는 네 가지 단계를 말하는데, 시작하는 사랑, 진보하는 사랑, 이미 성장한 탁월한 사랑, 그리고 완전한 사랑들이다.[22] 그러나 이 역시 마지막 두 단계를 일치의 길과 연결시킨다면 다른 사람들과 크게 다를 바가 없다.

베르나르도의 3단계는 자신에 대한 사랑 때문에 완덕을 시작하는 단계, 자신의 무능함을 느끼면서 믿음으로 하느님을 찾기 시작하며, 하느님의 은혜로 그분을 사랑하는 단계, 마지막으로 매우 순수한 사랑으로 하느님을 사랑하는 단계로 나눈다.[23]

---

19 위의 책, 157쪽.
20 조던 오먼, 이홍근 역, 『가톨릭 전통과 그리스도교 영성』, 분도출판사, 2007, 76쪽.
21 앤드루 라우스, 247~248쪽.
22 아돌프 땅끄레, 19쪽.
23 베르나르도 아가서 주해 III,5 IV,1 다음에서 재인용: 아돌프 땅끄레, 20쪽.

토마스 아퀴나스는 완덕이 시작의 단계인지, 진보의 단계인지, 아니면 이 세상에서 영성생활의 완성에 도달했는지에 따라, 완덕의 단계를 세 가지 길로 본다.[24]

오리게네스	윤리학	자연학	형이상학
니싸의 그레고리오	빛	구름	어둠
에바그리오	실천학	자연학	신학
위 디오니시오	정화	조명	일치
아우구스티노	시작하는 사랑	진보하는 사랑	완전한 사랑
베르나르도	자신에 대한 사랑	하느님을 찾음	하느님을 향한 사랑
토마스 아퀴나스	시작	진보	완성

이처럼 영성생활의 시작부터 완성에 이르기까지의 여정을 3단계로 구분하는 전통이 존재해 왔다.

2) 설립자의 영성 3단계

창설자 영성의 단계	정화	조명	일치
	침묵	대월	면형무아
	완덕 1·2·3계	4계	5계
	청빈	정결	순명

---

[24] 토마스 아퀴나스, pp.340~343; *Summa Theologiae*, IIa-IIae, (Secunda Secundæ Partis) 24, 9, sed contra and corpus. 아돌프 땅끄레, 15쪽에서 재인용.

그렇다면 설립자는 영적 여정의 단계를 어떻게 표현했을까? 다음의 영가가 설립자의 사상을 잘 표현하고 있다.

> 침묵은 정화기에서 어둠을 헤치고 ※ 대월은 조명기에서 천주를 뵈옵고
> 면형은 일치기에서 ※ 천주와 하나가 되는도다.
> 완덕삼기는 정화, 조명, 일치니, 침묵은 정화요, 대월은 조명이요, 면형은 일치로다. ※ 침묵, 대월, 면형이 1, 2, 3차원으로 여기에 해당하는도다.
> 그 경로는 이러하니 ※ 침묵은 길을 내고, 대월은 느끼고, 면형은 누리는도다.
> (『사사』, 대월 5)

설립자는 위 디오니시우스 이래의 전통적 표현인 정화-조명-일치로 본인의 영적 단계를 표현한다. 이 세 가지 단계는 내용적인 측면에서는 침묵, 대월, 면형의 3단계와 일치한다.[25] 완덕오계도 이 3단계의 구분에 따라 나눌 수 있는데, 1·2·3계는 침묵에, 4계

---

25 『사사』, 대월 5편. "침묵은 정화기에서 어둠을 헤치고 ※ 대월은 조명기에서 천주를 뵈옵고 면형은 일치기에서 ※ 천주와 하나가 되는도다. 완덕삼기는 정화, 조명, 일치니, 침묵은 정화요, 대월은 조명이요, 면형은 일치로다. ※ 침묵, 대월, 면형이 1, 2, 3차원으로 여기에 해당하는도다. 그 경로는 이러하니 ※ 침묵은 길을 내고, 대월은 느끼고, 면형은 누리는도다. 침묵은 성의로 발정(發程)하고 ※ 노력으로 달리는도다."

는 대월에, 5계는 면형에 해당한다.[26]

전통적인 3단계가 원래 영적인 진보의 과정을 설명하기 위한 것이기 때문에 설립자 영성의 핵심인 침묵·대월·면형과 완덕오계가 이에 따라 나뉜다는 점은 충분히 예상할 수 있다. 그러나 설립자 영성의 독특함은 복음삼덕마저 이 영적 진보 단계로 나누어 놓았다는 데 있다.[27] 이로써 우리는 설립자의 영성이 수도생활과 함께 나아가는 것임을 알 수 있다. 따라서 면형무아의 영성을 살아가는 이에게 있어 개개인의 영적 진보는 수도생활과 결코 분리될 수 없다.

3) 설립자의 정화

이미 살펴본 것처럼, 설립자의 정화는 내외적 침묵으로써 완덕오계 중 1·2·3계의 과정을 말한다. 이 단계의 특징은 나쁜 생각, 나쁜 마음을 없게 하여 내·외적인 고요함을 추구하는 데 있다.[28] 그럼으로써 영혼의 구름을 물리쳐 조명기의 빛을 받게 하는 것이 목적이다.[29]

이 과정에서 설립자는 좋은 생각, 좋은 마음을 가져야 하느님을

---

26 『사사』, 단상 49편.
27 『사사』, 완덕오계 편.
28 1958.12.5; 1960.9.20; 『사사』, 대월 3편.
29 1959.5.3; 1959.5.24; 1960.9.26.

만날 수 있다고 이야기하기도 하지만[30] 이를 언급하는 곳은 전체 강론과 영가 중에서도 극히 일부분이다. 오히려, 대부분의 경우에는 나쁜 생각, 나쁜 마음을 없애는 것을 훨씬 더 강조하고 있다. 마치, 눈 안의 들보를 먼저 빼내야 하듯이, 우리 안의 부정적인 것들을 먼저 없애는 것이 초심자의 단계에서 필요하다고 본 듯하다.

그리고 그 부정적인 것들이 분심과 사욕이라는 측면에서 설립자의 견해는 초기 그리스도교 신비가들을 생각나게 한다. 신비주의자들 역시 즉흥적이면서도 산만한 생각을 logismoi(생각들, 계산들), pathos(격정, 욕정)라는 용어로 표현하면서 이들이 없는 내적 고요의 상태인 아파테이아를 추구했기 때문이다.[31] 설립자 역시 분심잡념이나 사욕으로 인한 동요가 없는 상태를 정화의 목표점으로 설정한 듯이 보인다.[32]

침묵은 내외적으로 고요한 것을 의미한다.(1964.9.30)

---

30 1963.11.6.

31 이러한 생각들의 구분은 우리가 분심잡념과 사욕을 구분하는 데 도움을 줄 수 있다. 에바그리오의 경우 아파테이아를 방해하는 것으로 욕망인 부분과 정념적 부분을 구분했는데, 전자는 기도하는 영혼을 산만하게 흩뜨리며 괴롭히는 부분으로 기도하는 정신을 산만하게 하지만, 후자는 분노라든지 감정적인 격정만이 아니라 건강하지 못한 심리 상태를 의미하며 기도를 할 수 없게 만든다. 앤드루 라우스, 161쪽; Monica Tobon, "Apatheia in the teachings of Evagrius Ponticus", UCL (University College London), 2010, p.134.

32 Halvor Eifring, "Spontaneous thought in contemplative traditions", p.530; Monica Tobon, pp.92~93.

이렇게 마음의 정화를 강조하는 것은 관상을 추구하는 여러 종교의 전통에서 공통된 것으로 마음이 하느님과 만날 수 있는 문이라는 생각이 깔려 있다.[33] 인간 존재의 여러 부분 중에 하느님과 가장 가까운 것이 마음이기 때문에 이에 대한 정화 없이는 하느님을 인식할 수 없다고 보는 것이다. 설립자도 이와 다르지 않다. 성령과 예수님께서 오시는 곳은 우리의 마음이며,[34] 깨끗한 마음을 가진 사람만이 하느님을 볼 수 있다고 보았다.[35] 여기에서 주목할 것은 설립자와 초기 신비주의에게 있어 내적 평화 그 자체가 목적이 아니었다는 점이다. 단지, 빛과 은총이신 하느님을 뵙기 위한 필요조건일 뿐이다.[36]

4) 설립자 영성의 특성

하지만 설립자 영성에는 몇몇 전통과 구분되는 두 가지 지점이 있다. 첫째로는 생각 자체를 취급하는 방식이며, 둘째로는 아파테이아에 도달하기 위한 수도생활의 형태이다.

먼저, 첫째를 살펴보면, 그리스도교 신비주의에는 아주 오랜 시간 동안 전해져 온 '생각을 취급하는 방식'이 존재한다.[37] 일종의

---

33 Halvor Eifring, "Spontaneous thought in contemplative traditions", p.532.
34 1958.12.5; 1959.5.9; 1961.1.22.
35 1961.6.9.
36 에바그리우스 폰티쿠스, "프락티코스", 81항.
37 Halvor Eifring, "Spontaneous thoughts in meditative traditions", *Meditation and*

이분법으로, 육체, 감각과 함께 생각, 감정, 공상 등은 현상적인 왕국에 속하는 반면에, 우리가 관상을 통해 보는 왕국은 이 모든 것들 너머에 있다는 생각이다.[38] 단순한 영과 육의 이원론이 아니며 이를 훨씬 넘어서는 것으로, 창조된 것(피조물)과 창조되지 않은 것(하느님)의 구분이다. 분심이든 아니든 모든 생각은 창조된 것에 속하며, 창조되지 않은 신을 인식하기 위해 창조된 모든 것(모든 생각)으로부터 벗어날 수 있어야 한다는 것이다.[39] 심지어는 피조물인 자기 자신조차 넘어서야 한다. 그렇기에 『무지의 구름』 저자는 제아무리 성스럽고 매혹적인 생각들이라 할지라도 모조리 아래로 끄집어 내리라고 말한다. 하느님(창조되지 않은)보다 못한 어떤 것(창조된 것)에 몰두하는 것 자체가 하느님과의 사이를 가로막는다.[40]

---

culture: The interplay of practice and context, 2015, pp.205~206.
38 Halvor Eifring, "Spontaneous thought in contemplative traditions", pp.531~532.
39 상동. 그렇기에 창조된 우리의 생각, 감정 등도 모두 이탈해야 하는 것에 속한다.
40 근본적으로 모든 생각, 감정, 더 나아가 영혼조차 창조된 피조물의 영역이라는 생각을 가지고 있다. 클리프턴 월터스, 성찬성 역, 『무지의 구름』, 바오로딸, 1998, 85쪽; Halvor Eifring, "Spontaneous thought in contemplative traditions", p.532. 특히, 무지의 구름 5항(76쪽)은 다음과 같이 말한다. "내가 말하는 창조계 전체는 언제고 창조계 안에 있는 개개의 피조물들뿐 아니라 그들과 연관된 모든 것을 두루 의미합니다. 그대가 생각하는 것들이 육적인 존재든, 영적인 존재든 간에, 아니면 그들의 상태든 행동이든 간에, 혹은 그들의 선함이든 악함이든 간에 무엇 하나 예외가 없습니다. 한마디로 말해서 모든 만물은 이 망각의 구름 아래다 묻어 두어야 하는 것입니다."
또한, 에바그리오도 아무런 이미지나 생각을 포함하지 않은 기도를 추구하며, '기도란 개념의 억제'라고까지 말한다. 윌리엄 존스턴, 이봉우 역, 『신비신학』, 분도출판사, 2007, 42쪽.

하지만 설립자는 초기 신비주의처럼 '생각' 자체가 영적 여정의 완성에 있어 장애물이라고 보지는 않는 듯하다. 단지, 문제가 되는 생각들이 있을 뿐이다. 그리고 이 문제는 대부분 방향성과 우선순위에서 나온다. 분심잡념이라는 생각 역시 애착의 방향이 하느님이 아닌 육친과 재물이기에 문제가 되는 것이다. 때문에 생각이나 애착의 방향이 하느님일 때, 예를 들어, 하느님의 신비에 대한 생각이나 어떻게 하느님 마음에 들지 생각하는 것,[41] 그리고 좋은 생각을 하는 것은 설립자도 장려하고 있다. 더욱이 수도생활의 최종 목적인 성령강림도 하느님 생각과 내 생각의 일치라고 보는 점에서 우리는 설립자가 생각에 대한 극단적인 부정을 추구하지 않음을 알 수 있다. 설립자의 흠숭 개념 역시 이를 잘 보여 주고 있는데, 우리의 생각과 사상이 '온전히' 하느님을 향하고 있느냐 마느냐가 관건이지, 생각 자체를 버리라고 주문하지는 않는다.

둘째, 에바그리오를 비롯한 초기 그리스도교 신비주의자들 중 몇몇은 내적 평온함을 얻기 위해 은수생활을 강조했다. 하느님을 만나기 위해 피조물들로부터 도피하는 것이 필요하다고 생각했는데, 현세에서 물러난 침묵과 고독 속에서만 아파테이아가 가능하다고 보았던 것이다.[42]

---

41 1963.1.6; 1966.6.20; 1967.6.2; 1970.5.27; 1970.5.28; 1971.6.13.
42 앤드루 라우스, 159쪽.

하지만 설립자는 이에 동의하지 않는다. 수도생활은 세속과 동떨어져 있지 않다. 성 요셉과 성모님, 예수님은 사람 사는 인가人家를 떠나 사신 것이 아니라 복잡한 중에 사셨다. 이와 같이 수도생활은 세속을 떠난다고 되는 것이 아니며, 성모님과 같이 보통 사회 속에서 해야 하는 것이다.[43] 삶의 장소가 어디인지는 중요하지 않다. 왜냐하면 어디서든 내적 침묵(나쁜 생각, 나쁜 마음 안 하는 것)을 지키는 것이 수도생활의 본질이기 때문이다.[44] 오히려 설립자는 세속 안에서 만나는 것들을 통해 하느님 섬기기를 강조한다. 인사물人事物 현상現象이 모두 하느님께서 마련하신 것이기에, 수도자는 그 안에서 하느님을 모셔야 한다.[45]

아울러, 설립자는 홀로 가는 길이 아닌 공동체적 형제 생활을 우리에게 요청한다. 공동체 안에서 이루는 형제애는 빛을 받기 위한 조건, 하느님과 일치에 이르기 위한 조건이기도 하지만, 동시에 수도회 모든 형제에게 맡겨진 근본 사도직(사명)이기도 하다.[46]

---

[43] 1959.3.19; 카타리나 성녀를 예로 들며 산속에서만 수도생활이 가능하다는 견해에 대해 부정적이다. 1960.9.20.

[44] 1960.10.14.

[45] 1963.11.6. 특히, 인사물(人事物) 현상(現象) 모든 것을 하느님께서 강복하셨고, 재창조하셨음을 강조한다. 다음을 참조: 1959.5.10; 1961.6.9.

[46] 1959.2.4; 1960.10.14: "천당에 들어가는 성녀(聖女)가 되는 길도, 하느님과 일치하는 연습 과목이 형제애(兄弟愛)이다. 얼마나 중요한 과목인지! 특히 우리들 목적이 형제애이니 우리들은 일층 더 전공과목으로 알고 우리들의 일생업(一生業)이 이것인 것을 확실히 알아야 한다."

형제애가 없이 주의 사랑을 누릴 수 없느니라.(히브리 12,14) 천주와 우리와의 일치는 형제와 형제의 일치함에 있음이로다.(요한 17,21) 음식물이 소화되기 전에는 육체와 동화할 수 없나니, 형제가 형제와 동화함에는 불화가 없어야 하는도다. 형제간에 불화가 없어지고, 서로가 형제의 것이 될지어다. 이것이 물이 아니뇨, 주 목말라 하신 물이 아니뇨. 갈대같이 흔들리지 말고 형제애에 철저할지어다. 천주의 자녀들이 하늘을 상속하고 땅을 덤으로 받는도다.(『사사』, 평화 화친 형제애)

지금까지의 논의를 통해 설립자가 자연계의 피조물을 부정적으로만 보지 않는다는 사실을 알 수 있었다. 오히려 자연계 안에서, 세속 안에서 하느님께로 나아간다. 인사물 현상을 통해 하느님의 뜻을 찾고, 형제들과의 생활을 통해 하느님과 일치를 이룬다. 마찬가지로, 피조물인 생각도 그 자체로 나쁘고, 하느님께로 나아가는 데 있어 장애물이 되는 것은 아니다. 단지, 그중에서 나쁜 생각이 있을 뿐이다. 그렇기에 생각의 영역에서의 정화는 나쁜 생각을 물리치는 것만으로 충분하다.

03 설립자의 인식론

1) 분심잡념의 기관

이 장에서는 분심잡념이 일어나는 메커니즘에 대해 알아보고자 한다. 설립자는 인간이 세상을 보고 판단하는 기관들이 다음과 같이 구성되어 있다고 생각했다.

> 즉 육신에 속하는 것은 9개요, 영혼에 속하는 것은 2개다. 9개 중 외관에 있는 것은 5개요, 내관에 있는 것은 4개다. 내부에 속하는 4개는 두뇌에 있다. ① 공통 감각 ② 상상 ③ 평가 ④ 기억력이다. 외부의 것은 오관이다. (이, 목, 구, 비, 수족) 그 다음 영혼의 두 가지는 ① 이성 ② 의지다. 이성은 5개 부분이다. ① 관념 ② 추론 ③ 판단 ④ 양심 ⑤ 기억력, 의지는 선택하는 능력이다.[47]

---

[47] 1961.11.20; 설립자가 말한 육신에 속하는 9개와 영혼에 속하는 2개의 기관이 작동하는 방식은 다음을 참조하라. 『사사』, 죽음의 죽음 편. "귀는 듣고 눈은 보고 ※ 코로 냄새를 맡지 않느뇨? 혀로 맛을 보고 ※ 피부로 현상을 느끼지 않느뇨? 외부 오관에 접촉된 인사물 현상이 ※ 대뇌를 통하여 소뇌에 이르러 총각(總覺)에 섭취(攝取)되면 ※ 상상, 평가, 기억이 이를 가누는도다. 신경계는 여기 집중되니 ※ 여기가 동물성의 중추로다. 이 중추는 영혼의 협조기관이라. ※ 모든 것을 영혼에 제공하면 영혼의 이성과 의지가 ※ 이를 다루나니 이성은 진리를 찾고 ※ 의지는 선을 구하는도다. 의지는 선을 선택하여 ※ 최선을 누리고 즐기는도다. 의지가 인간성의 중추로다. ※ 참다운 인간성은 여기 있도다."

> 이렇게 감각적 부분에 속하는 내적 능력들로서는 넷 이외의 것을 인정할 필요가 없다. 즉 그 넷이란 공통감각, 표상력, 평가력, 기억력이다.[48]

예문 중에서 위의 것은 설립자의 강론에서, 아래의 것은 토마스 아퀴나스의 신학대전에서 따온 것이다. 두 사람이 전하는 내용이 흡사한 것처럼 설립자의 인간 이해는 어느 정도 스콜라철학의 영향 아래에 있는 듯하다. 완덕오계 중 일계와 이계를 육신 내적 침묵肉身內的沈默이라고 하는 이유도 스콜라철학에서 이들과 관련한 담당 기관이 위에서 보는 것처럼 육신 내에 있다고 생각했기 때문이다.[49] 곧, 분심과 사욕을 일으키는 기관은 우리 신체 안에 있으며, 이들의 원래 역할은 공통감각, 상상, 기억력, 평가라는 것이다.

2) 내적 감각

하지만 설립자는 이러한 기본적인 구조만 제시할 뿐 자세한 내용

---

[48] 신학대전 1부 제78문제 제4절. 다음에서 인용하였다. 토마스 아퀴나스, 정의채 역, 『신학대전』 10권, 바오로딸, 2003.
[49] 설립자가 "내부에 속하는 4개는 두뇌에 있다."고 말하듯이 스콜라 철학자들은 내적 감각의 기관들이 인체 내부, 특히 두뇌와 관련 있는 것으로 보았다. 토마스 아퀴나스 역시 감각적 사고력은 머리의 중뇌, 상상은 졸도나 혼수상태의 경우에 손상되는 기관을 가진다고 생각하였다. 앤소니 케니, 이재룡 역, 『아퀴나스의 심리철학』, 가톨릭대학교출판부, 1999, 54쪽.

은 제시하고 있지 않기에, 이러한 인식 기관의 구체적인 작동 과정을 이해하기 위해서는 토마스 아퀴나스의 영혼론을 참조하는 것이 필요하다. 그는 영혼을 세 가지로 구분했는데, 초목의 생장혼生長魂, 동물의 감각혼感覺魂, 인간에 있는 이성혼理性魂이다.[50] 이 중에서 인간은 초목과 동물의 기능을 모두 가지고 있는데, 분심잡념과 관련한 기관은 동물과 인간의 공통 능력인 감각적 혼에 속한다. 여기에는 두 가지가 있다. 첫째로는 육신 외적인 것으로 우리가 잘 아는 시각, 청각, 후각, 미각, 촉각의 다섯 가지가 있으며, 둘째로는 내적인 것으로 공통감각, 표상력, 평가력, 기억력 네 가지가 있다.

내적 기관 중 공통감각은 외부 감각과 연결되어 하나 이상의 감각들을 통합하는 감각이기에 분심과 직접적으로 연결되지는 않는다. 분심잡념을 일으키는 것은 상상력(표상력)과 기억력이다. 상상력(표상력)은 감각상感覺像을 산출하는 능력으로 심상 없이는 지성이 인식할 수 없기 때문에, 감각적 경험에 따라 필요한 정신적 영상을 만들어내는 능력이다.[51] 이를 억제하지 못할 때 잠심에 방

---

[50] 신학대전 1부 제78문제 제1절. 그런데 설립자 역시 자연계를 광물계, 식물계, 동물계, 영성계로 구분하면서 생명이 있는 것은 식물계, 동물계, 영성계로 보며 이들의 기능에 차이가 있음을 말한다. 여기서 이해를 위해 중요한 점은 동물은 식물의 생장기능에 더해서 감각기능을 추가로 가지고 있다는 것이고, 인간은 동물의 기능에 더해 이성이라는 기능을 더 가지고 있다는 것이다. 다음에서 확인할 수 있다: 1959.1.25; 1972.3.26.

[51] 무엇인가를 이해하기 위해 머릿속에서 떠올리는 이미지나 형태 등을 이야기하는 것이다. 조던 오먼, 이홍근 역, 『영성신학』, 분도출판사, 1994, 211쪽; 앤소니 케니, 51~52쪽.

해가 되는 분산과 유혹이 일어나며,[52] 감각들은 그 자체로 속을 수 없기 때문에 감각적 착각이 일어날 수도 있다.[53] 또한, 기억력의 경우, 좋은 것과 나쁜 것, 옳은 것과 옳지 않은 것 등의 구분 없이 축적된다. 때문에 이 중 많은 것들이 기도와 잠심생활에 방해가 될 수 있는 형태로 드러날 수 있다.[54]

3) 평가와 전화위복의 경계

그런데 정화되지 않은 상상력과 기억력은 평가력에도 영향을 미친다. 평가력은 공통감각과 상상, 기억이 종합하여 영향을 미치는데, 양이 늑대를 피해 달아나거나 새가 나뭇가지들을 모으듯이 위험과 유용성에 대해 포착하는 능력을 말한다.[55] 단순히 본능이 아니라 시행착오와 연합을 거쳐 취득하는 감각이다.[56] 따라서 정화되지 않은 상상과 기억은 무엇이 좋은 것이고, 무엇이 나쁜 것인지를 구분하는 평가력에 오류를 일으킬 수 있다. 이를 일종의 착각으로 볼 수도 있는데, 영적 식별 과정에서 올바른 지향이나 성

---

52 조던 오먼, 『영성신학』, 212쪽.

53 앤소니 케니, 52쪽.

54 조던 오먼, 『영성신학』, 213쪽.

55 앤소니 케니, 51쪽; 『사사』, 잘사는 길(2) "인간과 제일 가까운 동물은 ※ 자체를 보호하는 길이 있으니 안에는 평가가 있어서 ※ 생양보전(生養保全)에 이해를 식별하여 이로운 것은 취하고 ※ 해로운 것은 피하는도다. 밖에는 보호색으로 ※ 외적 침해(外的沈害)를 방어하나니 채소에 사는 곤충의 빛깔이요 ※ 물에 있는 물고기의 빛깔이로다."

56 앤소니 케니, 51쪽.

령과의 동조 부족에서 일어날 수 있으며, 무엇보다 무질서한 애착이 중요 원인이다.[57]

때문에 내적 감각들을 정화하고 다스리지 못한다면, 마음의 평정을 어지럽히는 분심들 속에서 무엇이 유익한 것이고, 무엇이 해로운 것인지에 대한 착각 속에서 살아가게 된다. 가장 큰 착각은 이 세상에서 만나는 인사물 현상 중에 나쁜 것들이 있다는 생각이다. 사실 설립자에게는 나쁜 것이 없다. 왜냐하면 하느님을 사랑하는 사람에게는 모든 것이 좋은 것이기 때문이다.[58]

> 사람이 하느님을 사랑하는 경계로 들어가면 모두 복이 된다. 모든 것이 좋게 돌아간다. 나쁜 것은 하나도 없다. 사랑이 깊어질수록 만고는 만락으로 돌아간다. 그러니, 하느님 사랑하는 이는 얼마나 복된가 보자. 하느님 사랑하는 수도자에게는 세상이 괴롭고, 싫고, 어렵다고 하는 그것이 오히려 복이 된다.(1963.12.4)

하느님께서 하시는 신비계의 창조는 자연계를 완전히 떠나서 동떨어진 것이 아니다. 우리가 이 세상에서 만나는 모든 일(凡事)을 통해서 이루어지는 것이다. 그 중에서도 특히 ① '유익하지 않

---

57 마누엘 루이스 후라도 S.J., 박일 역, 『영적식별』, 가톨릭대학교출판부, 2010, 78쪽.
58 1963.11.8: "무죄하며, 덕이 많이 있고, 더 나아가서 하느님 사랑하는 마음이 있다면 모든 것이 좋게만 돌아간다." 다음도 참조할 수 있다.: 1964.3.29; 1964.9.9; 1967.6.2.

다고 생각'하는 무시·천대·모욕, ② '작은 것이라고 생각'하는 미소한 일과 범상한 일, ③ '고통이며 피해야 한다고 생각'하는 십자가가 우리 성화의 재료가 된다.

> 하느님께서는 빛을 통해서 하느님 사람(聖人)을 만드시는 것이 마지막 목적이요, 일대 성공하신 것이다. 이렇게 성공하시기 위하여 매일 당하는 모든 범사(凡事)를 좋은 것으로 보내주시고, 거룩하게 축복해 주신다. 하느님께서는 영혼을 위하여 항상 영원히 창조하신다. 순간순간 창조하신다. 곧 거룩하게 성화하는 것이 창조이시다. 그 재료로 ① 인, 사, 물, ② 현상, ③ 모욕, ④ 천대, ⑤ 무시, ⑥ 미소한 일, ⑦ 범상한 일, ⑧ 십자가 이것이다. 우리는 이 여덟 가지를 통해서 하느님 창조에 협조해야 한다.(1959.4.29)

따라서 우리는 왜 설립자가 분심잡념의 결과인 불만, 불평, 원망을 경계했는지 알 수 있다.[59] 분심잡념으로 인해 상상과 기억이 통제되지 않고 산만해지면, 무엇이 도움이 되고, 무엇을 피해야 하는지를 판단하는 평가력에 문제가 생긴다. 그러면 성화의 도구인 평범하고 미소한 일, 역경과 십자가 앞에서 우리는 원망, 불평을 늘어놓게 되는 것이다.[60]

---

59 1959.3.9. 불만과 원망, 불평은 분심잡념의 결과물이다.
60 1959.1.27: "이 세계를 보는 이 빛을 더욱 강하게 하는 것은 ① 억울한 말을 들을 때,

십자가를 지고 나를 따르라고 하셨는데 누르고 십자가를 지는 것은 우리 본성으로는 싫지마는 무엇인가 좋은 것이 있음은 분명합니다. 좋은 것이 있음은 분명합니다.(1961.7.22)

그렇기에 우리가 올바로 세상을 볼 수 있기 위해서는 정화가 필요하다. 믿음을 통해 정화의 시련을 견뎌내고 조명에 이르러 하느님의 사랑(빛)을 느끼게 되면, 만사가 좋은 것이라는 주님의 신비를 보다 분명히 알 수 있게 될 것이다. 설립자는 이를 전화위복의 경계라 칭한다.[61] 곧, 침묵에서 빛을 받아 양심불이 켜진 상태이다. 불만, 불평이 일어나는 것은 우리가 아직 어둠 속에 있기 때문이며, 이 경계에 들지 못했기 때문이다.[62] 이를 통해 우리는 분심잡념의 결과인 영혼의 구름이 얼마나 해로운 것인지를 알 수 있다. 일차적으로는 상상과 기억을 통제하지 못해 일어나는 산만한 생각들로 (생각과 마음의) 온전성을 잃어버리게 하며, 이차적으로는 사람을 착각에 빠지게 해서 우리 구원에 무엇이 도움이 되고, 무엇이 해로운지 올바로 식별할 수 없게 만든다. 아무렇지 않게 내버려두는 나쁜 생각 하나가 우리를 구원에서 멀어지게 하는 것이다.

② 남에게 손가락질을 받을 때, ③ 업신여김을 받을 때 더욱 강해진다." 이러한 내용은 세상의 판단 방식에 어긋난다.
61 1971.2.28; 1973.6.3.
62 1971.6.9.

04 ___ 물리치고

이제까지의 연구를 토대로 살펴보면, 나쁜 생각에 빠지지 않기 위해 우리는 특별히 두 가지 면에서 정화를 해야 한다.

1) 노력의 침묵

첫째로, 우리는 자기 안의 상상력과 기억력을 정화해야 한다. 불필요한 외적 자극을 줄이고, 생각이 좋은 방향으로 갈 수 있도록 노력하는 것이 필요하다.[63] 특히, 중요한 것은 분심잡념의 표지인 원망, 불평, 불만을 가져오는 생각에 깊이 빠지지 않고 거리를 두는 것이다. 설립자는 '나쁜 생각에 동의하지 않는다'는 표현을 사용하고 있으며,[64] 노력의 침묵이라고 말한다.[65] 사실, 우리가 무엇

---

[63] 조던 오먼은 그의 저서에서 내적 기관의 정화에 대해 특별히 다루고 있다. 그는 상상력을 통제하기 위해 외적 감각, 특히 시력을 통제할 것, 독서물을 지혜롭게 선택하고, 매 순간의 의무에 충실할 것을 요구한다. 이로써 불필요한 상상거리를 억제하고, 좋은 방향으로의 상상력을 훈련시키며, 매 순간 의무에 충실함으로써 우리의 집중이 분산되는 것을 방지한다는 것이다. 그럼에도 일어나는 분심에 대해서는 직접 분심과 싸우기 보다는 무시하라고 충고한다. 기억에 대해서도 지난날의 죄와 상처를 잊어버리고 생각하지 말라고 한다. 오히려 하느님의 은혜를 생각하고, 그리스도교 희망을 상기할 것을 요청한다. 조던 오먼, 『영성신학』, 213~214쪽.

[64] 1959.6.14; 1959.7.17.

[65] 1958.12.5.

을 보든지, 무엇을 듣던지, 그러한 것들이 우리 내면에서 어떻게 작용하여 마음을 사로잡는지를 모를 때가 많다. 더욱이, 복잡한 세상에서 살아가며 상상력과 기억력을 정화해야 하는데, 지속되는 외부의 자극들 속에서 이를 의식적으로 통제·조절하기란 쉬운 일이 아니다. 여기에서 오직 분명한 것은 우리가 분심잡념에 빠졌음을 알려 주는 표지인 원망, 불평, 불만뿐이다. 때문에, 이 표지를 통해 우리가 분심에 빠졌음을 깨닫고, 그것들을 일으키는 생각에 동의하지 않는 것이 중요하다. 설립자 역시 보고 듣는 것이 해로운 것은 아니라고 말한다. 다만, 물리치고 동의 안 하면 그것이 명상생활이라고 설파한다.[66] 인간이 분심잡념을 안 할 수는 없기에, 나쁜 생각이 나든 안 나든 상관이 없으며, 동의하는지 하지 않는지가 중요할 뿐이다.[67]

2) 하느님께 의탁

둘째로 우리는 삶 안에서 하느님께 순응해야 한다. 하느님의 뜻에 자신을 맡김은 가장 효과적인 성화 방법이며, 은총의 작용을 방해하는 장애물을 제거하는 데 탁월하다.[68] 따라서 인人, 사事, 물物, 현상現象, 범상한 일, 미소한 일, 천대 모욕 십자가 앞에서 사랑

---

66 1959.3.19: 설립자는 이것이 복잡한 세상 속에서 명상생활하는 비결이라고 전한다.
67 1959.6.14.
68 조던 오먼, 『영성신학』, 421~423쪽.

과 정성을 다하고 기쁨으로 해야 한다.[69] 하느님 앞에는 큰 일과 작은 일의 구분이 없다. 그리고 하느님을 사랑하는 이에게는 모든 것이 좋은 것이다. 따라서 지극히 미소한 일과 어려운 일에도 정성을 다해야 한다. 특히, 십자가를 달게 받는 것은 그 자체로 덕능德能이 되어 영혼의 구름이 물러간다.[70] 그러나 반대로 어려운 일과 쉬운 일, 유익한 일과 그렇지 않은 일을 자의적으로 판단하며 구분할 때, 우리는 그 판단이 일으키는 근심과 걱정 속에 헤매게 된다.

때문에 우리는 감각적인 인상들의 노예가 되는 것을 피해야만 한다. 믿음에 자신을 내맡겨야 한다.[71] 우리는 감각을 통해 헤아릴 수 없는 혼란을 느끼겠지만, 그것들은 가지각색으로 변하는 하늘의 구름처럼 모두 사라지게 될 것이다.[72] 때문에 근심, 걱정, 불안에 휩싸이지 않고, 모든 것을 좋게 주시는 하느님께 의탁하는 마음가짐이 필요하다.

하느님 섭리에 의탁하지 않는 마음가짐을 설립자는 유감이라고

---

69 1959.7.6.
70 1959.6.7.
71 루이 부이에, 정대식 역, 『영성생활입문』, 가톨릭출판사, 1992, 353~354쪽.
72 다음의 격언이 도움이 될 것이다. "수많은 두려움과 의혹 속에 끼어들지 않도록 조심합시다. 그것은 아무 곳으로도 안내해 주지 못하는 길처럼, 오로지 우리의 정신을 이리저리 현란시키다가 마침내는 희망도 없이 길을 잃게 만듭니다. 끝없는 자애심의 미로를 헤매며 돌아다니지 말고 그것을 단숨에 뛰어넘어 거기서 빠져나오도록 합시다." 코사드의 요한 베드로, 김현태 역, 『하느님 섭리에 내맡김』, 인천가톨릭대학교출판부, 2013, 140~141쪽.

표현한다. 큰 어려움을 당했다고 느끼는 감정이다.[73] 유감에 빠진 이는 딴생각을 하고, 수도생활이 재미없고, 모든 것이 귀찮아지고 싫어져서 시궁창이 된다.[74] 딴 수도원에 들어가면 성인이 되지 않을까 하는 생각,[75] 나는 성인이 될 수 없다는 생각,[76] 순간순간 당하는 괴로움보다 더한 유감이 올 것이라는 생각들이다.[77] 이렇게 수도생활의 일상 중에 느끼는 유감들은 착각이다. 우리가 전화위복의 경계에 들지 못하고, 평가력의 오류에 빠져 있다는 증거이다. 이럴 때일수록, 우리가 당하는 고통이 예수님의 고난에 의해 덕으로 돌아갈 수 있도록 순교정신으로 당하는 것을 잘 참아 받는 것이 필요하다.[78]

이로써 우리는 고난이 닥쳤을 때, 습관적으로 자기 생각에 기대는 습성에서 벗어날 수 있을 것이다. 우리가 의탁해야 할 대상은 내 생각이 아니라, 나만 생각하시고 일하시는 하느님이시다.[79]

---

73 1961.2.26.
74 1964.9.9.
75 1959.5.10.
76 1961.6.17.
77 1959.8.27: "죽음의 부하들은 순간순간 당하는 괴로움인데 더 큰 유감이 올 것이라고 생각하지 맙시다. 왜냐하면 하느님께서 무리하게 주시지는 않습니다. 괴로움이 아무리 심하여도 하느님 앞에서는 녹아내립니다."
78 1962.3.8; 1970.1.25; 조던 오먼, 『영성신학』, 423쪽.
79 1968.8.25.

05 ─── 무의미로의 헌신

그러나 우리는 무의미하고 그까짓 것이라고 하지 말라. 우리는 배운 것이 있다. 더구나 인, 사, 물, 현상을 재창조하시고 재생활케 하시고, 재강복하시어 우리에게 보내주신 것을 무의미하다고, 그까짓 것이라고 말할 수 있는가.(1961.9.23)

세상에서 제일 좋은 생각은 하느님의 생각이다. 그런데 하느님은 온전히 우리만 생각하신다. 따라서 우리 역시 하느님의 이러한 사랑을 본받아 온전히 하느님만 생각하기를 지향해야 한다. 분심잡념을 물리치는 것도 이를 위한 한 방법이다. 우리 정신의 온전성을 회복하고, 하느님과 생각의 일치를 이루기 위한 성의노력의 과정이다. 이렇게 일계를 따라 분심잡념에 동의하지 않고 단호히 거부할 때, 우리는 마침내 영혼의 구름을 물리치고 빛을 볼 수 있을 것이다.

정화를 통해 내적인 고요함을 추구하는 것도 같은 과정을 말한다. 마음을 오염시키는 것들로부터 고요함을 되찾기 위해 우리는 기억과 상상력으로부터 오는 생각들을 다스려야만 한다. 그리고 우리의 판단을 내려놓아야 한다. 무엇보다 명심해야 할 것은 수도자에게 무의미한 것이란 있을 수 없다는 점이다. 미소하고, 힘들고, 어려운 것에 이르기까지 우리는 삶의 모든 것을 받아들여야 한다. 설립자의 정화란 다름 아닌 우리 삶 전체에 대한 온전한 수용을 뜻한다. 여기서 관건이 되는 것이 십자가이다. 십자가의 신비를 받아들여 전화위복의 경계에 설 수 있는가, 없는가에 정화의 성패가 달려 있다. 분명한 것은 세상의 생각과 달리 십자가를 받아들이는 것이 마음의 평화를 이루는 길이라는 점이다. 십자가를 원망하면 괴로움이 덮쳐 오고, 괴로움은 죽음을 초대할 뿐이다.[80]

그러니 무엇이든지 무의미하다고, 그까짓 것이라고 해서는 안 된다. 오히려 더 정성을 쏟고, 기꺼이 받아들일 수 있어야 한다. 우리 삶의 온전성은 바로 그 무의미함에 깊이 헌신함으로써 이루어지기 때문이다. 세상의 생각과 달리 이것이 진정 우리 마음의 평화를 이루는 길이다.

주의 종들아 주를 우러러 흠모하고 거수대월擧手對越할지어다.
천주 우리를 내셨으니 우리는 주의 것이로다.
천주 우리를 생각하시고 내셨으니, 주의 생각이 우리의 길이로다.
우리의 갈 곳이 우리 주 천주시요, 우리의 생각이 주의 생각이로다.
주 예수 우리를 위하여 수난하셨으니, 어려워도 주를 위할지어다.

---

80 『사사』, 괴로움의 비결.

성자 우리를 위하여 죽으셨으니, 죽어도 주를 위해 드릴지어다.
성혈 흘려 우리를 구속하셨으니, 우리는 참으로 주의 것이로다.
주의 것이었던 우리는 또다시 주의 것이 되었도다.
주의 것이 된 것이 우리의 복이요, 영광이요, 힘이요, 낙이로다.
(『사사』, 복된 우리 주의 것인 우리 편)

2부

복자수도회 편

무아 방유룡 신부님의 '분심잡념을 물리치고'

강창근(한국순교복자성직수도회 수사)

01_ 시작하며

02_ 창설신부님-분심에 동의만 하지 마라

03_ 나를 흔든 분심들

04_ 분심은 악이 떠올려 준다

05_ 악마는 내 뜻을 이루라고 한다

06_ 모든 것을 버리고 주님을 따름

01 시작하며

기도할 때 분심잡념은 우리를 끊임없이 괴롭힙니다. 지금까지 저는 저만 특별히 분심이 많은 사람인 줄 알았습니다. 헌데 많은 신자 분들을 만나면서 나만 그런 게 아니라는 것을 알게 되었습니다. 많은 이들이 분심을 어떻게 다루어야 할지 모릅니다. 어떤 분은 성체조배를 하지 않고 묵주기도만 합니다. 성체만 바라보고 있으면 분심이 너무 많이 든다는 이유에서입니다. 그러나 묵주기도도 분심이 많이 드는 것은 마찬가지입니다.

많은 이들이 분심을 쫓아내려고 많은 노력을 합니다. 그러나 자칫 분심을 몰아내려다가 분심과 놀게 되는 경우가 종종 있습니다. 그래서 교리서는 말합니다. "분심을 몰아내려고 쫓아다니는 것은 오히려 함정에 빠지는 것이 된다. 그저 우리의 마음으로 되돌아가기만 하면 그만이다."[1] 우리는 분심잡념과 '싸움'이자, '전투'를 벌이고 있습니다. 이는 거룩한 전투입니다. 분심에 넘어가지 않으려는 '성의노력' 자체가 중요합니다. 그리고 끈질기고 항구하게 노력해야 하겠지요. 사실 이 거룩한 전투의 과정 자체가 우리를 정화시켜 주는 것 같습니다.

---

1 『가톨릭교회 교리서』, 2729항.

우리는 이 거룩한 전투에 임하기 전에 우리가 싸우고 있는 상대가 누구인지 알아야만 합니다. 우리가 누구와 싸우고 있습니까? 세상과 육신과 마귀와 싸우는 중입니다. 세상과 육신과 마귀는 가장 먼저 우리의 생각, 즉 분심잡념으로 공격해 들어옵니다. 그러므로 우리는 이 단순해 보이는 분심잡념과 철저하게 싸우지 않으면 상대에게 잡아먹히고 맙니다. 편안하게 그리고 이기적으로 살아도 된다는 세상과 내 몸 안의 욕구와 보이지 않는 교활한 마귀는 오늘도 분심잡념을 통해 우리를 공격하고 있습니다.

나를 알고 적을 알아야 백전백승입니다. 그러나 오늘날 가톨릭의 커다란 흐름은 예수님 사랑만 강조하고, 우리가 무엇을 조심하고 경계해야 하는지는 가르치지 않는 것 같습니다. 요즘 젊은이들은 마귀도 지옥도 언급하고 싶어 하지 않습니다. 사실 젊은이들뿐만 아니라 수도자, 성직자들도 언급을 꺼려 합니다. 마귀와 지옥은 엄연한 가톨릭 교리인데도 말이지요. 그들은 그들의 '입맛'에 맞는 것만 골라서 듣고 싶어 합니다. 사목자도 그들의 욕구를 어느 정도 충족시켜 주고자 하기에, 마귀와 지옥에 대해서는 말하기 부담스러워합니다. 그럼에도 불구하고 우리는 적을 알아야 하겠습니다. 그럼, 창설신부님께서 분심잡념에 대해서 어떻게 말씀하셨는지, 그리고 저의 개인적인 체험을 바탕으로 이야기를 전개해 나가도록 하겠습니다.

02 ____ 창설신부님
－분심에 동의만 하지 마라

1) 나쁜 생각에 동의만 안 하면 됩니다

나쁜 생각 들어오는 것은 괜찮다. 아무 일 없다. 나쁜 생각 자꾸 나는 것 괜찮다. 아무 일 없다. 이럴 때 고개를 흔들어 싫다고 해야 한다. 괜찮다. '나는 너하고 있고 싶지도 않고 죽어도 싫다' 하는 마음만 가지고 있으면 그만이다. 나쁜 생각 나는 대로 동의만 안 하면 된다.(1960.10.22 강론)

창설신부님은 수도생활을 "악한 생각에 동의하지 않고 본성을 억제하는 생활(1959.8.20)"이라고 말씀하십니다. 나쁜 생각들이 자꾸 나는 것은 어쩔 수 없습니다. 괜찮은 것입니다. 왜냐하면 그 나쁜 생각은 내가 일으키는 것이 아니기 때문입니다. 그러나 그 생각이 싫다고 명백히 고개를 저어야 합니다. 물과 기름이 서로 섞이지 않듯이, 나쁜 생각이 우리 안으로 스며들지 않게 해야 합니다.(1960.4.23) 이렇게 말하면 많은 이들이 의아하게 생각할 것입니다. '아니, 생각을 내가 하는 것이지, 남이 떠올려 주는 것인가?' 그렇습니다. 생각은 내가 하는 것도 있고, 마귀가 떠올려 주는 것도 있습니다. 창설신부님이 말씀하시듯, 나쁜 생각을 마귀들이 떠올려 주는 경우가 많이 있습니다.

  나쁜 생각들이 많이 쳐들어옵니다. 수도자들에게 가장 흔한 유혹은 성적인 유혹입니다. 사막의 은수자들도 죽을 때까지 쳐들어오는 분심이 정욕에 관한 것이라고 했습니다. 유혹의 불길이 커지도록 우리 곁에서 끊임없이 부채질하는 것처럼 느껴질 때가 있습니다. 그러나 수많은 성인이 이 과정을 거쳤습니다. 시에나의 성녀 카나리나의 경우, 3년 동안 음란한 생각이 계속해서 공격했다고 합니다. 성녀는 이 음란한 생각의 공격이 떠오를 때마다 주님께 의탁했지요. 3년이 지나자 음란한 생각이 멈추었고, 예수님을 만났을 때, 왜 자신을 음란한 생각에 시달리게 내버려두었는지 여쭈어보았습니다. 예수님께서는 그 생각들과 싸움을 하고 있는 성녀 옆에서 성녀를 지켜 주고 계셨다고 말씀하셨습니다. 성녀 카타리나뿐 아니라 많은 성인들이 이 과정을 거쳤습니다.

  제 개인적인 경험에 의하면, 그 다음으로 자주 오는 것이 형제들을 판단하고 단죄하는 생각인 것 같습니다. 기도할 때, 어느 형제에 대한 얼굴이 떠오르면, 저는 쉽게 '아, 이 형제는 이렇고 이렇고 이렇지. 아 … 언제 변하려나?' 이런 판단이 자동적으로 떠오르곤 합니다. 이런 방향으로 생각이 흐르기 전에, 그 형제의 이미지가 보일 때, '아, 지금은 기도하는 시간이지 … 주님과 데이트하는 것이 더 중요해.' 하면서 그 떠오른 이미지를 받아들이지 말아야 합니다.

하이에나 같은 마귀들은 끊임없이 이런 이미지를 보낼 수 있는 능력이 있습니다. 묵주기도를 하거나 성체조배를 할 때에도 말이죠. 늘 같은 수법으로 같은 곳을 공략합니다. 물론 이놈들도 업그레이드됩니다. 그러나 우리는 그들의 제안에 동의만 하지 않으면 됩니다. 동의만 하지 않으면 죄를 짓지 않는 것입니다. 허나 이는 많은 반복 연습을 해야 얻어지는 것 같습니다. 사실 넘어지면서 배우게 되는 것 같습니다. 꾸준한 연습으로 분심에 동의하지 않는 것이 우리가 승리하는 길입니다. 그러나 똑같은 장소에서 넘어지게 됩니다. 그럼에도 불구하고 낙심하지 않고 포기하지 않는 사람이 승리할 것입니다.

2) 분심과 사욕이 오히려 복이 될 수 있습니다

> 나쁜 생각, 나쁜 마음을 먹지 아니하는 것이다. 나쁜 생각이 일어나도 동의 아니 하면, 이것이 '노력의 침묵'이다. 하느님 즐거워하시는 가치 있는 침묵이다. 또 이날이 제일 잘 지낸 날이다. 눈물을 흘리며 감격한 날에 비할 수 없이 잘 지낸 날이다.(1958.12.5)

나쁜 생각, 나쁜 마음이 일어나도 동의하지 않으면, 우리의 노력이 가미되는 것이고 그 '노력의 침묵'을 하느님께서 좋아하십니다. 노력의 침묵으로 지낸 날이 눈물을 흘리며 감격한 날에 비할 수 없이 잘 지낸 날이라고 하십니다. 이 말씀이 무슨 뜻인가요? 나뿐 생각을 물리치는 것이 별것 아닌 것처럼 느껴질 수 있지만, 그렇지 않습니다. 아주 대단한 싸움에서 승리한 것입니다. 겉보기에 대단한 일을 하는 것이 수도자로서 훌륭한 것이라 평가할 수 있지만, 그렇지 않습니다. 나쁜 생각 하나를 물리친 것이 그 어떤 것보다 잘한 것입니다. 이렇게 나쁜 생각대로 하지 않고 동의하지 않았으면, 우리와 하느님과의 관계는 돈독해질 것입니다. 하느님과 우리 사이의 갈림이 없습니다. 이것이 우리의 공로가 되고, 복을 받게 되는 것입니다.[2]

창설신부님께서는 사욕이 일어날 때 동의하지 않으면, 사욕이 없는 것보다 낫다고 말씀하십니다. 이때 성령의 빛이 우리 마음에 들어오게 됩니다. 우리 마음은 이 빛을 받아 용약하고 마음이 편안해집니다.[3] 이 말씀은 분심잡념을 물리치는 것에도 적용됩니다. 악한 생각들이 끊임없이 밀려오고 있다고 가정해 봅니다. 헌데 그 악한 생각들에 동의하지 않고 계속해서 물리친다면, 그 물리치는 힘이 우리 안에 쌓이게 됩니다. 물리치는 '근육'이 우리 안에 생성되는 것이지요. 이 물리치는 힘과 근육은 전투에서 승리할 때마다 더욱더 튼튼해질 것입니다. 물론 넘어질 때도 있겠지요. 그러나 분심잡념을 물리치는 근육이 튼튼하게 생성되면, 그 이후부터는 쉽게 물리칠 수 있을 것입니다. 분심잡념과 사욕은 우리를 성

---

2 1962.5.10 강론 참조.
3 1963.8.17 강론 참조.

장시키는 유익한 도구로 변모될 수 있습니다. 창설신부님께서 가장 자주 사용하신 한자성어가 '전화위복轉禍爲福'입니다.

> 세상이 괴로움이라고 하는 것도 수도자에게는 복이 된다. 모든 것이 좋게 돌아가게 만들어 놓으신다. 전화위복이다. 죽어도 좋고, 굶어도 좋고, 아파도 좋으니 이는 벌써 영적으로 깊이 올라간 사람이다. (1969.11.23)

분심잡념이 우리를 괴롭힌다 하여도, '모든 것이 좋게 돌아가게 만들어 놓으신' 하느님을 알고, 전화위복의 경계 안으로 들어간 사람은 분심잡념을 두려워하지 않습니다. 오히려 복이 된다는 것을 알기 때문이지요. 분심잡념을 물리친 것이 분심잡념이 없을 때보다 훨씬 더 좋은 것입니다. 악한 생각들을 물리치는 공로를 쌓게 되는 것이지요. 악한 생각들을 물리치는 연습으로 예수님과 조금씩 더 가까워지게 되니, 이것이 바로 전화위복이 아니고 무엇이겠습니까?

03 ____ 나를 흔든 분심들

1) 잡다한 분심

저는 수도자입니다. 청빈서원을 하였지만, 끊임없는 물욕과 전투 중입니다. 지금 한창 싸우고 있는 욕심 중 하나는 '좋은 이불'을 얻고 싶은 것입니다. 지금 현재 덮고 있는 이불이 좀 낡아서 새로운 이불, 따뜻하고 산뜻한 이불을 구하고 싶은 생각이 들었습니다. 이것은 악마들이 넣어 준 것은 아니겠지요. 새로운 이불을 구하고 싶다는 생각이 든 것은 사실이지만 수도자로서 절약하는 정신에 합당한 것인지, 그리고 우리 경제 사정, 형편을 따져 보아야 합니다. 그러나 이 욕구를 알고 있는 악마들은 그 욕구를 지닌 저를 집중 공격할 것입니다. 시도 때도 없이 새로운 이불의 이미지를 보여 줍니다. 그러면 저는 산뜻한 이불의 이미지가 떠올랐을 때, 이불에 대한 욕심이 더욱 커지게 마련입니다. 쉴 새 없이 보여 주니, 이미지가 보일 때마다 '아니야, 아직 결정하지 않았어.'라고 단호하게 거절해야 하는데, 말끔하고 멀쩡한 이불에 대한 미련이 남아 있으니, 이불의 이미지가 떠오를 때마다 흔들리는 것입니다.

그들은 제가 이불을 사고야 말도록 끊임없이 제안할 것이고, 이불을 사더라도 비싸고 고급진 이불을 사도록 저를 부추길 것입니다. 고급 이불을 사야 잠이 편하고, 잠이 편해야 수도생활을 잘할 수 있을 거라고 마귀는 제게 끊임없이 제안할 것입니다. 이 생각들에 애매모호하게 대처한다면, 그들에게 잡아먹히게 됩니다. '경리수사님께 이야기를 할 것인가? 아니야, 지금 우리 수도원 경제 사정이 안 좋은데 … 말도 안 되지. 어머니께 말씀드릴까?' 수없이 내적 갈등을 합니다. 그러다가 성모님을 바라봅니다. '성모님, 어떻게 해야 합니까?'

이렇게 고민만 하고 있는데, 어느 날 어떤 자매님으로부터 전화가 왔습니다. 추운데 이불 필요하지 않으시냐고 … 저는 체면상, 필요 없다고 딱 잘라 거절했습니다. 그리고 다소 후회했습니다. 한 번 더 물어보신다면, 어쩔 수 없이 받아야겠다고 … 그런데 자매님이 다시 물어보는 것이었습니다. 어쩔 수 없다는 목소리로 이불을 받아서 지금 잘 사용하고 있는 중입니다. 성모님, 감사합니다~!

2) 나를 좌지우지하는 분심: 성소

우리의 공통된 적은 나와 전쟁을 하려 하고, 지금까지 물러서거나 항복하려는 표지를 전혀 보이지 않았습니다. 그는 어떤 대가를 치르고라도 나를 멸망시키려 합니다. 나의 정신 앞에 내 삶의 고통스러운 장면을 떠오르게 하고, 절망적인 생각을 계속 불어넣으려 합니다.(『피에트렐치나의 비오 성인 서간집』 제1권, 224쪽)

이 글을 보면 확실히 알 수 있습니다. 악한 영은 우리와의 싸움에서 물러날 기세를 전혀 보이지 않습니다. 그들은 우리가 하느님께 나아가는 것을 몸서리치게 싫어합니다. 그들은 우리가 하느님 나라에 들어가는 것을 결사반대하며, 우리가 죽는 날까지 방해할 것입니다. 헌데 많은 이들이 너무나 순진하게 생각합니다. 악마와 마귀는 없다고 말이지요. 있다는 것을 알더라도 그들을 얕잡아 보는 경우가 많습니다. 그들은 절대 순순히 물러나지 않고 세상 끝날 때까지 우리를 파멸시키고 멸망시키려 할 것입니다. 깨어 있지 않으면 당하고 맙니다.

저는 악마든, 마귀든, 그들이 있다는 것을 전혀 의식하지 않고 살았던 '순진한' 그리스도인이었습니다. 헌데 그들의 존재를 각인시켜 주신 분은 제 출신 본당의 보좌신부님이셨습니다. 그분께서는 저의 이야기, 즉 청원자로서 수도원에서 사는 것이 너무 힘들고 … 그래서 수도생활을 그만두고 싶다는 등의 주저리주저리 떠드는 이야기를 잠자코 들으시더니, '형제의 마음 안에 마귀들이 뛰어놀고 있는 것 같구먼.' 하고 말씀하셨습니다.

청원기가 지나고 수련기가 되어서도 마찬가지로 저의 성소는 흔들렸습니다. '이놈의 집구석에서는 버티기가 너무 어렵다. 이런 사람들과 도대체 언제까지 살아야 한다는 말인가?' 저는 형제들과 어울리기가 너무 힘들었습니다. 제가 생각하는 상식, 그리고 기도생활이 이루어지지 않았습니다. 너무나 절망스러웠습니다. 그때마다 하느님께서 조금씩 깨달음을 주셨지만, 그것도 그때뿐이었습니다.

힘들게 첫 서원을 하고, 신학원에 가서도 역시나 힘들었습니다. 사도직 실습 때도, 서울에 올라가 복자사랑에 살면서도, 복자수도원에서 산다는 것은 너무나 버거운 일이었습니다. 대학원 다닐 때가 생각납니다. 저는 수업의 처음부터 끝까지 묵주기도만 하고 있었습니다. 손을 밑으로 내려놓고서 계속해서 묵주기도만 했습니다. 수업을 듣고 싶은 마음도 없었고, 그저 암울하게 희망도 없이 묵주기도만 했습니다.

그러다가 종신서원을 하게 되었습니다. 마귀는 청원기 때부터 종신서원을 하기까지 끊임없이 제게 달라붙어 있었습니다. '종신서원 하지 마. 그냥 집에 가. 여기서 니가 할 일이 뭐야? 없잖아. 그냥 새롭게 시작해! 결혼을 하든, 다른 수도회를 가든, 다른 교구로 가든. 새롭게 시작하란 말이야. 여기는 희망이 없어. 주변을 둘러봐. 누가 희망적이냐?' 마귀의 유혹에 넘어가지 않은 것은 정말로 기적입니다. 지금까지 제가 수도원에 붙어 있는 것이 정말 기적입니다. 그렇게 많은 마귀의 제안에 넘어가지 않은 것은 기적입니다.

저는 제 힘으로 지금까지 살고 있다고 생각하지 않습니다. 오로지 은총으로 이렇게 버틸 수 있었던 것입니다. 그 은총은 아마도 부모님과 본당 신자들의 기도, 그리고 저를 아시는 분들의 기도가 아니었나 생각해 봅니다. 저의 체험으로 아는 것은 마귀는 늘 '절망적인 생각들을 불어넣어 준다는 것'입니다. 우리에게 희망을 제시하지 않고, 늘 절망하고 낙담하도록 잘 이끌어 줍니다.

한 사람의 수도자가 얼마나 많은 영혼을 구할 수 있는지 모릅니다. 그렇기 때문에, 마귀는 어떻게 해서든 성소를 흔들어서 집으로 돌려보내려고 합니다. 이러한 그들의 전략을 우리는 알아야만 합니다. 아무리 힘들어도 '성소, 즉 거룩한 부르심'을 파기하려는 생각은 하지 말아야 합니다. 그러한 생각이 머릿속에 떠오르는 순간, 마귀들이 하이에나처럼 쫓아와서 물어뜯을 것이 뻔하기 때문입니다. "그들은 어떤 대가를 치르고라도 나를 멸망시키려 합니다."

04 ____ 분심은 악이 떠올려 준다

1) 악마는 악한 생각을 불어넣는다

아무 생각 없이 가만히 있을 때 생각이 불쑥불쑥 떠오르곤 합니다. 기도할 때는 어김없이 찾아옵니다. 특히 묵주기도나 성체조배를 할 때는 가만히 앉아 있기 힘들 정도의 생각들이 쳐들어옵니다. 좋은 생각, 나쁜 생각, 잡다한 생각들로부터 무차별적입니다. 제 머릿속에 떠오른 생각들로 인해서 만신창이가 되는 것이지요. 어떤 때는 거의 미칠 지경까지 저를 몰고 가기도 합니다.

> 분노는 하루 종일 영혼을 씁쓸하게 만드는데, 특히 기도 중에 우리를 슬프게 한 사람의 얼굴을 떠오르게 한다. 계속 분노한 상태로 머물면 그것은 억울함, 분함으로 변하게 된다.(황인수, 『칠죄종 일곱 가지 구원-분노 편』, 2019)

수도생활을 하면서 모든 형제들과 친하게 지내면 좋겠지만, 사실 그것은 불가능합니다. 우리는 자주 형제들과 불편한 관계에 놓이게 됩니다. 불편한 관계에 놓이면, 그 형제를 피하고 싶고 때로는 부딪혀 싸우고 싶은 생각도 듭니다. 감정적으로 불편한 관계는 우리를 불행하게 만듭니다. 그럴 때, 이런 생각이 스멀스멀 올라옵니다. '내가 왜 여기서 이 고생을 하고 살지?' '내가 뭐가 부족해서 이런 인간들이랑 살아야 하나? 차라리 나가서 결혼하고 사는 게 낫겠다. 여긴 천국이 아니야.' 별별 생각이 다 듭니다. 그리고 기도 중에 불편한 그 사람 얼굴이 계속해서 떠오릅니다. 입술은 성무일도 기도를 노래하고 있으나, 머릿속은 온통 그 사람의 얼굴로 도배됩니다. 이 분노의 상태가 오래되면, 위험하겠지요. 이 분노가 해결되지 않으면, 슬퍼집니다. 슬퍼해도 어쩔 수 없으면, 방랑을 하게 되겠지요. 여기도 기웃, 저기도 기웃, 살아 보고자 애쓰는 것이지요. 방랑을 해도 소용이 없으면 어찌해야 하나요?

이광호 베네딕도 교수님이 『평화신문』에 기재한 낙태에 관한 기사를 보면, "인간 내면에는 나만을 주장하는 악이 잠복해 있는데, 인격체인 악이 나로 위장해서 내게 생각을 넣어 주기 때문에 사람은 나와 이 악을 구별하지 못하고 따라가기 쉽다."라고 설명하십니다. 인격체인 악이 나로 위장해서 생각을 주입해 준다는 것을 믿으십니까? 21세기를 살아가는 우리가 이런 황당한 이야기를 믿어야 한단 말입니까? 그러나 믿어야 합니다. 예수님도 베드로 사도에게 "사탄아 내게서 물러가라. 너는 나에게 걸림돌이다. 너는 하느님의 일은 생각하지 않고, 사람의 일만 생각하는구나!"(마태 16,23)라고 말씀하십니다. 분명히 베드로 사도 안에 악한 영이 생각을 불러일으켰고, 예수님은 악한 영의 말을 따른 베드로에게 말씀하시는 것입니다.

마음속에서 떠오르는 말들을 생각 없이 받아들이는 것은 잘못된 결과를 초래할 뿐입니다. 반면에 그 말을 받아들일 때 깊이 생각해서 어떤 것은 거부하고 어떤 것을 인정한다면, 분노를 미리 막을 수 있습니다.(김현·김현웅 역,『브라가의 마르티누스-분노 편』)

저에게는 이것이 부족했습니다. 제 마음 안에 떠오르는 생각들을 모두 받아들여 왔습니다. 특별한 의심 없이, 검증 없이 그저 수용해 온 것이지요. 왜냐하면 제 머릿속에 떠오른 생각들이기 때문입니다. 헌데 우리의 생각들을 철저히 검토해야 합니다. 어떤 것은 거부하고, 어떤 것은 수용하고 인정해야 하지요. 그러지 않으면, 그 생각들은 우리를 하느님의 반대편으로 인도할 것입니다. 저는 하느님 반대편으로 가서 놀았던 경험이 참으로 많습니다.

누군가와 싸웠습니다. 그리고 성당으로 달려갑니다. 그리고 예수님의 얼굴을 보고 그 화가 좀 누그러졌습니다. 그러나 성당을 빠져나와 일상으로 돌아왔는데, 그 사람의 얼굴을 떠올리니 다시 또 화가 납니다. 헌데, 이때 떠오른 생각을 잘 분별해서 나에게 이롭지도 않을 뿐 아니라 하느님께서 좋아하실 생각이 아니라고 식별한다면, 그 생각들을 거부할 수 있습니다. 그러나 저는 대부분 싸웠던 그 사람의 얼굴을 떠올리며 하루 종일, 혹은 며칠 동안 계속해서 괴로워하기만 했습니다. 진작 이것을 알았더라면 그렇게 괴로워하지 않았을 것입니다.

2) 악마는 설득하는 사람처럼

다음은 프란치스코 교황님의 글들을 모아서 저술한 『악마는 존재한다』는 책에서 토마스 아퀴나스의 글을 재인용한 것입니다.

> 악마는 설득하는 사람처럼 인간의 의지를 움직인다. 다만 설득하는 사람과 같다고 말해야 한다. 그런데 인간에게 어떤 것을 하도록 설득하는 것은 가시적인 방법과 비가시적인 방법 두 가지로 이루어진다. 자세히 말한다면, 가시적으로는 인간에게 어떤 형상 아래 나타나 그에게 감각적으로 말하고 죄를 짓도록 유혹하는 경우가 있다. 뱀의 형태로 낙원의 첫 인간을 유혹했을 때, 그리고 광야에서 가시적인 형태로 나타나 그리스도를 유혹한 경우가 그러하다. 그러나 이러한 방식으로만 인간을 설득한다고 생각하지는 말아야 한다. 만일 그렇다면, 가시적인 방식으로 나타나 범하도록 설득하는 죄들 외에는 다른 죄를 범하지 않을 것이기 때문이다. 그러므로 악마가 비가시적으로도 인간에게 죄를 짓도록 사주한다고 말해야 한다.(재인용, '토마스 아퀴나스 성인, 『악론』 제3문, 제4절 58', 프란치스코 교황, 『악마는 존재한다』, 2020, 153~154쪽)

악마는 눈에 보이게 우리에게 다가오기도 합니다. 그러나 대부분 사람들에게는 보이지 않는 형태로 다가와 우리를 설득합니다. 악마는 악한 생각들뿐 아니라 수많은 잡다한 생각들로 우리를 하느님으로부터 멀어지도록 설득합니다. 제게도 그랬습니다. 보이지 않는 악마는 언제나 "더 쉬운 길을 택해!"라고 말합니다. 우리의 등을 토닥이며 쉬운 길, 빠른 길, 효율적인 길을 제시합니다. 순명하라고 말하지 않습니다.

제 지청원기 시절에, 우리 장상신부님은 작업하실 때 매우 비효율적으로 일을 하셨습니다. 한번은 신부님께서 연못을 만들고자 하셨지요. 많은 형제들이 그곳에 연못을 만드는 것은 불가능하다고 판단하였습니다. 물이 고이기 위해서는 여러 조건이 충족되어야 하는데, 우리 땅은 그렇지 못하다는 것이 다수의 의견이었습니다. 그러나 신부님께서는 그냥 추진하셨습니다. 심지어 거룩한 시기, 성삼일 때도 작업을 했습니다.

저는 연못 작업을 할 때, 비효율적인 작업을 보면서 화를 냈습니다. 왜 이렇게 비효율적이고 생산성 없는 일을 하는지 모르겠다고요. 마귀는 옆에서 제게 설득을 합니다. "봐봐, 여기는 이래. 늘 이런 식으로 일을 해. 효율성을 전혀 고려하지 않는다고. 누가 연못을 좋아한다고 이걸 만들어? 자기가 좋으니까 연못 만드는 거 아니야? 도대체 이 작업을 왜 하는 거야? 이런 곳에서 살지 마. 효율도 없고 사랑도 없어. 사람들이 너를 인정해 주기나 해? 답답하잖아. 때려 치워! 다른 공동체로 가든지, 교구로 가든지, 결혼을 하든지 해! 여기는 아니야!"

마귀는 제게 늘 수도원을 떠나라고 설득해 왔습니다. 비효율적인 수도원 방식을 비판하고, 사랑이 없는 것처럼 보이는, 나를 인정해 주지 않는 수도원을 비판하며 수도원을 떠나 세상에서 살아가라고 저에게 제안하고 설득했습니다. 이것만이 아닙니다. 부끄럽지만 저의 경험을 말씀드리면, 그들은 제 등을 두들기며 말해 왔습니다. "바오로, 인간은 성욕을 이길 수 없어. 정결하게 산다는 것은 불가능한 일이야. 니 몸이 말하고 있잖아. 네 몸의 신성한 욕구를 어떻게 이길 수 있어? 그러니 포기해! 정결은 불가능해. 그렇게 힘드니, 마르틴 루터도 사제직을 포기하고 결혼했잖아. 정결은 이상적이야. 이상적인 제도는 인간이 만든 거야. 왜 인간이 만든 제도를 네가 따라야 해? 트리엔트 공의회 이전에는 사제들도 결혼했었어. 그 이후에 결혼을 못 하도록 가톨릭교회가 제도화한 거야. 억울하지 않니? 사제독신제는 원래 없었어. 그리고 넌 사제독신제가 폐지되어도 결혼 못 해. 넌 수도자이기 때문이지. 다 포기해~ 성욕을 품고 사는 것은 아무나 하는 것이 아니야. 넌 안 돼~ 네 안에 숨은 많은 성적 에너지를 봐봐. 불가능해." 이렇게 저를 설득하려고 했습니다. 기적적으로 그들의 설득에 넘어가지 않은 것이지요. 기적입니다.

3) 유혹을 던져 주고 죄로 끌어들이는 죄의 메커니즘

> 교부들은 생각에서 비롯되는 죄의 메커니즘을 제안, 대화, 동의, 죄에 빠짐, 이렇게 네 단계로 설명합니다. 어떤 자극이 오면 사람의 마음속에 이미지 같은 것, 생각 같은 것이 생겨납니다. 이것이 제안입니다.(황인수, 『칠죄종 일곱 가지 구원』, 2019)

악한 생각들은 지금도 제 머릿속에 수많은 제안들을 펼쳐 놓고 있습니다. 그 계략을 제가 처음부터 알아본다면 슬기롭게 헤쳐 나갈 수 있겠지만, 쉽지 않습니다. 왜냐하면 저는 제 안에 떠오르는 생각들이 모두 다 저 자신의 것이라고 믿어 왔기 때문입니다. 죄의 메커니즘은 분명합니다. 마귀들은 머릿속에다 수많은 생각을 제안합니다. 이것저것 가릴 것 없이 무차별적으로 제안합니다. 물론 사람에 따라 다르게 전략을 펴겠지요. 그러나 제가 아는 그들은 … 무작정 생각을 많이 펼쳐 놓습니다. 그리고 걸려드는 것이 무엇인지 살펴보는 것 같습니다.

아무튼 이들이 떠올려 주는 생각들이 '제안'이라는 단계입니다. 그리고 이 제안을 받아들이면 '대화'로 이어집니다. 이미지나 생각이 올라왔을 때, 그것을 거부하지 않고 대화를 시작하면 미끼를 문 것이라고 볼 수 있지요. 그리고 그들의 제안에 '대화'를 하고 '동의'까지 이어집니다. 예를 들어서 그들이 '식사가 끝나고 설거지를 왜 꼭 너만 해야 해? 다른 사람들은 빨리 먹고 올라가잖아. 너도 착한 척 그만하고. 그냥 올라가 버려. 설거지해서 남는 게 뭐야? 니가 천사야? 그냥 올라가. 남들이 봉사한다고 너를 칭찬해 주냐? 물렁물렁하다고 무시만 당하지. 대차게 밥 빨리 먹고 그냥 올라가 버려.'라는 생각을 제안했다고 가정해 봅니다. 이때 적들의 전략을 간파하고 있는 사람은 이 생각들에 대꾸하지 않고 그 제안을 무시합니다. 그러나 순진한 사람들은 그 제안에 대꾸합니다. '맞아 … 나도 지금 바쁜데 … 빨리 먹고 올라가서 일이나 해야겠다. 봉사한다고 알아주는 것도 아니고, 남들이 내 일을 해 주는 것도 아니잖아. 맞아, 올라가자. 남들한테도 봉사할 기회를 줘야지.'라고 응답하는 순간, 그들과 대화가 시작되는 것입니다. 그러면 그들이 또 맞장구를 쳐 줄 것이고, 대화가 이어질 것입니다. 이것이 마귀와 대화하는 것입니다. 결국 설거지를 하지 않고 도망가게 됩니다. 설거지를 하고 싶지 않은 마음에다 마귀들이 달콤하게 속삭이는 제안이 더해져서 봉사를 하지 않는 행동으로 나타나게 됩니다.

또 다른 예를 들어 볼까요? 저는 운동화가 두 개 있습니다. 하나는 밑창이 뚫려서 비가 오는 날에는 신을 수 없습니다. 다른 하나는 뒤꿈치가 좀 닳아서 해졌습니다. 운동화를 하나 구입하고 싶은 충동이 생깁니다. 헌데 경리수사님에게 말하고 사 달라고 하면 되는데 괜히 눈치가 보이고, 이미 두 개나 있으니 하나를 사 달라고 하는 게 조금 애매하고 민망합니다. 그래서 망설입니다. 헌데 이럴 때 삼회원 한 분이 제게 봉투 하나를 내밉니다. '신부님, 필요한 일에 쓰셔요.' 수도자인 우리는 원칙적으로 누군가에게 선물을 받든지 현금을 받으면 경리수사님에게 드려야 합니다. 헌데 운동화 사기가 애매한 상황이고 삼회원에게 현금을 받았으면, 100퍼센트 마귀는 우리에게 속삭입니다. "바오로, 이것은 신이 주신 기회야. 경리수사님한테 말할 필요가 뭐가 있어? 그냥 이거 쓰라고 하느님이 주신 거지. 이 정도 액수면 좋은 거 살 수 있어. 그냥 사자. 경리수사님을 괴롭힐 필요도 없고. 그냥 사. 필요한 일에 쓰라는 기증자의 의도를 생각해 줘야지. 안 그래? 기증자가 너에게 필요한 일에 쓰라고 했지, 경리수사님한테 고스란히 갖다 바치라고 했어? 왜 그래~ 너무 고지식하게 살지 말자."

이런 제안을 수도 없이 합니다. 삼회원들에게 현금과 선물을 받을 때마다 그들은 가만히 있지 않습니다. 만약 제가 망설인다면, 물어뜯습니다. 경리수사님한테 가지 못하도록, 저의 의도대로, 저의 욕구대로 물건을 사도록 무수히 제안을 해댑니다. 만약 제가 경리수사님한테 돈을 가져다 드리지 않고 제가 한 번 쓴다면, 다음에는 저도 제 마음대로 쓰기가 쉬워질 것이고, 마귀가 시끄럽게 하지 않아도 이미 양심은 다소 무뎌졌으니 두 번 세 번, 제 마음대로 쓰기 쉬워질 것입니다. 처음에 한 번 운동화를 제 마음대로 사는 것은 '죄'가 되지는 않을지도 모릅니다. 원칙에서 한 번 벗어났을 뿐이지요. 헌데 이것은 습관이 되기 매우 쉽습니다. 습관으로 이어지면 마귀의 제안 없이도 바로 죄로 이어지게 됩니다.

헌데 많은 이들이 이 메커니즘을 모릅니다. '마귀들의 제안'을 모릅니다. 우리는 너무나 순진합니다. 마귀들이 생각을 떠올려 주고 있음에도 우리는 그 생각들이 우리의 것이라고 믿고 있습니다. 너무 순진합니다. 창설신부님께서는 사욕을 마귀가 넣어 준 독소라고 표현하시는데, 요즘 사람들은 마귀가 없다고 믿고, 마귀는 구석기시대의 사람들이 믿는 구시대적 발상이라고 치부해 버립니다. 그러나 프란치스코 교황님께서는 이렇게 악마와 마귀를 믿지 않게 되어 버린 것이 그들이 승리하고 있다는 증거라고 말씀하고 계십니다.

> 제 개인적인 경험을 얘기하자면, 하느님께서 저에게 원하지 않으신 어떤 것에 유혹될 때마다 매번 악마를 감지합니다. 저는 악마가 존재한다고 믿습니다. 아마도 오늘날 악마가 이룬 가장 큰 성공이라면 사람들에게 이 세상에 악마란 없다고 믿게 한 것, 모든 것은 순전히 인간 스스로가 만들어낸 것이라는 생각을 심은 것일 것입니다. 이 땅에서의 인간의 삶은 전투입니다."(교황 프란치스코·아브라함 스코르카, 『천국과 지상』, 2013)

이 메커니즘을 알아야 합니다. 악마가 악한 제안을 하고, 대화를 하게 되고, 대화를 하면 동의로 넘어가기 쉽고, 동의하면 죄를 짓게 됩니다. 사막의 교부들은 이 악한 생각들이 악한 영에서 온다고 봅니다. 그래서 에바그리우스는 생각이 우리 안에 떠오르느냐 떠오르지 않느냐는 우리가 어떻게 할 수 있는 일이 아니지만, 떠오른 생각에 머물러 그것과 대화를 하는가 하지 않는가는 우리에게 달려 있다고 말합니다. 그 생각에 머물러 있다는 건 대화를 하는 일이고 그렇게 되면 십중팔구 거기에 넘어가게 된다고 보았던 겁니다.

악한 영이 악한 생각을 떠올려 줍니다. 그래서 우리 안으로 침투해 오는 생각들을 막을 수는 없지만, 그 생각들을 머물게 하느냐 머물지 못하게 막느냐는 우리의 의지에 달려 있는 것입니다. 그들의 제안을 알아볼 수 있어야 합니다. 문지기가 떡하니 버티고 있어야 합니다. 그래야 대화, 동의, 죄로 이어지는 것을 막을 수 있습니다. 악마가 떠올려 주는 생각이 우리를 죄짓게 만든다는 것을 깨닫고, 마귀가 떠올려 주는 제안에 대꾸하지 말아야 합니다.

05 ──── 악마는 내 뜻을 이루라고 한다

1) 자신의 뜻에서 벗어나기

악령들은 우리가 하기 싫어하는 것을 제안하는 것이 아닙니다. 우리가 하고자 마음먹은 것, 보기에 달콤한 것, 그럴듯한 것을 제안하는 것입니다. 악령들에게는 사명이 있습니다. 그들의 사명은 우리가 하느님과 갈라지게 만드는 것, 혹은 조금이라도 멀어지게 만드는 것입니다. 그들은 성실합니다. 우리가 죽을 때까지 포기하지 않을 것입니다.

우리의 사명은 주님의 뜻을 따르는 것입니다. 주님을 따르며 사랑 안에서 살아가는 것이지요. 그들은 우리를 그 사랑 밖으로 끌어내는 것입니다. 그들은 사랑 밖으로 몰아내기 위해 제안합니다. 제 경험상 마귀들의 제안은 너무나 달콤합니다. 나를 편하고 좋게 하며, 흥미롭고 욕구를 충족시키는 일들이라 마귀들의 제안을 한 번도 수락을 안 해 본 사람은 없을 것 같습니다. 사막의 교부들의 금언은 이렇게 전합니다.

> 압바 이시도루스가 말했다. "온갖 악한 제안 중에서도 가장 끔찍한 것은 하느님의 법이 아니라 자기 자신의 마음, 곧 자기 자신의 생각을 따르라는 제안입니다. 이렇게 하는 사람은 나중에 고통을 받게 됩니

다. 하느님의 신비를 알지 못하고, 거룩한 사람들의 길을 발견하여 그 안에서 행동하지 못하기 때문입니다."

압바 아가톤의 제자 아브라함이 압바 포이멘에게 물었다. "악령들이 저를 거슬러 어떻게 싸우는지요?" 압바 포이멘이 말했다. "악령들이 형제를 거슬러 싸웁니까? 그들은 우리가 우리 자신의 뜻을 행하고 있는 한 전혀 우리를 거슬러 싸우지 않습니다. 우리 자신의 뜻이 악령이 되기 때문입니다. 악령들은 우리가 우리 뜻을 이루게 하려고 우리를 공격하는 것입니다."

우리는 악한 생각들, 악령들이 우리를 대적해서 싸운다고 생각하십니까? 그렇지 않습니다. 악령들은 우리가 우리 뜻을 고집하고 성취하게 하려고 우리를 공격하는 것입니다. 이 부분을 잘 이해해야 합니다. 저는 악령들이 그저 악한 생각을 보내고, 나쁜 생각을 떠올려 줌으로써 우리를 나쁜 길로 인도하는 줄 알았습니다. 헌데 그렇지 않습니다. 나쁜 생각이란 '우리 뜻을 이루게 유혹'하는 것입니다. 또한 '우리 뜻이 옳다는 것을 고집'하는 것이지요.

우리의 일상 안에서 자신의 판단을 굽히지 않고 끝까지 주장하고 싶어 하는 경우가 있습니다. 우리 수도원에는 성소자를 많이 받자고 주장하는 사람과, 성소자를 엄격히 선별해서 받아야 한다고 주장하는 사람, 그리고 또 성소자를 받아서 살면서 성소를 확인하면서 차츰 성소를 식별해야 한다는 사람이 있습니다. 이 모든 의견을 모아 사람들이 조화를 이루며 살아갑니다. 헌데 조화를 이루지 못하는 경우가 있습니다. 자신의 판단이 옳다고 확신하고, 남들의 판단은 그르다고 심판하는 경우입니다.

성소자를 적게, 엄격하게 받아야 한다고 주장하는 사람은, 수도원의 현실을 바라보며 수도원이 이렇게 어렵게 된 이유는 아무나 성소자로 받아 주었기 때문이라고 주장하며, 교황청의 문헌에서도 성소자는 세밀한 분석을 통해서 인간적인 동기로 들어오는 것이 아닌지를 식별해야 한다고 주장합니다. 반대로 성소자는 많을수록 좋다고 생각하는 사람은, 사람이 사람을 판단할 수 없으며, 그 사람이 언제 하느님의 은총으로 변화될지 아무도 모르는데 사람의 성소를 어떻게 인간이 판단할 수 있느냐는 것이지요. 그래서 성소자는 많을수록 좋고, 또한 성소자 한 명 한 명이 귀한데 어찌 귀한 성소자를 거부할 수 있겠느냐는 것이지요.

제가 볼 때, 악령은 이 양쪽의 생각들이 대립하도록 힘을 쓰는 것 같습니다. 서로의 다양한 생각들이 조화를 이루며 살아가지 못하도록, 반대쪽의 생각을 가진 사람을 '나쁜 사람'으로 보이도록 이미지를 계속 보여 주는 것입니다. 마음 안에서 그들에 대한 '반감'이 일어나도록 말이지요. 그래서 결국 상대방을 공격하도록 만드는 것이지요. 그래서 악령들이 원하는 것은 공동체 분열입니다. 자신의 뜻과 판단이 옳다고 끝까지 주장하게 되면 분열되겠지요. 악령은 이 분열을 일으키려고 각자 자기주장을 끝까지 관철시키게 하는 것입니다. 건전한 의견의 차이가 있는 것은 당연합니다.

우리 모두는 다양한 생각을 가졌기 때문입니다. 그러나 자신이 옳다는 주장을 굽히지 않고 남들의 생각은 절대적으로 그르다고 믿는 순간, 공동체는 균열이 생깁니다. 그들은 이 균열을 커지게 만들고자 노력할 것입니다.

"나는 개인적으로 성소자를 엄격하게 받아야 한다고 생각해. 그러나 우리 공동체가 그렇게 결정한다면, 알겠어. 그렇게 따르지 뭐."라는 순응, 순명이 있어야 합니다. 그러나 많은 형제들이 "내 생각과 다르니, 나는 이 결정으로부터 아무 책임이 없어."라면서 손을 뗍니다. 공동체를 도와주지 않으려고 하는 것이지요. 악령은 이때 무척 좋아하겠지요. 자기 자신의 뜻을 끝까지 굽히지 않고, 결정이 난 후에도 자신의 뜻만을 중요시하고, 남의 뜻을 존중하지 않으니 공동체는 와해될 것입니다.

2) 착한 의견의 어머니께 내 의견 봉헌하기

우리는 내 뜻을 어떻게 해서든 이루고 싶은 욕구를 봉헌해야 합니다. 성모님께 나의 생각을 봉헌하고, 감정을 봉헌하고, 욕구를 봉헌해야 합니다.

> 착한 의견의 어머니이신 마리아여
> 저는 저의 정신을 버리고 당신의 정신을 청하나이다.
> 마리아여, 제 생각을 없애시고 당신의 생각을 제게 주소서.
> 마리아여, 제 욕망을 없애 버리시고 당신의 열망을 제게 주소서.

마리아여, 제 감정을 없애시고 당신의 감정을 제게 주소서.
사랑하올 예수님,
지극히 거룩하신 어머니 마리아를 통하여 저를 당신께 바치오니
제가 가진 모든 것 당신께 드리나이다.

이 기도문의 이름은 '착한 어머니께 바치는 기도문'입니다. 나의 생각을 버리고 성모님의 생각을 청하는 것이 얼마나 아름답습니까! 제 머릿속에 있는 생각들은 그다지 훌륭한 것들이 아닙니다. 헌데 성모님의 생각을 청하여 그분의 생각이 제게 온다면, 예수님을 기쁘게 해 드릴 만한 생각일 것입니다. 생각뿐 아니라 나의 욕망과 감정을 드리고 그분의 것을 받는다면 더할 나위 없이 행복할 것입니다. 어머니 마리아께로부터 받은 생각과 열망과 감정을 예수님께 바치면 주님께서 더욱더 흐뭇해하실 것입니다.

06 모든 것을 버리고 주님을 따름

인간은 자신이 원하는 바를 고집하는 경향이 짙습니다. 그러한 고로 자신의 뜻에서 벗어나는 연습이 필요합니다. 자신의 뜻에서 벗어나기 위해서는 근본적으로 필요한 것이 있는데, 그것은 주님을 위해서 모든 것을 다 버리는 것입니다. 그물과 아버지를 버리고 떠나는 예수님의 제자들처럼 모든 것을 버리지 않는다면, 분심잡념이 떠나지 않을 것입니다.

> 압바 암모나스가 "좁고 힘든 길은 무엇입니까?"란 질문을 받고서 이렇게 대답했다. "좁고 힘든 길이란, 하느님을 위하여 생각을 통제하고 자신의 뜻에서 벗어나는 것입니다. 이것이 '주님, 저희는 모든 것을 버리고 당신을 따랐습니다.'(마태 19,27)라는 말씀의 뜻이기도 합니다."

하느님을 위해서 자신의 생각을 통제하는 것입니다. 그리고 자신의 뜻에서 벗어나는 것입니다. 지금 이 글들을 읽으면서 상당히 불편한 감정이 일어날 수 있습니다. 나 자신의 뜻을 너무 부정적으로만 치부하는 것이 아닌가? 아닙니다. 좁고 힘든 길로 나아가야 합니다. 자신을 알면 알수록 우리가 얼마나 나약하고 얼마나 죄를 짓기 쉬운 경향을 가졌는지 알게 됩니다. "나는 작아지고 그분이 커지셔야 합니다."(요한 3,30) 그러기 위해서 자신의 뜻에서 벗어나야 하는 것입니다.

> 항상 자신이 생각하는 대로 모든 것이 이루어지기를 바라지 말고 오히려 하느님이 기뻐하시는 대로 이루어지기를 바라십시오. 그러면 기도 중에 방해받지 않고 감사할 것입니다.

> 압바 시소에스가 말했다. "자신을 경멸하십시오. 자신의 뜻을 등 뒤로 던져 버리십시오. 그러면 걱정에서 자유로워지고 평화 중에 머물 것입니다."

이 사막의 교부들의 말씀들처럼 나 자신의 뜻을 등 뒤로 던지기 위해서는 가장 먼저 필요한 것이 나의 모든 것을 버리는 것에서부터 시작합니다. 창설신부님께서는 이렇게 말씀하십니다.

> 수도생활에 있어 그 기초가 분심잡념分心雜念 물리치고 사욕 누르는 데 있는 것을 예수님은 친히 말씀하셨다. "너 만일 완전한 자 되고자 하거든 가서 가진 것을 팔아 빈궁한 자에게 주라. 너 하늘에서 보배를 얻으리니 그때는 와서 나를 따르라."(마태 19,21), "누가 나를 따르되 만일 그 부친과 모친, 아내와 자녀, 형제와 자매, 또한 자기 생명까지라도 미워하지 않으면 능히 나의 제자 되지 못할 것이요, 또 자기

십자가를 지지 아니하고 나를 따르지 아니하는 자는 나의 제자가 되지 못하리라."(루카 14,26-27) 상기 말씀은 분심을 없애기 위하여 그 원인이 되는 혈육과 재물을 다 버리고 죄벌罪罰의 근원이 되는 사욕을 십자가를 짐으로써 누르고 따라오라고 하신 것이다. 혈육과 재물을 끊지 않고, 십자가를 지지 않으면서 수도생활하는 사람은 불붙은 데 기름을 부으면서 불을 끄고자 하는 것과 같다. 기름을 부으니 꺼질 수가 있겠는가! 혈육과 재물에 대한 욕심이 불에 기름과 같은 것이다. 그러므로 끊어야 할 것이다. 육친에 대한 애정, 물질에 대한 욕심, 이것이 분심잡념이요, 영혼의 구름이므로 빛을 도무지 못 보게 된다. 빛을 못 보면 우리는 캄캄한 속에 헤매이며, 원망, 불만, 불평으로 지내게 되는 것이다. 분심잡념을 물리치고, 사욕 누르는 것이 우리의 일생사업一生事業이요, 우리 주 예수께서 명하신 것이고, 당신이 친히 실행으로 가르쳐 주신 것이다.(1959.3.9)

육친에 대한 애정과 물질에 대한 욕심을 완전히 끊어야 합니다. 수도자나 일반인이나 모두 어려운 일입니다. 신자 분들은 수도자나 성직자들은 쉬우리라고 생각하지만 어렵기는 매한가지입니다. 그러나 이 말씀은 창설신부님의 말씀이기 이전에 주님의 말씀이십니다. 가족은 물론이요, 자신의 목숨마저도 미워하지 않으면 주님의 제자가 될 수 없습니다. 이 진리를 사람들은 거북해하기 때문에 슬며시 옆으로 미루어 놓습니다. 그리고 이 말씀은 너무나 유명한 말씀이니, 그냥 식상한 말씀으로 치부해 버립니다. 현실성이 없는 말씀이라고 생각하기도 하고, 자주 듣는 말씀이니 그러려니 하고 받아들이기도 합니다.

나를 버리지 않고, 주님을 받아들일 수는 없습니다. 둘 중 하나만 선택할 수 있습니다. 나와 가족을 버리고 주님을 선택하느냐! 주님을 버리고 나와 가족을 선택하느냐! 이렇게 말씀드리면 대부분의 사람들은 이렇게 항변합니다. "나도, 가족도, 예수님도 모두 버릴 수 없습니다. 모두 다 함께 잘 살 수 있지 않습니까?" 그분들은 복음, 즉 기쁜 소식을 잘 모르는 분들입니다. "밀알 하나가 땅에 떨어져 죽지 않으면 한 알 그대로 남고, 죽으면 많은 열매를 맺는다."(요한 12,24)고 말씀하셨습니다. 죽어야 사는 것입니다. 최양업 신부님의 부모님, 최경환 프란치스코 성인과 복자 이성례 마리아는 자식들을 두고 천국으로 떠나셨습니다. 사랑하는 자식들과 모든 것을 남겨 두고 ….

이렇게 말씀드리면, 악령은 우리에게 이렇게 설득할 것입니다. "그분들은 성인이고 복자시잖아. 너는 용기가 없잖아. 괜찮아. 꼭 죽을 필요는 없어. 어떻게 가족을 모두 버리고 자신의 목숨까지 미워하고 버릴 수 있냐? 말도 안 돼. 예수님의 죽음으로 우리가 살게 되었으면 그만이지 … 왜 우리 자신의 목숨도 바쳐야 하냔 말이야. 예수님도 순교자들의 죽음을 안타까워하셨어. 예수님은 우리의 고통을 바라지 않아. 그분은 사랑이시지. 고난을 추구하는 괴물이 아니셔. 자자, 모든 것을 버린다는 해괴망측한 결심은 치우고, 니가 할 수 있는 일부터 하는 거야. 작은 것에 충실하자.

꼭 다 버리고 시작할 필요는 없잖아. 점성정신으로 매순간 충실하면 그만이지, 뭐 하러 목숨까지 바치고 가족까지 다 버려야 하냔 말이야. 조금씩 하자~"

그러나 주님의 양떼들은 주님의 목소리를 알아듣습니다. 우리는 불가능한 것들을 믿고 있습니다. 처녀가 어떻게 아이를 낳습니까? 사람이 어떻게 영원히 삽니까? 우리의 믿음 자체가 불가능한 것을 믿고 있어요. 이것을 명심해야 합니다. 예수님의 죽음으로 우리의 죽음과 고통을 없애시고, 영원히 살 수 있게 해 주셨습니다. 이것을 알아듣기 위해서 모든 것을 다 버려야 합니다.

사막의 안토니오 성인은 실제로 모든 것을 다 버리고 수도원에 들어갔습니다. 그러나 제가 여러분들께 말씀드리는 것은, 현실에서 가정을 뛰쳐나와 결별하고 한번에 다 버리라는 뜻이 아닙니다. 이 버림의 과정은 몇 년 혹은 몇십 년이 걸릴 수도 있습니다. 정화의 과정, 침묵의 과정입니다.

이 버림의 과정은 주님께서, 살아 계신 성령께서 우리를 차근차근 이끌어 주십니다. 아주 친절하게 아주 달콤하게 이끌어 주실 것입니다. 힘들지 않아요. 생각해 보세요. 이 세상 너머의 그분의 손길이 우리에게 와 닿을 때, 우리가 전율하지 않을 수 있겠습니까? 그분은 조금씩 조금씩 천천히 우리에게 손을 내밀고 계십니다. 아주 천천히 말이죠. 그러나 마귀는 우리에게 조급함을 넣어 줍니다. 조급한 생각을 슬그머니 밀어 넣습니다. 제가 아주 자주 당했습니다.

'일은 분심잡념을 물리치고'에 대해서 살펴보았습니다. 분심잡념을 물리치는 것은 대단히 중요합니다. 이것은 거룩한 전투의 시작입니다. 이 세상의 어떤 일보다 더 중요합니다. 한 번의 분심잡념을 잘 물리치는 것이 겉으로 드러나는 훌륭한 일보다 훨씬 더 중요합니다. 한 번 물리치고, 한 번 더 물리치면서 하느님께 나아가는 것입니다. 물리치면서 적을 알아볼 수 있는 것이지요. 우리가 하느님께 나아가는 길은 넘어지고 다시 일어나고, 넘어지고 다시 일어나는 것을 반복하며 걷는 길입니다. 마귀들의 제안에 속고 후회하고, 다시 속고 후회하는 일, 창설신부님의 용어로는 통회, 정개, 보속을 계속하는 것입니다. 그리고 자신의 뜻을 버리는 것입니다.

> 나는 목표가 없는 것처럼 달리지 않습니다. 허공을 치는 것처럼 권투를 하지 않습니다.(1코린 9:26)

우리는 뚜렷한 목표가 있습니다. 허공을 치지 않습니다. 우리는 적을 명확히 보고 있습니다. 우리 목표는 주님께 나아가는 것이고, 적들은 우리가 목표에 나아가지 못하게 막기 위해 온갖 방해 작전을 다 펼 것입니다. 이것을 잘 보아야 합니다. 분심잡념을 물리치는 것이 그 첫 단계로 아주 중요한 단계입니다. 1단계의 전투에서 이겨야 2단계로 넘어갈 수 있습니다.

방유룡 신부의 완덕오계 제일계 '분심잡념을 물리치고'에 관한 성서신학적 전망

곽윤정(한국순교복자수녀회 수녀)

01_ 시작하며

02_ 완덕오계

03_ '완덕오계'에 나타난 방유룡 신부의 인간 이해

04_ 완덕오계의 제일계 '분심잡념을 물리치고'

05_ 성서 안에 나타난 '나쁜 생각, 나쁜 마음'

06_ '분심잡념을 물리치고'의 신학적 고찰

07_ 마치며

01 시작하며

어딘가를 가려면 누구나 자신이 있는 그 자리에서부터 출발해야 한다. 지하철이든, 버스든, 걸어서든 교통수단이야 다를 수 있지만 떨어져 있는 거리만큼 지나가야 도착할 수 있다. 성화의 여정 역시 가까운 곳에서부터 시작하여 멀리까지 가는 것이며, 높은 곳을 오르기 위해서는 가장 낮은 곳에서부터 출발해야 하는 것이다.[1] 창설자 무아無我 방유룡 신부[2]가 본회의 회원들에게 가르쳐 준 완덕오계完德五誡[3]는 우리가 하느님을 모시기 위하여 어떠한 여정을 걸어야 하는지를 알려 주고 있다. 우리가 출발해야 할 가장 가까운 곳, 가장 낮은 곳은 '분심잡념分心雜念을 물리치는 것'에서부터이다.

오늘날은 과학과 기술의 발달로 인간의 노동을 대체하는 수많

---

[1] 君子之道, 辟如行遠必自邇, 辟如登高必自卑: "군자의 도는 멀리 가려면 반드시 가까이로부터 하여야 함과 같으며, 높이 올라가려면 반드시 낮은 곳으로부터 하여야 함과 같다."(中庸 15)
[2] 무아 방유룡(方有龍) 안드레아 신부는 한국순교복자수녀회(1946년)와 한국순교복자성직수도회(1953년), 재속 복자회(1957년) 그리고 한국순교복자빨마수녀회(1962년)를 창립한 창설자로서 그리스도교의 전통을 한국 문화 안에 토착화하는 데 커다란 공헌을 하였다.
[3] 한국순교복자수도 가족 회원들이 완덕에 이르기 위한 가장 기초적이며 중요한 지침이다.

은 기계들이 삶의 공간을 채우고 있다. 그러나 이러한 풍요 가운데에서 인간의 마음과 정신은 그 어느 시대보다도 분주하며 많은 소음으로 시달리고 있다. 고요와 침묵으로부터 멀어진 만큼 인간은 하느님과 그리고 자기 자신과도 멀어졌다 해도 과언이 아닐 것이다. 두려움과 불안과 이기심의 풍랑이 인간의 존재를 뒤덮고 있는 이 시대, 우리는 묻지 않을 수 없다. 인류는 어디로 가야 하며 어떻게 가야 하는가?

본 소고의 목적은 이러한 현대의 인간 실존에 대해 무아 방유룡 신부가 제시해 준 완덕오계, 특히 제일계 분심잡념을 물리치는 것과 관련하여 『영혼의 빛』에 나타난 텍스트를 성서신학적 전망에서 살펴봄으로써 인간은 어떤 존재이며, 어떤 존재가 되어야 하는지에 대한 탐구의 여정을 시도해 보고자 한다. 그런데 구약과 신약을 통틀어 '분심잡념'에 정확하게 해당되는 히브리어와 희랍어는 없으며 그와 가까운 개념 역시 찾으려면 긴 시간의 작업과 연구가 필요하다. 이러한 어려움을 지니고 있기에 혹여 필자의 작업이 학문적 접근이 결여되고 주관적 내용으로 흐를 수 있는 위험이 있지만, 성서신학적 전망에서 '완덕오계'를 살펴보는 시도 자체가 '완덕오계'가 지닌 인간학적 지평을 넓혀 줄 것이라 기대해 본다. 또한 인간이 그리스도 안에서 새로워지는 데 장애가 되는 요인들을 걸러내고 넘어가고 통과함에 있어서 긍정적 요소로 작용한다면 그보다 더 좋은 것은 없으리라 본다.

먼저 제1장에서 완덕오계에 관한 개요와 완덕오계에 나타난 방유롱 신부의 인간에 대한 이해를 살펴볼 것이다. 제2장에서는 완덕오계의 제일계 '분심잡념을 물리치고'에 관한 개요로, 분심잡념의 개념과 방유룡 신부가 말하고 있는 분심잡념이 인간의 욕망의 뿌리와 맞닿아 있음과 그것이 인간 세상에 미치는 영향에 대해서 간략하게 서술할 것이다.

제3장에서는 유다인들의 인간 이해와 '나쁜 생각, 나쁜 마음'의 중심적 용어인 לֵב(렙, 마음)에 대해 살펴보고, 성경 안에 나타난 '나쁜 생각, 나쁜 마음'의 용례를 알아볼 것이다. '분심잡념'에 해당되는 히브리어와 희랍어를 찾을 수 없으므로, 이러한 언어적 한계를 극복하는 방안으로 방유룡 신부가 분심잡념과 같은 맥락으로 자주 사용한 '나쁜 생각, 나쁜 마음'이라는 용어를 통해 성서적 용례를 찾아볼 것이다. '나쁜 생각', '나쁜 마음'이 성경 안에서는 어떻게 표현되고 있으며 어떠한 상태를 의미하고 있는지 그리고 성경은 이것의 극복을 어떻게 말하고 있는지에 대해 살펴보는 장이다.

본 소고의 주제가 되는 제4장에서는 앞선 내용들을 토대로 분심잡념을 물리치는 것의 신학적 고찰을 이끌어낼 것이다. '분심잡념'은 유혹받은 실존으로서의 인간 존재를 표현하고 있음을 마태오 복음 6장 24-34절에 비추어 설명할 것이며, '물리친다'는 것은 하느님께 협조하는 인간의 활동으로써 침묵과 온전한 마음으로 하느님을 사랑함에 대해 신명기 6장 5절의 텍스트에 비추어 살펴볼 것이다.

02   완덕오계 完德五誡

1) 개요

방유룡 신부는 반복하는 언어가 있다. 점성點性, 침묵沈默, 대월對越, 면형무아麵形無我만큼이나 자주 사용한 용어가 있는데 '나쁜 생각', '나쁜 마음', '사욕邪慾'이다. 이것은 방유룡 신부가 인간이 지닌 선과 악의 두 차원의 가능성에 대해 누구보다도 깊이 자각하고 있었으며, 당신 스스로 하느님께 나아가기 위해 사욕과 고군분투孤軍奮鬪한 자연스런 결과라고 생각한다. 방유룡 신부는 면형 가는 길의 여정에서 체험한 것을 우리들에게 '완덕오계'라는 지침으로 가르쳐 주었으며, 한국순교복자수도 가족은 첫 새벽 묵상 전前과 끝기도 성찰 중에 다음과 같이 완덕오계를 합송한다.

    제일계. 분심잡념을 물리치고
    제이계. 사욕을 억제하고
    제삼계. 용모에 명랑과 평화와 미소를 띠고
           언사에 불만과 감정을 발하지 말고
           태도에 단정하고 예모답고 자연스럽게 하고
    제사계. 양심불을 밝히고
    제오계. 자유를 천주께 바치고 그 성의를 따를지니라.

제일계와 제이계는 육신내적침묵이며, 제삼계는 용모와 언사와 태도에 관한 계명으로 내적침묵의 영향이다. 제사계는 이성침묵이며, 제오계는 의지침묵에 해당한다. 일계에서 사계까지는 모든 사람들이 걸어야 하는 인간됨의 길이라면, 그리스도인으로서 결정짓는 중요한 단계는 오계라고 할 수 있다. 그리스도인은 자신의 자유까지도 하느님께 봉헌하고 그분의 뜻을 따르는 것을 중단 없이 해야 한다. 이와 같이 완덕오계는 완덕의 여정을 육신내적침묵, 육신외적침묵, 이성침묵, 의지침묵이라는 점차적인 방식으로 설명하고 있지만, 완덕에로의 과정은 훨씬 역동적으로 작용한다. 분심잡념을 물리치고 사욕을 억제하기 위해서는 사계와 오계에 나타난 양심불을 밝히고 자유를 천주께 드림을 통해서만이 가능하다.

　완덕오계가 오늘날과 같은 형태로 형성되기까지 어떠한 변화과정을 거치게 되었는가를 방유룡 신부의 영적 어록집 『영혼의 빛』과 본회의 고유 기도서인 「신공절요」를 중심으로 도표화해 보면 다음과 같다.

〈표-1〉『영혼의 빛』에 따른 완덕오계의 변천

	1960.4.11.	1963.4.1.	1963.8.15.	1970.5.29.
1계	결점을 범하지 말 것	분심잡념 물리치고	분심잡념 물리치고	분심잡념 물리치고
2계	사욕을 따르지 말 것	사욕을 없애야 평화가 온다.	사욕 억제하고	사욕을 없이 하고

3계	분심잡념을 물리치고	①용모: 근심 걱정이 보이지 않아야 한다. ②미소가 흘러야 한다: 눈이 명랑하고 평화가 비추어야 한다. ③태도: 예모답고, 단정하고, 자연스러워야 한다.	용모, 언사, 태도	용모에 미소를 띠우고, 언사에 불만을 발하지 말고, 태도에 예모답고 자연스럽게 함이다.
4계	외모를 단정히 하고	양심을 철저히 지키고 양심 등불을 켜고 있어야 한다.	이성을 조절하고	양심불을 밝히고
5계	본성을 초월할지니라	자유를 바치고 하느님 싫어하시는 것은 도무지 하지 말아야 한다.	자유를 조정하는 것이다.	자유를 하느님께 바칠지어다.

강론 1960년 4월 11일에 의하면, 완덕오계의 순서와 내용이 조금 다르다. 눈에 띄는 것은, 일계에서 삼계에 걸쳐 나타난 결점과 사욕과 분심잡념의 연관성이 두드러진다는 점이다. 사욕은 죄의 어미이며,[4] 분심잡념은 사욕에서 나온다.[5] 분심잡념을 물리치는 것이 가장 우선적인 수행 계명으로 나타나기 시작한 것은 1963년 4월 1일부터이다. 『영혼의 빛』을 살펴보면, 1959년 1월 9일 강론 이전에는 빛을 받기 위한 조건으로 나쁜 생각과 나쁜 마음을 물

---

[4] 영가 26; 강론 1977.3.30; 1977.6.17; 1977.10.18; 1977.10.21; 1977.10.22.(무아 방유룡 안드레아 신부 영적 어록집 『영혼의 빛』, 한국순교복자수녀회, 도서출판 순교의 맥, 2012)

[5] "사욕이 있는 사람은 사욕에서 분심잡념이 나오는데, 풀은 뿌리까지 뽑아야 되는 것처럼 사욕을 뿌리까지 뽑고 하느님 사랑하는 마음으로 가득 채운다."(강론 1971.6.9)

리쳐야 한다는 말씀이 반복되어 나타나다가, 1959년 1월 9일에서야 빛을 받기 위하여 완덕오계를 실천해야 한다는 내용이 언급되면서 '완덕오계'라는 단어가 처음으로 표현된다. 완덕오계에 대한 구체적인 내용은 1960년 4월 11일에서야 나타나고 있으며, 『영혼의 빛』 안에서 오늘날과 비슷한 완덕오계의 형태가 제시된 것은 1963년 4월 1일 강론에서이다.

〈표-2〉는 「신공절요」에 나타난 완덕오계의 변천을 도표화한 것이다. 본회의 고유 기도서인 「신공절요」[6]에 의하면, 제1판(1965년 이전으로 추정)과 현재 사용 중인 제6판(2021년 11월부터 사용) 안에 나타난 오계의 내용이 거의 동일하다.[7] 다만 삼계의 외적침묵에 관한 내용에서 약간의 차이만 보일 뿐이다. 제1판과 제2판의 완덕오계의 삼계에는 '외적 동작을 성화할지니'라는 구절이 첨가되어 있으며, 삼계 이하의 내용에서는 '귀엽게 하고'라는 내용이 덧붙여 있다.[8] 그 외에는 모든 판본이 크게 다르지 않다.

방유룡 신부는 완덕오계를 무엇보다도 하느님을 마음에 모시는 방법으로 제시하고 있다. "하느님을 내 마음에 모시는 방법은

---

6 「신공절요(神功切要)」는 한국순교복자수녀회 고유 전례서로 중요한 것만 따로 모아 기도한다는 뜻이다.(『한국순교복자수녀회 면형무아의 여정 60년』, 한국순교복자수녀회 60년사 편찬위원회, 분도, 2009, 689쪽)
7 최근에 「신공절요」가 전면적으로 개정되면서 맞춤법에 따라 완덕오계 삼계의 "미소를 띠우고"를 "미소를 띠고"라고 수정하였다.
8 『영혼의 빛』 안에서 귀염성과 관련된 내용이 나타난 곳은 다음과 같다. 영가 42; 강론 1959.2.5; 1960.10.22; 1964.2.7; 1977.3.27.

〈표-2〉 한국순교복자수녀회 「신공절요」에 따른 완덕오계의 변천

	1판 연대 미상 1965년 이전으로 추정	2판 사용 연도 추정 1965~1970	3판 사용 연도 추정 1971~1981	4판 사용 연도 추정 1982~1988	5판 사용 연도 1989~2021년 10월	6판 사용 연도 2021년 11월~ 현재
一	悠心雜念을 물리치고*	분심 잡념을 물리치고	분심 잡념을 물리치고	분심 잡념을 물리치고	분심잡념을 물리치고	분심잡념을 물리치고
二	邪慾을 抑制하고	사욕을 억제하고	사욕을 억제하고	사욕을 억제하고	사욕을 억제하고	사욕을 억제하고
三	外的動作을 聖化 할 지니 용모의, 명랑과 평화와 미소를 띠우고 인사에, 불만 불평과 감정 가는 말을 발하지 말고 태도에, 단정하고 예도 자연스럽고 귀염게 하고	외적 동작을 성화 할 지니 용모에 명랑과 평화와 미소를 띠우고 인사에 불만과 감정 가는 말을 발하지 말고 태도에 단정하고 예모 담고 자연스럽고 귀염게 하고	용모에 명랑과 평화와 미소를 띠우고 인사에 불만과 감정을 발하지 말고 태도에 단정하고 예모 담고 자연스럽게 하고	용모에 명랑과 평화와 미소를 띠우고, 인사에 불만과 감정을 발하지 말고, 태도에 단정하고 예모담고 자연스럽게 하고	용모에 명랑과 평화와 미소를 띠우고, 인사에 불만과 감정을 발하지 말고, 태도에 단정하고 예모담고 자연스럽게 하고	용모에 명랑과 평화와 미소를 띠고, 인사에 불만과 감정을 발하지 말고, 태도에 단정하고, 예모담고, 자연스럽게 하고
四	양심 불을 밝히고	양심 불을 밝히고	양심 불을 밝히고	양심불을 밝히고	양심불을 밝히고	양심불을 밝히고
五	自由를 天主께 바치고 그 聖意를 따를지니라	자유를 천주께 바치고 그 성의를 따를지니라	자유를 천주께 바치고 그 성의를 따를지니라	자유를 천주께 바치고 그 성의를 따를지니라	자유를 천주께 바치고 그 성의를 따를지니라	자유를 천주께 바치고 그 성의를 따를지니라

*悠(성낼 분)은 分(나눌 분)의 편집자의 오기로 보인다.(필자 주)

완덕오계다. 하느님을 찾지만 말고 하느님 모시는 길을 알았으니 그 길로 가기만 하면 된다. 그 길이 완덕오계"인 것이다.[9] 또한 방유룡 신부는 완덕오계를 다음과 같이 설명하고 있다.

> 우리 생활에 꼭 맞추어 꾸민 기도가 있으니 완덕오계다. 하느님의 핵심을 구체적으로 표현한 것이다. 경문만 하는 기도는 하느님 싫어하신다고 이사야 예언자가 말씀하신다. 예수께서 천국과 그 의덕을 구하면 된다고 하셨다. 의덕은 길을 가리킨 것인데, 그 길은 완덕오계完德五誡다. '나는 삶의 빛이니 이 빛 가운데 사는 이는 상하지 않고 암흑에서 살지 않는다.'(요한 12,46) 하셨다. 완덕오계대로 살면 빛 가운데 산다. 생명이 계속되는 것과 같이 빛도 계속된다. 생명과 빛과 같이 사는 것이 바로 완덕오계다.[10]

이렇듯 완덕오계는 우리 생활에 맞추어진 기도로, 침묵대월의 길이다. 본 소고에서 중점적으로 살펴보고자 하는 완덕오계의 제일계 분심잡념을 물리치는 것은 그 길의 출발인 셈이다.

이어서 '완덕오계'에 나타난 방유룡 신부의 인간에 대한 이해를 살펴보도록 하자.

---

9 강론 1964.2.7.
10 강론 1967.6.17.

03 ___ '완덕오계'에 나타난 방유룡 신부의 인간 이해

완덕오계는 방유룡 신부의 인간에 대한 이해가 고스란히 담겨 있다고 해도 과언이 아니다. 완덕오계의 제일계와 이계는 분심잡념과 사욕을, 제삼계는 용모와 언사와 태도를, 제사계와 오계는 양심과 자유를 언급하고 있다. 이것은 인간의 실존, 인간의 조건, 인간의 현실을 잘 보여 주고 있다. 인간은 자신 안에서 생명과 죽음, 하느님을 향한 깊은 갈망과 동시에 에고ego에 대한 집착을 마주하며 걸어가는 존재이다. 인간은 분심잡념과 사욕으로 인해 죽음으로 기울어질 수 있는 존재이지만[11] 또한 양심과 자유의지로 생명에로 나아가는 존재이기도 한 것이다. 방유룡 신부는 완덕오계를 통해 인간이 어떤 존재임을 알려 주고 있으며, 완덕오계는 인간이 자신을 넘어 하느님께로 가는 성화의 여정을 담아내고 있는 하늘 가는 길이다.[12]

---

11 1707항. "인간은 그러나 악의 유혹에 넘어가 역사의 시초부터 제 자유를 남용하였다(사목헌장, 13항). 인간은 유혹에 넘어가 악을 저질렀다. 인간은 선에 대한 갈망을 계속 간직하고 있지만, 그 본성은 원죄의 상처를 지니고 있다. 인간은 악으로 기울게 되었고, 쉽게 잘못을 저지르게 되었다."(『가톨릭 교회 교리서』, 주교회의 교리교육위원회 번역, 한국천주교중앙협의회, 2020, 650~651쪽)

12 강론 1970.5.27.

방유룡 신부는 "우리는 무엇하러 이 세상에 났는가?"라고 질문한 뒤, 하느님을 닮기 위해서라고 대답한다.[13] 하느님을 닮기 위한 분명한 목적을 지니고 있는 인간의 구조와 그에 따른 요소와 역할에 대해서도 살펴보도록 하자. 방유룡 신부는 인간의 구조를 교회의 가르침에 따라 영혼과 육신으로 구분하면서도 조금씩 다른 측면으로 다양하게 설명하고 있다. 육신에 대해서는 동양의 사상에 따라 오관五官, 오장五臟, 이목구비耳目口鼻, 육부六腑, 사지四肢, 백체百體의 기능으로 나누었으며, 영혼은 토마스 아퀴나스의 이론에 따라 이성(지성)과 의지로 나누고 있다.[14]

1961년 11월 20일 강론에 나타난 인간의 구조에 의하면, 인간의 작용은 육신과 영혼 두 가지로, 육신의 작용은 생리 방면(오장육부)이며 영혼의 작용은 지식 방면이다. 육신은 외관과 내관으로 나누어지며, 외관은 이목구비수족으로 구성되고 내관은 공통감각, 상상, 평가, 기억력으로 되어 있다. 영혼은 이성과 의지로 구분되며, 이성은 관념, 추론, 판단, 양심, 기억력으로 이루어져 있고 의지는 선택하는 능력이다.[15] 인간의 이 모든 요소의 역할은 하느님을 닮는 데 그 목적이 있는 것이며, 그 목적을 잃어버리면

---

13 강론 1961.11.20; 1965.7.25.
14 김기화, 「무아 방유룡 신부의 영가에 나타난 양심불에 관한 고찰」, 『무아 방유룡 영성 학술 논문집 1』,(면형무아 총서 01), 2017, 도서출판 순교의 맥, 64쪽.
15 방유룡 신부는 이외에도 강론과 영가 안에서 인간의 구조와 구성에 대한 여러 관점을 피력하고 있다. 영가 9; 10; 11; 13; 34; 69; 강론 1972.8.20. 등이 있다.

각 요소들의 부적절한 작용에 의해 카인과 유다처럼 분심잡념과 사욕과 죄악의 길을 가게 된다.[16] 분심잡념은 인간의 구성 가운데 상상과 기억의 작용에 의해서 발생되는 것으로 이는 내적침묵으로 정화되어야 한다.[17]

방유룡 신부는 인간에 대해 다음과 같이 정의하기도 한다. 인간은 신성에 참여할 수 있는 은총을 지닌 존재로 광물성, 동물성, 지성, 영성(영혼), 신성(하느님) 이렇게 다섯 가지 성性을 가지고 있으며, 성령을 모신 사람은 성령과 일치하여 동물성, 지성, 의지뿐만 아니라 신성神性을 모신 사람으로서 다섯 가지로 완성된 사람인 것이다.[18]

인간이 지닌 이러한 다섯 가지 성性과 관련하여 방유룡 신부의 인간학적 특징을 드러내는 중요한 용어들이 완덕오계 안에 모두 표현되어 있는데 마음, 정신, 육신, 양심, 자유, 의지가 이에 해당된다. 이것은 방유룡 신부의 인간론을 이해하는 데 있어서 중요한 개념들이다. 특히 '마음'과 '정신'은 『영혼의 빛』에 나타난 다른 인간학적 용어들에 비해 사용된 빈도수가 월등히 많으며 그 의미 역시 폭넓게 사용되고 있다. '마음'은 사욕으로 들뜨기도 하고,[19] 착함과 악함을 드러내는 곳이기도 하며, 하느님의 마음과 같아질

---

16 영가 25; 강론 1964.2.5; 1971.6.9; 『영혼의 빛』 725쪽.
17 최현식, 『참된 행복을 위하여』, 형제애, 2018, 321쪽.
18 강론 1970.7.19; 1970.9.20; 1971.5.9.
19 영가 28; 34; 82; 83; 85; 93; 95

수도 있다.[20] '정신'은 단어 그 자체로 사용되기도 하지만 순교, 점성, 협조, 통회, 희생 등 다른 영성어와 함께 결합하여 하나의 낱말처럼 사용되기도 한다. 순교정신, 점성정신, 협조정신, 통회의 정신처럼 다른 단어와 결합하여 사용된 경우, '정신'이 의미하는 것은 단순히 지성적 차원이 아니라 순교와 점성과 협조와 통회가 그 인격 안에서 저절로 실천될 만큼 내면화되어야 함을 강조하기 위한 것이다.

다음으로 제4장에서는 완덕오계의 제일계 '분심잡념을 물리치고'와 관련하여 '분심잡념'의 개념과 영향에 관하여 살펴보도록 할 것이다.

---

20 강론 1958.12.4.; 1959.5.3; 1962.12.30; 1964.12.30. 외 다수가 있다.

04 ___ 완덕오계의 제일계
'분심잡념을 물리치고'

1) 개요

영성생활을 하는 이들에게 있어 분심잡념分心雜念은 중요한 이슈 중에 하나이다. 왜냐하면 일상생활 안에서 많은 사람들이 분심잡념을 경험하며 또한 인간으로서 더 나은 길로 나아가고자 할 때, 맨 처음 맞닥뜨리게 되는 장애이자 벽이기 때문이다.[21] 방유룡 신부 역시 이러한 분심잡념에 주목하며 완덕을 수행하는 첫 단계로 '분심잡념을 물리치라'는 수행적(실천적) 계명을 제시한다.

(1) 분심잡념의 개념

분심잡념의 스펙트럼은 무척 넓고 다양하기에 먼저 그 개념과 범주를 간략하게나마 정의 내린 뒤에, 분심잡념의 속성과 영향에 대한 내용으로 들어갈 것이다. 분심分心의 사전적 정의는 마음이 어수선하여 주의가 흩어짐을 의미하며, 잡념雜念은 여러 가지 잡스러운 생각으로 불교에서는 수행을 방해하는 여러 가지 옳지 못

---

[21] 분심잡념과 사욕과 죄는 세 벽이며 세 철문으로, 이것을 부수고 넘어야 하느님이 오신다.(강론 1960.1.8)

한 생각을 가리킨다.[22] 이러한 사전적 정의에 입각해서 볼 때, 『영혼의 빛』 안에서 방유룡 신부가 분심잡념의 의미를 '나쁜 생각, 나쁜 마음'과 같은 맥락에서 사용하고 있는 것은 적절하며, 더 나아가 분심잡념은 '온전한 마음, 온전한 정신, 온전한 영신으로 하느님을 사랑하지 못하게 하는 마음과 생각'까지 그 범위를 확장해 살펴보아도 타당하다고 생각한다. 즉 '분심잡념'과 '나쁜 생각 나쁜 마음'은 '사욕'과 동일한 맥락의 표현으로, 하느님을 온전하게 사랑하지 못하게 하는 모든 대립되는 생각과 마음이라고 정의할 수 있다.

방유룡 신부는 분심잡념과 관련하여 다음과 같은 가르침을 주고 있다. 첫째, 죄가 되는 것 생각하지 말라. 둘째, 쓸데없는 공상 망상 하지 말라. 죄가 안 된다고 함부로 생각하지 말라는 것이다. 셋째, 때 아닌 생각하지 말라. 성당에서 기도하면서 일하는 생각 말고, 일하면서 기도 생각하지 말며, 잠잘 때는 예수님은 어떻게 주무셨을까 하며 잠잘 생각하라고 구체적으로 알려 주었다.[23] 즉, 방유룡 신부는 분심잡념의 범주를 죄 되는 생각, 쓸데없는 공상과 망상, 때 아닌 생각으로 구분하고 있으며 이런 것들은 하느님의 빛을 방해하는 마음의 먼지이며 구름이다.[24]

---

22 국립국어원 표준국어대사전 https://stdict.korean.go.kr/
23 이팔종 도마 수사, 「깨달음의 은총을 구하며」, 『순교의 맥』 178호, 한국순교복자수녀회, 1986.3, 42쪽.
24 『영혼의 빛』, 781쪽.

(2) 인간의 욕망과 관련된 분심잡념

인간은 자신이 찾는 것을 발견하게 되어 있다. 그 자신의 중심에서 원하는 그것이 분심잡념으로 흘러나오는 것은 어쩌면 당연한 일이다. 방유룡 신부는 분심의 원인이 되는 것으로 혈육과 재물과 높은 지위를 꼽고 있는데, 그것은 마음이 하느님께 향하지 못하고 본성의 욕망(육친에 대한 애정)과 소유의 욕망(물질에 대한 욕심), 권력의 욕망(부귀영화에 대한 욕심)에로 기울어진 마음이다. 두 주인을 섬길 수 없다(마태 6,24)는 말씀처럼 그러한 마음에는 하느님께서 머무실 자리가 없으며, 일상화된 인간의 욕망은 분심잡념으로 나타난다. 즉 욕망의 다양한 잔영이 생각과 마음을 자극하여 나타나는 것이 분심잡념이다. 우리의 삶에서 분심잡념이 일어나는 원인은 외부 사물보다 우리 자신의 나약함에 있다.

완덕오계 제이계의 수행은 사욕邪慾을 억제하는 것이다. 사욕은 방유룡 신부의 평생의 중요한 화두 중의 하나로, 한자어의 표기에서도 알 수 있듯이 단지 사사로운 욕망을 가리키는 것이 아니라 어긋하고 기울은 '사악한' 욕망을 말하고 있다. 방유룡 신부가 사욕의 한자어를 굳이 '邪慾'이라 사용한 것은, 인간이 원초적 거룩함의 은총을 상실하게 된 원죄를 염두에 두었기 때문이다.[25] "사욕으로 주의 계명을 거슬러 큰 죄를 범했으니 그는 원죄!"(영가 26)라고 통탄하며 유혹받는 인간의 실존을 신학적으로 밝히고 있다.

---

25 『가톨릭교회 교리서』, 399항.

방유룡 신부에 의하면, 사욕과 분심잡념은 떼어내어 설명할 수 없을 만큼 긴밀하게 연결되어 있는데, 이것은 분심잡념의 원인을 사욕으로 보았기 때문이다. 그러므로 사욕을 없애지 않고서는 분심잡념에서 자유로울 수 없다. 또한 이 어긋나고 기울은 욕망(사욕)에 길이 나게 한 것은 바로 먼지처럼 작은 분심잡념이 모이고 모여 길을 내어 의지를 그릇되게 선동하기 때문이다. 그러므로 점성정신點性精神으로 빈틈없이 분심잡념을 물리쳐야 한다. 즉 완덕오계를 실천하기 위해서는 점성정신이 무엇보다 필요하고 중요하다.[26] 우리는 성찰과 뉘우침을 통해 마음에 한 생각이 일어나는 첫 순간을 놓치지 않고 자각하는 것이 중요하며 여기에는 끊임없는 깨어 있음과 수련이 필요하다.

분심을 없애기 위하여 그 원인이 되는 혈육과 재물을 다 버리고 죄벌罪罰의 근원이 되는 사욕을 십자가를 짐으로써 누르고 따라오라고 하신 것이다. 혈육과 재물을 끊지 않고, 십자가를 지지 않으면서 수도생활하는 사람은 불붙은 데 기름을 부으면서 불을 끄고자 하는 것과 같다. 기름을 부으니 꺼질 수가 있겠는가! 혈육과 재물에 대한 욕심이 불에 기름과 같은 것이다. 그러므로 끊어야 할 것이다. 육친에 대한 애정, 물질에 대한 욕심, 이것이 분심잡념이요, 영혼의 구름이므로 빛을 도무지 못 보게 된다. 빛을 못 보면 우리는 캄캄한 속에 헤매

---

26 강론 1970.2.8.

이며, 원망, 불만, 불평으로 지내게 되는 것이다. 분심잡념을 물리치고, 사욕 누르는 것이 우리의 일생사업一生事業이요, 우리 주 예수께서 명하신 것이고, 당신이 친히 실행으로 가르쳐 주신 것이다.[27]

인간의 욕망의 그림자인 분심잡념은 무의식적인 표정과 말과 사소한 움직임을 통해서도 표현되곤 하는데 분심잡념이 표현되는 방식은 주로 걱정, 불만, 불평, 원망, 분노, 슬픔, 실망, 분별력의 상실 등 다양하게 나타난다. 일상화된 분심잡념이 가져오는 부정적 결과에 대해 방유룡 신부가 어떻게 설명하고 있는지 살펴보도록 하자.

(3) 분심잡념의 영향

방유룡 신부는 분심잡념은 영혼의 구름이므로 빛을 도무지 보지 못하게 하여 캄캄한 속을 헤매며, 원망하고 불만불평하며 지내게 된다고 한다.[28] 분심잡념이 한 인간에게 미치는 부정적 영향과 더

---

[27] 강론 1959.3.9; "너희는 다 끊어 버리고 길 갈 때에도 아무것도 가져가지 말라."(루카 9,3) 하셨다. 그러나 제자들은 부족한 것이 조금도 없었다. 분심잡념(分心雜念)의 재료, 사욕의 재료가 되므로 부모, 처자까지 끊어 버리라고 하셨다. 가진 것을 온전히 없애야 이런 평화 이상의 평화를 얻을 수 있다. 물질도 사욕도 버려야 한다. 이것을 버려야 빛을 얻게 되는 것이다. 빛이 있어야 앞으로, 앞으로 나아갈 수 있는 것이다. 이 빛을 얻기에는 사욕을 눌러 빛과 평화를 얻어야 한다."(강론 1959.4.19); "나쁜 생각 일어나지 않게 하기 위하여 그 방법으로 부귀영화, 부모처자 모든 것을 끊어 버리라고 하셨다."(강론 1961.9.22)

[28] 강론 1959.3.9.

불어 그러한 결과가 인류 공동체에 가져오는 불행과 죄악에 대해서도 카인[29]과 유다[30]의 예를 통해 경고하고 있다. 방유룡 신부는 그들이 가져온 결과가 얼마나 끔찍하고 두려운 것인지를 놓치지 않고 분심잡념, 나쁜 생각과 나쁜 마음이 가져오는 파괴력과 죽음에 대해 상기시킨다.

> 유다스는 밤길을 떠나가더니 그는 다시 돌아오지 못하였도다.
> 그는 캄캄한 양심으로 그늘이 지더니, 밤 이경二更에 밤길을 떠나가서 다시 돌아오지 못하였도다.[31]

> 사욕이 있는 사람은 사욕에서 분심잡념이 나오는데, 풀은 뿌리까지 뽑아야 되는 것처럼 사욕을 뿌리까지 뽑고 하느님 사랑하는 마음으로 가득 채운다. 우리는 무엇이 부족한가? 불만불평不滿不平을 하지 말고 나쁜 생각은 없애야 한다. 불만불평이 일어날 때는 전화위복의 경계에 들지 못한 탓이기 때문이다. … 불만불평하는 사람은 하느님께서 전화위복을 못 해 주시는 분으로 무시하는 것이라 하겠다. 우리는 유다의 불만불평과 카인의 불만불평을 잘 알고 있다.[32]

---

29 창세 4,1-16.
30 마태 26,14-16; 마르 14,10-11; 루카 22,3-6.
31 영가 25.
32 강론 1971.6.9.

나쁜 생각과 나쁜 마음은 카인으로 하여금 형제를 죽이는 살인으로 이끌며, 유다는 스승이신 예수 그리스도를 팔아넘겨 십자가형에 이르도록 한다. 분심잡념은 인간의 감정과 태도, 더 나아가 선택에 부정적 영향을 주게 된다. 이것은 분심잡념이 지닌 내적 소란함, 두려움, 걱정, 들뜬 생각 등이 우리의 몸과 마음을 흐트러지게 만들어 일상적인 분별의 능력을 잃어버리도록 영향을 미치기 때문이다.[33] 분심잡념은 우리로 하여금 현재에 머무르지 못하게 하고 불만불평하게 만든다. 그러나 분심잡념을 물리치게 되면, 물이 된다고 방유룡 신부는 역설한다.[34] 또 다른 표현으로는 초성超性한 어린이, 성화된 어린이, 빛의 어린이가 된다.[35]

제3장에서는 성경 안에서 포착된 '나쁜 생각, 나쁜 마음'의 의미를 알아보기 위해 먼저 유다인들의 인간에 대한 시선과 유다인들이 인간의 '마음'을 어떻게 이해하고 있는지 살펴본 뒤, '나쁜 생각, 나쁜 마음'의 용례들을 살펴보도록 하자.

---

33 오늘날은 심리학의 발달로 분심잡념 등 내적인 움직임들을 통해 자신의 무의식적 측면을 만나기도 한다. 분심잡념으로 인해 마음을 잃어서는 안 되지만 분심잡념은 해결되지 않은 자신의 그림자를 만나게 되는 하나의 길이 되기도 한다. 그러나 본 소고에서는 이러한 심리학적 측면에서가 아니라 인간의 실존 안에서 수행되어야 하는 측면으로 접근하고 있으므로 이러한 내용을 더 심화시켜 설명하지는 않을 것이다.

34 강론 1959.2.4.

35 강론 1959.2.5.

05 ___ 성서 안에 나타난 '나쁜 생각, 나쁜 마음'

1) 유다인들의 인간 이해

방유룡 신부의 '나쁜 생각, 나쁜 마음'에 가장 근접하게 병행하는 성서적 용례들을 알아보기 전에, 이러한 용례들 가운데 중심 단어로 반복적으로 나타나는 것이 히브리어 'לב(렙)' 혹은 'לבב(레바브)'이다. 주로 마음으로 번역되는 'לב(렙)' 혹은 'לבב(레바브)'에 대해서도 알아보도록 하자.

(1) 인간에 대한 시선

유다인들은 사람을 어떻게 이해했을까? 성경에 나타난 인간에 대한 유다인들의 시선 몇 가지 특징을 꼽는다면, 가장 뚜렷한 점이 물질과 정신을 명확하게 구분하지 않는다는 점이다. 오늘날 인간을 이해하는 것처럼 그 구성과 요소와 기능에 따라 세분화하지 않았다. 인간 존재를 통합된 전체로 생각했으며, 사람의 사유와 인식기능은 인간의 전체적 존재성과 분리되어 있지 않은 것으로 생각했다. 구약에 있어서 내장, 간장, 심장, 자궁 등은 인간의 정신기능의 중심과 일치한다.(창세 43,30; 1열왕 3,26; 시 109,18; 2코린 6,12; 필립 1,8; 2,1; 콜로 3,12; 필레 7.12.20)[36]

특히 히브리인들의 사유 과정은 추상적이라기보다는 실존적이었다. 이러한 사실은 히브리어 הגה(하가, 묵상하다)에 의해서도 분명히 드러나는데, 이 용어는 문자적으로는 "중얼거리다"는 뜻이다.(비교. 여호 1,8; 시편 1,2; 63,6; 이사 33,18) "불평", "명상" 등 두 가지로 번역된 히브리 용어 שיח(시아흐)조차 수동적인 관상을 뜻한다기보다 행동을 뜻한다.(비교. 창세 24,63; 시편 119,15.23.48.78.148; 1사무 1,16; 욥 7,13; 시편 55,2; 142,2) 인간은 "묵상"할 때 그의 입술을 움직이며, 인간은 의를 "생각"할 때 정의를 행하는 것이다.[37]

(2) לב(렙, 마음) 혹은 לבב(레바브, 마음)

"לב"(또는 "לבב")이란 구약성경의 인간론에 나오는 모든 언어 중에서 가장 중요한 단어로 대개 "마음"이라고 번역되었다. 구약성경에서 "לב"은 육체적 기관인 심장을 말한다. 심장은 체내의 중심 기관이요, 인간의 본질적인 모든 기능이 심장에서 오는 것으로 마음, 감정, 갈망, 이성理性을 표현하기 위해 사용되었다.[38] 고대古代 유다인들에게는 두뇌에 해당되는 별도의 단어가 없었으며 감정 및 정신의 기능이 심장에 자리하고 있다고 믿었던 것이다.

---

36 정인찬 편, 『성서대백과사전』 제2권, 기독지혜사, 1990, 470쪽.
37 같은 책, 470쪽.
38 한스 발터 볼프, 문희석 옮김, 『구약성서의 인간학』, 분도, 1981, 82·84쪽.

유다인은 '마음'이라는 용어로 인간의 정신생활 전반을 표현하고 있다. 예컨대 '마음'이라는 단어에는 인간의 감정 이외에도(2사무 15,13; 시편 21,3; 이사 65,14) 기억과 이념과 계획과 결정 등이 포함되어 있다. 하느님은 인간에게 생각하기 위한 마음을 주셨다.(집회 17,6) 시편의 작가는 하느님 자신의 "마음의 계획"(시편 33,11), 즉 대대로 계속되는 구원의 계획을 노래하고 있다. "넓은 마음"(1열왕 5,9)은 광범위한 지식을 의미하고 "너의 마음을 나에게 다오"(잠언 23,26)라는 구절은 '나에게 주의를 기울이라'는 의미가 된다. 또 "고집 센 마음"(시편 81,13)은 우둔한 정신을 말한다. 마음이란 이처럼 갖가지 정신의 작용을 표시하고 있을 뿐만 아니라 인간이 자기 자신과 대화를 하거나(창세 17,17; 신명 7,17), 하느님을 향해서 자신의 속을 열기도 하고 닫기도 한다. 또 자아 전체를 가리키는 경우도 많다. 성서는 인간을 하나의 전체로서 파악하며, 있는 그대로 모습으로 생각한다. 이러한 성서의 인간관에 의하면, 마음은 의식意識과 지성과 자유를 갖춘 인격의 근원인 동시에 인간이 결정을 내리는 곳, 양심의 율법이 기록되는 곳(로마 2,15), 그리고 하느님이 신비스럽게 작용하는 곳이다. 구약시대나 신약시대나 마음은 하느님을 만나는 곳이고, 이 만남은 사람이 된 하느님의 아들의 마음속에서 완전한 형태로 실현된다.[39]

---

[39] X.Leon Dufour, 임춘갑 역, 『성서신학사전』, 종로서적, 1993, 186~188쪽.

2) '나쁜 생각, 나쁜 마음'에 대한 성서적 용례

방유룡 신부에게 있어 '나쁜 생각, 나쁜 마음'은 매우 포괄적인 의미를 지니고 있는데, 그 중 가장 중심적인 내용은 하느님의 뜻과 대립되는 악한 것으로 보는 것이다. 그렇다면 성서적 전통 안에서는 '나쁜 생각과 나쁜 마음'이 어떻게 표현되고 있으며, 어떠한 상태를 의미하고 있는지, 그리고 성경은 이것의 극복을 어떻게 말하고 있는지에 대해 살펴보도록 하자.[40]

(1) 구약성경

עַם תֹּעֵי לֵבָב הֵם וְהֵם

לֹא־יָדְעוּ דְרָכָי׃

마음이 빗나간 백성이다. 그들은 내 길을 깨닫지 못하였다.(시 95,10)

תּוֹעֲבַת יְהוָה עִקְּשֵׁי־לֵב

וּרְצוֹנוֹ תְּמִימֵי דָרֶךְ׃

마음이 빗나간 자들은 주님께서 역겨워하시고

흠 없는 길을 걷는 이들은 주님께서 기뻐하신다.(잠언 11,20)

---

[40] 구약성경 안에서 성서적 용례를 찾는 것은 복잡하고 어려운 과정이다. 히브리어 단어가 서로 같을지라도 그 의미가 전혀 다르게 사용되기 때문이다. '나쁜 생각, 나쁜 마음'에 대한 성서적 용례들은 구약성경 원어사전을 참조하여 히브리어 단어가 다를지라도 bad, evil의 의미를 지닌 것을 선별하였다.

מִדְּרָכָיו יִשְׂבַּע סוּג לֵב

וּמֵעָלָיו אִישׁ טוֹב:

마음이 빗나간 자도 제 행실의 결과로 채워지고 착한 사람도 제 행동의 결과로 채워진다.(잠언 14,14)

עִקֶּשׁ־לֵב לֹא יִמְצָא־טוֹב

וְנֶהְפָּךְ בִּלְשׁוֹנוֹ יִפּוֹל בְּרָעָה:

마음이 빗나간 자는 행복을 얻을 수 없고 혀가 비틀린 자는 불행 속에 빠진다.(잠언 17,20)

וְלֹא שָׁמְעוּ וְלֹא־הִטּוּ

אֶת־אָזְנָם וַיֵּלְכוּ בְּמֹעֵצוֹת בִּשְׁרִרוּת לִבָּם

הָרָע וַיִּהְיוּ לְאָחוֹר וְלֹא לְפָנִים:

그러나 그들은 순종하지도 귀를 기울이지도 않고,

제멋대로 사악한 마음을 따라 고집스럽게 걸었다.(예레 7,24)

וְלֹא שָׁמְעוּ וְלֹא־הִטּוּ

אֶת־אָזְנָם וַיֵּלְכוּ אִישׁ בִּשְׁרִירוּת לִבָּם

הָרָע וָאָבִיא עֲלֵיהֶם אֶת־כָּל־דִּבְרֵי

הַבְּרִית־הַזֹּאת אֲשֶׁר־צִוִּיתִי לַעֲשׂוֹת וְלֹא

עָשׂוּ: ס

그러나 그들은 순종하지도 귀를 기울이지도 않았다.
오히려 저마다 제 악한 생각대로 고집스럽게 굴었다.(예레 11,8)

위의 용례들은 모두 לב(렙, 마음) 혹은 לבב(레바브, 마음)에서 일어나는 것이다. 시편 95편 10절의 "마음이 빗나간"을 직역하면 '마음이 헤매고 있는'이다. 이것은 하느님과의 관계가 단절됨으로 인해 스스로 갈피를 잡지 못하고 헤매는 상태를 가리킨다. 잠언 11장 20절과 17장 20절의 '빗나간 마음'은 '비뚤어진 마음'을 일컫는다. '비뚤어지다'는 것은 그 마음이 굴절되고 왜곡된 것을 말한다. 잠언 14장 14절의 빗나간(סוג)은 '변절하다', '돌아서다'라는 뜻을 함축하고 있는 것으로 특별히 종교적 의미가 강조된 말로, 하느님을 떠나 그 뜻과 명령을 거역하는 '배교자'를 가리키는 것이다.(backslider, KJV, LB)

예언자 예레미야는 하느님의 명령을 거역하기로 작심作心하고 그것을 실천에 옮기는 '악한 마음'에 대해 지적한다. 이것은 그들의 조상들이 이집트에서 나와 광야 생활을 할 때, 다시 이집트로 가서 종살이하고 싶어 했던 것(탈출 17,3)과 똑같은 상황을 나타내고 있다. 예레미야 11장에서 주님께서는 계약에 불충실한 자들에 대해 징벌을 선포하신다. 사람의 깊은 중심을 보시는 하느님께 온 마음과 정성을 다하지 않는 외적인 형태만을 갖춘 그런 순종은 아무런 의미가 없다. 주님은 당신의 말씀에 순종하지도 귀를 기울이지도 않는 '악한 마음'에 징벌을 선포하신다.

(2) 신약성경

ἱνατί ἐνθυμεῖσθε πονηρὰ ἐν ταῖς καρδίαις ὑμῶν;(Matt. 9,4)
너희는 어찌하여 마음속에 악한 생각을 품느냐?(마태 9,4)

ἔσωθεν γὰρ ἐκ τῆς καρδίας τῶν ἀνθρώπων οἱ διαλογισμοὶ οἱ κακοὶ ἐκπορεύονται, πορνεῖαι, κλοπαί, φόνοι, μοιχεῖαι, πλεονεξίαι, πονηρίαι, δόλος, ἀσέλγεια, ὀφθαλμὸς πονηρός, βλασφημία, ὑπερηφανία, ἀφροσύνη· πάντα ταῦτα τὰ πονηρὰ ἔσωθεν ἐκπορεύεται καὶ κοινοῖ τὸν ἄνθρωπον.(Mk. 7,21-23)

안에서 곧 사람의 마음에서 나쁜 생각들, 불륜, 도둑질, 살인, 간음, 탐욕, 악의, 사기, 방탕, 시기, 중상, 교만, 어리석음이 나온다. 이런 악한 것들이 모두 안에서 나와 사람을 더럽힌다.(마르 7,21-23)

위의 용례에서[41] '악한 생각'(마태 9,4)과 '나쁜 생각들'(마르 7,21)은 희랍어가 서로 다르지만 연관성을 지니고 있다. 마태오

---

[41] 위의 용례 외에도 "예수님께서는 마음이 북받치고 산란해지셨다."(요한 11,33); "예수님께서는 이렇게 이르시고 나서 마음이 산란하시어 드러내 놓고 말씀하셨다."(요한 13,21); "너희 마음이 산란해지는 일이 없도록 하여라."(요한 14,1); "너희 마음이 산란해지는 일도, 겁을 내는 일도 없도록 하여라."(요한 14,27)에서 '산란해지다'로 번역된 'ταράσσω'에도 주목할 필요가 있다.

복음 9장 4절에 따르면, 율법학자들은 "속으로(ἐν ἑαυτοις)" 수군거렸지만, 예수님께서는 그들의 생각을 알아차리시고 어찌하여 "악한 것들(πονηρὰ)"을 생각하느냐고 책망하셨다. "악한 것들(πονηρὰ)"이라는 말은 예수님께 대한 악의를 나타내는 단어로 율법학자들의 이러한 악의가 결국에는 예수님을 죽음으로 몰고 가게 된다.[42] 마르코 복음 7장 21절에는 '나쁜 생각들'에 대한 구체적인 내용들이 열거되고 있다. "밖에서" 들어가는 것은 하느님과 사람의 관계의 최종적인 기준인, 인간의 '마음(καρδίαν)'에 직접적인 영향을 미치지 않는다고 말한다. 이어 "안에서" 나와서 사람을 더럽게 하는 악한 것들의 목록이 열거되는데 첫 번째 악덕, 즉 "악한 생각(οἱ διαλογισμοὶ οἱ κακοὶ)"에 의해 뒤의 열두 가지의 악덕들이 포함되어 있다.[43] 하느님 앞에서의 사람의 존립을 결정하는 중요한 요인은 바로 '마음'으로 온갖 악한 생각들, 태도들, 행위들은 '사람'이나 사람의 '마음'으로부터 생겨난다.(마르 7,20-22) 이것들이 사람을 더럽히거나 하느님과의 관계를 깨뜨리는 것이다.[44]

---

42 도날드 헤그너, 채천석 옮김, 『마태복음(상)』, 솔로몬, 2009, 412~413쪽.
43 로버트 귤리히, 김철 옮김, 『마가복음(상)』, 솔로몬, 2006, 600~601쪽.
44 같은 책, 603쪽.

(3) 성서적 용례를 통해 살펴본 나쁜 마음의 극복

성서 전체 가운데 지혜문학에서 "לב"(또는 "לבב")이라는 용어가 가장 많이 사용되었다.[45] 인간은 이 לב(렙, 마음)을 통해 기쁨과 슬픔, 용기와 불안, 감사와 소원 등의 감정적 반응을 나타내며 또한 보고, 듣고, 이해하고, 판단하고, 숙고하는 지성적인 기능을 발휘한다. 그런데 이 לב(렙, 마음)이 완전히 하느님을 향하지 않을 때, 인간은 악을 꾸미게 되고 스스로 망하는 לב(렙, 마음)이 되고 만다.[46] 이렇듯 사람의 마음은 이르지 말아야 할 상태로 향하기도 하므로(창세 6,5; 예레 17,9) 구약성경은 마음의 뉘우침이 필요하다는 인식에 이르게 된다.

하느님의 뜻에 복종하지 않는 굳고 단단한 마음은 깨어짐이 필요하며(에스 11,19), 주님의 뜻에 응답하지 못하는 마음은 둔하거나 할례받지 않은 것으로 표현된다.(판관 6,10; 에스 44,7) 따라서 악한 자들은 새로운 마음을 향해서 나가야 하는데(에스 18,31) 그것은 하느님의 율법이 더 이상 외형적인 데 머무르지 않고 마음에 기록된 것이 되어야 한다는 것을 의미한다.(예레 31,33) 그러므로 모든 욕망의 원천인 마음을 잘 지켜야 한다.(잠언 4,23) 마음이 깨끗한 자는 하느님을 볼 것이며(마태 5,8), 신자들은 믿음으

---

45 잠언에 99회, 전도서 42회, 신명기 51회 나타난다.(한스 발터 볼프, 위의 책, 95쪽)
46 김정훈, 「잠언서에 나타난 히브리인의 인간 이해」, 장로회신학대학교 석사학위논문, 1984, 28~30쪽.

로 그리스도가 마음 안에 사시게 하심을 통해서 하느님의 사랑을 이해할 수 있다.(에페 3,17)[47]

앞선 장들의 내용을 토대로 완덕오계의 제일계 '분심잡념을 물리치고'가 지니는 성서신학적 전망을 고찰해 보도록 하자.

---

47 『성경자료사전』 제2권, 풍만성경자료사전 편집위원회, 풍만, 1989, 64~65쪽.

06   '분심잡념을 물리치고'의 신학적 고찰

영국의 작가 C. S. 루이스는 인간이 원래 어떤 존재가 되어야 하는지 보여 주는 유일한 본이 예수 그리스도라고 말했다.[48] '참사람'이신 예수님께서 인간으로서 걸어가야 하는 길을 통과해 가셨듯이 "선을 사랑하고 실행하며 악을 회피하라고 촉구하시는 하느님의 목소리를 알아듣는"[49] 존재인 우리들 역시 예수님께서 걸어가셨던 길을 자신의 길로 삼아야 한다. 그런데 인간은 양심을 지니고 있음에도 불구하고 악에로의 유혹을 떨쳐내지 못하고 멸망에로의 길을 선택하기도 하는데, 인간의 조건 안에 생명과 죽음을 선택할 수 있는 자유의지가 있기 때문이다.

1) 유혹받는 실존으로서의 인간 존재: '분심잡념'

가난한 이는 돈이 없어서, 부자는 돈이 많아서 분주하며 마음 갈리는 곳이 많다. 이렇듯 누구나가 살아가는 동안 쉴 새 없이 마음이 동분서주東奔西走하다. 우리가 누구인지, 어떤 존재로 불림 받

---

[48] 캐스린 린즈쿡, 홍종락 옮김, 『C.S. 루이스와 기독교 세계로』, 홍성사, 2012, 62쪽.
[49] 『가톨릭교회 교리서』, 1706항.

앉는지, 우리의 마음과 정신과 몸이 어디를 향해 걸어가야 하는지 잠시라도 놓치게 되면, 그 틈으로 유혹은 어김없이 찾아들곤 한다. 사람 안의 뿌리 깊은 욕망의 근저에는 생존의 욕망, 물질의 욕망, 권력의 욕망이 자리하고 있으며 이것은 결국 소유의 존재 방식을 가리킨다. 사람은 재물과 명예뿐만 아니라 사랑의 관계에 있어서까지 우위의 자리와 소유를 주장한다. 예수님도 인간 본성 안에 존재하는 욕망과 대면하는 시간을 가지셨으며 우리가 어떠한 선택을 해야 하는지 보여 주셨다.[50] 누구도 두 주인을 섬길 수 없다는 것을 깨닫는 시간을 맞이하는 순간이 온다. 왜냐하면 하느님은 우리의 전체를 요구하는 분이시며 우리는 전체로서 하느님께 응답해야 하는 존재이기 때문이다. 우리는 두 주인을 섬길 수 없다.(마태 6,24)

우리가 하느님이 아닌 다른 주인을 섬길 때, 우리에게서 염려와 걱정은 떠날 날이 없게 된다. 그렇듯 세상의 일에 쉽게 마음이 흩어지고 걱정하는 우리에게 "목숨을 부지하려고 무엇을 먹을까, 무엇을 마실까, 또 몸을 보호하려고 무엇을 입을까 걱정하지 말라"(마태 6,25)는 예수님의 명령은 예수님께서 광야에서 유혹당하시는 장면과 함께 겹쳐진다. 예수님은 돌덩이를 빵으로 만들어 육신의 배고픔을 채우고 생명을 유지하려는 생존의 욕망과 자

---

50 광야에서 유혹을 받으시는 예수님에 관한 텍스트는 공관 복음의 다음과 같은 곳에서 나타난다. 마태 4,1-11; 마르 1,12-13; 루카 4,1-13.

신을 증명하고자 하는 욕망 그리고 거대한 권력의 중심에 서고자 하는 욕망 앞에서 인간이 걸어갈 수 있는 '다른 길'을, '다른 선택'을 보여 주셨다.(마태 4,2-7) 광야에서의 예수님의 결단은 창세기의 아담의 선택과 극명하게 대비되며, 우리에게 묵은 아담의 선택이 아닌 새 아담의 길을 보여 주고 있다.

이어서 예수님은 내일도 걱정하지 말 것을 단호하게 말씀하신다.(마태 6,34) 그런데 우리는 하느님의 돌보심을 신뢰하지 못하며, 그날그날의 양식에 감사하지 못하고 내일의 빵을 저장한다. 마태오 복음 6장 25-34절의 본문에서 희랍어 'μεριμνάω(메림나오, 염려하다, 걱정하다)'라는 단어가 반복적으로 나오고 있다.[51] μεριμνάω(메림나오, 염려하다, 걱정하다)는 신약성경 안에서 무언가 사람의 마음을 흐트러뜨리고, 분리시키고, 나누어 놓는 것을 지칭하는 뜻으로 자주 사용되며, 기본적인 의미는 '분열하다', '찢어지다'를 가리킨다.[52] 염려와 걱정은 사람의 마음을 나누어지게 만들어, 하느님 나라와 그 의덕을 구하는 것이 아니라 세상의 덤에 집착하게 만든다.

인간의 조건에 대해 깊은 통찰을 지녔던 방유룡 신부는 수도회를 창설하면서 초창기 회원들에게 하느님 나라와 그 의덕만을 구

---

51 마태 6,25. 27. 28. 31. 34(2회).
52 존 스토트, 김광택 옮김, 『예수님의 산상설교』, 생명의 말씀사, 1997, 192쪽; 갖가지 시중드는 일로 분주했던 마르타(루카 10,40)와 인생의 걱정과 재물과 쾌락에 숨이 막힌 가시덤불에 떨어진 씨(루카 8,14)에서 사용되었다.

할 것을 자주 강조하였다.[53] 예수님은 하늘의 새와 들의 꽃을 보라고 하시며 세상 걱정에 마음을 빼앗기지 말고 하느님 나라를 추구해야 함을 가르쳐 주신다. 먼저 하느님 나라와 그분의 의로움을 찾을 때, 세상의 이 모든 것도 곁들여 받게 된다. 그러나 세상의 것을 찾으면 하느님 나라와 세상, 둘 다 잃어버리게 된다.

세상 사람들은 자신의 필요, 즉 음식, 의복, 내일을 그들 삶의 목표로 추구하는 반면에, 그리스도인들은 땅의 필요를 걱정하지 않는다. 그리스도인들은 하느님 나라와 그 의로움을 궁극적인 목적으로 삼고 있다. 마태오 복음사가는 "πρωτον(프로톤, 먼저)"이라는 단어를 사용한다. 이 '먼저'라는 단어의 의미가 단순히 일을 행하는 순서를 의미한다면 '먼저' 하느님 나라를 구하고 난 뒤, '다음으로' 자신의 욕구 충족을 추구할 수 있을 것이다. 그러나 '먼저'를 다른 무엇과도 비교할 수 없는 절대적인 의미에서의 '먼저'로 받아들이면, 그것은 자신의 안전에 대한 추구와 하느님 나라에 대한 추구 사이에 어느 것을 선택할 것인가 하는 물음을 던지게 된다.[54] 그러므로 하느님 나라와 그 의로움을 구하라는 말은 나누어지지 않는 온전한 마음으로 하느님의 뜻을 충실하게 행하라는 뜻으로 볼 수 있다. 방유룡 신부는 세상의 일에 쉽게 유혹

---

53 방유룡 신부는 1946년 4월 21일, 한국순교복자수녀회 창설 미사 강론 중에 하느님 나라와 그 의덕만을 구하라는 말을 하였다.
54 김우진, 「하느님 나라와 의에 관한 연구」, 서울신학대학교 신학대학원 석사학위논문, 2010, 70쪽.

받는 인간의 실존을 드러내는 분심잡념을 어떻게 물리쳐야 하는지 다음과 같이 말해 주고 있다.

우리 사람은 얼마나 캄캄한가! 분심잡념 속에서, 사욕 속에서, 걱정으로, 근심으로, 싸움으로, 증오憎惡로, 원망怨望으로 헤매고 있다. 헤매기만 하므로 예수님을 도무지 알아보지 못한다. 큰 것만, 높은 것만, 많은 것만, 잘난 것만을 찾으므로 유대아인들과 같이 예수님을 미친 사람으로 몰아 버리고 만다. 얼마나 가련한 일인가! 영혼은 고사하고 육신적으로라도 너무나 고생을 하고 있는 것이다. 있어도 더 많이 있기를 바라는 욕심에서 걱정, 없으면 없어서 걱정, 수도자는 어떠한가? "내 말을 듣고 실행하는 자는 복되도다."(마태 7,24-27 참조) 이것을 실지 우리들에게 보여 주시니 우리는 얼마나 행복한가! 의식에 대한 걱정까지도 없게 안배按配하시니, 이런 실현을 우리가 체험하기 위해서는 매일 생활에 있어 우리 주 예수께서 우리에게 가르쳐 주신 것과 같이, 지극히 미소하고 비천한 것을 하느님을 위해 잘 받은 만큼 체험하는 것이다. 의덕義德을 큰 것을 하는 것이라고 생각하면 안 된다. 지극히 미소한 것을 하느님을 기쁘게 해 드리기 위해 충실히 하는 것이다. 이것만 하면 물질까지 쓸 만큼 주시는 것이다.[55]

---

55 강론 1959.3.17.

2) 하느님께 협조하는 인간 존재: '물리치다'

인간은 "'보이지 않는 하느님의 모상'(콜로 1,15)이신 그리스도 안에서 창조주를 '닮은 모습'으로 창조된"[56] 존재이다. 그럼에도 불구하고 인간이 하느님을 닮은 존재로서 살아가지 못하게 하는 내적 장애물인 분심잡념을 살펴보았다. 그러한 분심잡념을 극복하기 위해 방유룡 신부가 제시하고 있는 방법이 무엇인지 살펴보도록 하자. 방유룡 신부는 빛을 받기 위한 협조로써 먼저 나쁜 생각, 나쁜 마음 먹지 않는 것이라고 말하는데, 이것은 침묵을 일컫는 것이다. 그 다음 협조로써 온전한 마음, 온전한 정신, 온전한 영신으로 하느님을 사랑하라고 강조한다.[57]

(1) 침묵沈默

세상을 살아가면서 현실의 무수한 문제들과 맞닥뜨리게 되는 우리는 어떻게 분심잡념으로부터 자유로워질 수 있는가? 방유룡 신부는 분심잡념의 재료가 부귀영화와 혈육이므로 분심을 없애기 위해서는, 그 원인이 되는 혈육과 재물을 다 버리고 십자가를 지고 예수님을 따라가야 한다고 반복해서 역설한다.[58] 여기에서 '버

---

[56] 『가톨릭교회 교리서』, 1701항.
[57] 강론 1960.10.8; 성인(聖人) 되는 것은 온전히 하느님의 힘이며, 사람은 다음 네 가지에 협조할 수 있다. ① 하느님 사랑하는 마음 자주 발할 것. ② 정성을 다하여 할 것(지극히 미소한 일에도) ③ 나쁜 생각 하지 말 것. ④ 떨어졌으면 즉시 통회, 정개, 보속할 것이다. 협조(協助)라는 것은 내가 해 드려야 한다.(강론 1959.6.28)
[58] 강론 1959.3.9; 1959.4.19; 1961.9.22; 1965.7.23.

린다'는 것은 단순히 물리적인 떠남만을 가리키는 것이 아니다. 하느님을 위하여 나쁜 생각, 나쁜 마음을 물리치며 애쓰는 것이 곧 우리의 협조이다.[59] 즉 침묵이 우리의 협조인 것이다. 침묵은 우리가 '먼저' 해야 할 본질적인 것을 하는 것이다.

　자신 안에서 나쁜 생각과 나쁜 마음을 물리치는 침묵의 여정은 아버지께 돌아가기로 결정을 한 작은 아들처럼 하느님을 떠올리고 그분을 향해 걸어가는 길이다.(루카 15,17-20) 아버지로부터 멀어진 그 거리가 좁혀질수록 점점 더 온전한 마음으로 하느님을 사랑하게 되며 이렇게 대월로 들어간 사람은 하느님과의 관계가 더 친밀해지고 온전한 영신으로 흠숭하게 되는 것이다.[60] 그러나 기분 좋을 때는 잘 되지만 기분이 나쁠 때는 안 되므로 내 힘만으로는 잘 안 된다는 것을 알고 끝까지 항구해야 성공할 수 있음을 방유룡 신부는 일러 주고 있다.[61] 점성정신으로 현재에 충실함으로써만이 침묵할 수 있는 것이다. 우리가 협조하면 하느님의 힘이 달려온다. 협조 끝에는 반드시 하느님의 힘이 오기 마련이며[62] 이렇게 꾸준히 실천하면 대월로 들어가게 된다.

59　강론 1959.3.12.
60　강론 1960.10.8.
61　강론 1965.7.11.
62　강론 1962.9.22.

(2) 온전한 마음으로 하느님을 사랑

방유룡 신부는 온전한 마음과 온전한 정신과 온전한 영신으로 하느님만을 사랑해야 한다고 강조한다.[63] 여기에서 온전한 마음이란 이심二心 즉 나누어지지 않은 일편단심을 가리키는 것으로, 우리는 마음과 몸을 하느님께 바쳤으니 하느님 좋아하시는 것만 해야 한다.[64] 하느님을 온전한 마음으로 사랑해야 한다는 방유룡 신부의 강조는 신명기 6장 5절의 텍스트를 인용한 것으로 신명기적 전망에서 분심잡념을 물리치고 더 나아가 완덕오계의 궁극적인 목적의 의미를 살펴보도록 할 것이다.

> 하느님이 명하신 대로 온전한 마음, 정신, 영신, 모든 힘 기울여서 네 주 하느님을 사랑하라.(강론 1960.6.19)[65]

> 너희는 마음을 다하고 목숨을 다하고 힘을 다하여 주 너희 하느님을 사랑해야 한다.(신명 6,5)[66]

---

63 관련 텍스트는 신명기 6장 5절 외에도 신약성경의 마태 22,37; 마르 12,29-30; 루카 10, 27에도 나타나 있다.

64 1968.8.24; 영가 6편.

65 이외에도 강론에 다수 나타나고 있다. 1962.4.13; 1963.8.17; 1963.8.19; 1963.12.4; 1963.12.7; 1964.2.8; 1965.8.1; 1968.8.24; 1968.9.10; 1970.2.15; 1970.3.16; 1970.5.30; 1971.6.13; 1972.3.26; 1974.5.20.

66 신명기 6장 5절은 '쉐마 기도'의 한 부분으로 유다인들이 아침 저녁으로 바치는 중요한 기도이다.

וְאָהַבְתָּ֕ אֵ֥ת יְהוָ֖ה

אֱלֹהֶ֑יךָ בְּכָל־לְבָבְךָ֥ וּבְכָל־נַפְשְׁךָ֖

וּבְכָל־מְאֹדֶֽךָ׃ (Deut. 6,5)

    방유룡 신부는 1960년 6월 19일 강론에서 온전한 마음과 정신과 힘을 기울여 사랑해야 될 대상은 하느님이시라는 것을 명백히 말하고 있다.[67] 신명기에서 이와 병행되는 텍스트는 6장 4절로 이스라엘이 경외해야 할 신앙의 대상은 유일하신 하느님임을 밝힌 뒤, 이어 5절에서 이스라엘을 먼저 사랑하신 하느님께서 백성들에게 당신을 어떻게 사랑해야 하는지를 제시하고 있다. 이스라엘 민족이 하느님께 지녀야 할 전인적인 사랑의 자세는 세 가지로 לב(렙, 마음), נפש(네페쉬, 목숨), מאד(메오드, 많음)이다. 이것을 살펴봄으로써 방유룡 신부의 영성의 토대를 이루고 있는 성서적 인간관에 대해 좀 더 깊이 이해하고자 한다.

    방유룡 신부 역시 하느님을 흠숭하기 위해서는 첫 번째로, '온전한[68] 마음'으로 하느님을 사랑해야 함을 여러 곳에서 언급하고 있다. 우리의 모든 정서가 하느님께 향하는 것으로 온전한 애정으로 사랑하는 것이다. 즉 '온전한 마음'은 이심二心을 가지지 않는

---

67 강론 1972.3.26.
68 '온전하다'는 뜻의 희랍어 'τέλειος(텔레이오스)' 역시 '나누어지지 않는 한 마음으로'의 뜻을 가지고 있다.

일편단심으로[69] 내 원욕, 정서가 하느님 외에는 없어야 하는 것이다.[70] '마음'은 방유룡 신부의 인간론을 이해하는 데 있어서 중요한 개념이며 여러 가지 의미로 표현되고 있다. '마음'은 두 마음으로 나누어지기도 하며(영가 6), 사욕으로 들뜨기도 하고(영가 28; 34; 82; 83; 85; 93; 95), 마음속 죄악의 원소인 사욕에 붙들리기도 한다.(영가 26; 28) 그러나 또한 '마음'은 성령을 모시는 곳으로 성령의 왕좌이며(영가 7), 무아無我된 마음은 주의 성심이다. 마음은 깨어 주를 찾으며(영가 36), 사랑만 좋아한다.(영가 46) 주님께서 바라고 원하시는 것이 바로 마음이다.(영가 48; 87) 방유룡 신부는 제일 좋은 마음이 무엇인지 묻고 하느님의 마음이라고 한다.[71] 하느님 마음에 비춰 보고 좋은 마음, 나쁜 마음을 가려낼 수 있다. 그래서 하느님 마음과 같이 있는 만큼 그 사람의 가치를 알아보게 되며 하느님과 친한지를 알 수 있다. 하느님과 한마음은 사랑이다.(영가 69)

이어 방유룡 신부는 '온전한 정신'을 기울여 하느님을 사랑해

---

69 루카 복음에서 성령을 대적하며 예수를 시험하는 자, 유혹하는 자를 'διαβόλος(디아볼로스)'라고 부른다. 'διαβόλος(디아볼로스)'라는 말은 'δια(디아)'와 'βόλος(볼로스)'의 합성어이다. 'δια(디아)'는 숫자 2를 뜻하며 βόλος(볼로스)는 "견해, 의견, 마음" 등을 뜻하는 βουλή(불레)와 "의지, 의도" 등을 뜻하는 βουλήμα(불레마)'의 계열이다. 따라서 'διαβόλος(디아볼로스)'를 글자 그대로 직역하면 '두 마음'이라는 뜻이 된다.(김영인, 『헬라어 수업』, 리빙북스, 2018, 222~223쪽).

70 강론 1960.6.19; 1962.4.13; 1968.8.24.

71 강론 1969.11.23.

야 한다고 강조한다. '정신' 역시 방유룡 신부의 인간론에서 주요한 개념으로 수도정신, 점성정신, 순교정신, 협조정신, 희생정신, 통회의 정신 등에서 보이는 것처럼, 다른 단어와 함께 결합하여 합성어로 사용되고 있는데 그 의미는 명확하다. 음식이 소화되어 몸으로 가듯 지식은 정신이 되어야 한다.(영가 17; 강론 1968.8.19) 지식이 정신이 되기 위해서는 실천해야 하며, 정신이 되고 나면 저절로 성령의 동작이 나오게 된다.(강론 1961.6.20; 1962.6.14; 1962.9.18; 1964.6.20) 방유룡 신부는 '온전한 정신'으로 사랑해야 한다는 것의 의미를 생각과 사상이 하느님께 향해야 하며 모든 주의主義, 사상思想을 하느님을 위해서 사용해야 한다고 설명한다. '온전한 정신'이란 주의, 사상, 지식이 익으면 정신이 되는데 우리 정신은 하느님 가르치신 정신뿐이라야 한다.[72]

신명기는 하느님을 사랑함에 있어서 가장 먼저 "לב(마음)을 다하여"라고 가르친다. 성경에서 '마음'은 인간 내부의 총체 혹은 본질에 대한 가장 풍부한 용어로, 인간은 그 마음의 여하로서 그 인간의 어떠함이 결정된다. 하느님을 섬기게 하기도 하고(1사무 12,20), 하느님을 두려워하기도 하고(예레 32,40), 하느님을 의지하게도, 충성하게도 한다. 그만큼 마음이란 인간의 모든 기관 중에서 가장 중요한 위치에 있다. 그러므로 마음을 어디에 두느냐에 따라서 인간의 도덕적, 신앙적 상태가 결정된다. 그렇기 때문에 "마

---

72 1960.6.19; 1962.4.13; 1968.8.24. 등이 있다.

음을 다하여 주 너희 하느님을 사랑하라"고 하고 있다. 예수님께서도 그 마음의 범죄를 현실적 범죄와 같이 보았고(마태 5,21-28), 그 마음의 깨끗함은 그 인간 자체의 깨끗함을 의미하는 것으로 말씀하셨다.(마태 5,8; 루카 6,45) 그러므로 마음은 하느님께서 눈여겨보시는 곳으로 하느님에 대한 사랑이 마음에서부터 시작하여 모든 지식과 지혜를 다하여 하느님을 사랑해야 한다.[73]

방유룡 신부는 '마음'과 '정신'에 이어 '온전한 영신靈神'으로 하느님을 사랑해야 한다고 피력한다. 영혼에 속하는 지성知性과 의지를 다해 하느님을 사랑하는 것이다. 즉, 양심과 자유를 잘 지키어 양심불을 밝혀야 한다. '온전한 영신'으로 하느님을 사랑해야 한다는 것은 우리의 의지를 온전히 하느님께 향하는 것으로 자신이 지닌 재주와 기술을 전부 하느님을 위해 써야 한다고 설명한다.[74] 이성理性의 다섯 가지 기능, 즉 양심, 관념, 추리, 판단력, 기억력을 하느님을 위해 사용해야 함을 말하는 것이다.

신명기는 'לב(마음)'에 이어 "נפש(목숨, 생명, 영혼)을 다하여" 하느님을 사랑하라고 가르친다. 목숨으로 번역된 'נפש(네페쉬)'는 전통적인 독일어권 성경에서는 대체로 '영혼'으로 번역되었다. 'נפש(네페쉬)'는 갈망하는 인간을 대표하며 영혼, 생명, 사람, 목구멍, 목, 욕구 등을 표현하는 용어이다. 목숨으로 번역된 'נפש(네페

---

73 김희보, 『구약신학논고』, 예수교문서선교회, 1975, 60쪽.
74 강론 1962.4.13.

쉬)'는 생명의 본질, 호흡하는 행동, 숨을 쉬는 것을 가리키는 것으로 인간이 생존하는 데 가장 근본적인 요인을 말하고 있다.[75] 즉 우리의 생명을 다하는 그 순간까지 하느님을 사랑해야 함을 말하는 것이다.

마지막으로, 방유룡 신부는 '온 힘'을 기울여 하느님을 사랑하라고 강조한다. '온 힘'을 기울이는 것을 지성至誠이라고 하는데, 방유룡 신부는 목숨을 걸고 전력을 기울여야 한다고 말한다. '마음'과 '정신'과 '영신'이라는 구분은 하나의 표현이며, 하느님께 대한 인간의 전적인 헌신과 정성과 사랑을 기울이는 것을 의미하는 것이다.(마태 22,37; 루카 10,27; 로마 12,1)

신명기는 'מאד(네페쉬)'에 이어서 "נפש(힘)을 다하여" 하느님을 사랑하라고 명령한다. 우리가 할 수 있는 한 최선을 다해야 함을 의미한다. 그러므로 "마음과 목숨과 힘을 다하여"라는 해석은 하느님을 섬김에 있어 생활 전체, 마음, 의지, 영혼 등 전 인격과 전 존재를 다해 사랑하는 행위를 설명한 것이다.[76]

드라이버Driver는 '사랑'의 개념이 신명기에서 인간 행위의 근본적인 동기로써 특별히 강조되고 있다고 보았다. 신명기에서 "하느님을 사랑하라"는 의미는, 하느님을 섬기는 행위와의 관계 안에서 "하느님께 충실하라"는 의미로 이해될 수 있는 것이다. 즉 신명기

---

75 한스 발터 볼프, 위의 책, 28~29쪽.
76 R. 레어드 해리스 외 40명, 『구약원어 신학사전』(上), 요단출판사, 1986, 603쪽.

에 나타난 하느님에 대한 사랑은 "창조주 하느님에 대한 경외"와 연결되어야 한다.(신명 10,12; 13,14)[77]

방유룡 신부 역시 창조주 하느님을 흠숭하는 인간의 행위는 온전한 마음, 정신, 영신으로 하느님을 사랑하는 것이라고 보고 있다. 이렇게 온전한 마음, 정신, 영신으로 하느님을 공경하게 되면, 하느님이 우리만 전적으로 생각하고 사랑하는 분이시라는 것을 깨닫게 된다.[78] 하느님께 대한 사랑의 명령의 바탕에는 먼저 우리를 사랑하신 하느님의 사랑이 있기에 가능한 것이다. 하느님의 사랑은 모든 피조물에게 미치지만 믿는 자들을 사랑하는 하느님의 그 사랑은 특별한 사랑이다. 이 사랑으로 말미암아 우리는 하느님께 협조하며 온전한 마음으로 사랑할 수 있는 것이다.

방유룡 신부는 1963년 8월 17일 다음과 같이 강론하였다.

> 흠숭은 온전한 마음, 정신, 영신, 힘을 기울여 하느님을 사랑해 드리는 것이다. 여기서 내 모든 원욕, 정서가 하느님 밖에 있는 것은 없애야 한다. 내가 정말 성인聖人 수녀가 되어서 온전한 마음으로 하느님을 사랑해 드릴 것. 나는 괴롭더라도 온전한 마음으로 하느님을 위해 드리자. 이렇게 하면 시시각각으로 달라질 것이다. 주위 사람이 알아보고 자신도 느낄 것이다. 이것이 수도생활을 하면서 보는 맛이다.

---

77 도은아, 「신명기서에 나타난 쉐마에 대한 고찰」, 서울신학대학교 신학대학원 석사학위논문, 1995, 48~49쪽.
78 강론 1970.2.15.

07 ____ 마치며

 이상의 고찰을 통해 방유룡 신부가 완덕오계에서 첫 번째로 제시한 '분심잡념을 물리치는 것'에 관하여 그리스도교적 인간관에 정초하여 성서신학적 접근을 시도해 보았다. 먼저 하느님의 뜻과 대립하는 '나쁜 마음'과 '나쁜 생각'의 성서적 용례를 통해 하느님과의 관계에서 지니는 인간의 '마음'의 역동적 움직임과 중요성에 대해 서술하였다. 그리고 이것을 토대로 완덕오계의 제일계 안에 내포된 인간에 대한 이해와 인간이 궁극적으로 어떠한 존재로 불리움을 받았는지에 대해 살펴보았다. '분심잡념'은 유혹받은 실존으로서의 인간의 현실을 대변하고 있으며, '물리친다'는 것은 하느님께 협조하는 활동으로 침묵과 온전한 마음으로 하느님을 사랑하는 것임을 신명기 6장 5절의 텍스트를 통해 고찰하였다.
 방유룡 신부는 성화聖化의 여정을 서두르며 건너뛰지 않는다. 성화의 길의 처음-분심잡념을 물리치고-과 끝-자유를 천주께 바치고 그 성의를 따를지니라-을 놓치지 않고 꿰뚫으며 완덕의 여정을 '성의노력'으로 걸어갈 것을 가르쳐 주고 있다. 인간은 누구나 자신 안에 '씨앗'을 지니고 있으며, 그 '씨앗'은 차츰차츰 길러져 싹이 나고 꽃이 피고 열매를 맺게 된다. 마지막 결실이 열매이다. 마지막 결실에 다다르기까지 자연의 작은 식물들도 죽음의 과정을 거치게 된다. 씨앗의 죽음으로 눈이 태어나며, 떡잎의 희생으로 다른 싹들이 땅을 뚫고 나오고, 만개한 꽃은 떨어짐으로 열매에게 자리를 내어준다. 이러한 자연의 본성이 인간 마음 안에도 질서 지워져 있으므로 인간 역시 자신 안의 거룩한 '씨앗'이 열매를 맺기까지 죽음의 시간을 넘어가야 한다. 이 시간 속에서 우리가 지녀야 할 모습은 침묵이며, 침묵의 원동력은 사랑이다. 온전한 마음으로 하느님을 사랑하는 것이다.

방유룡 신부는 매일 새벽 "여러분 정말 행복하게 살고 싶어요? 첫째, 죄짓지 말아요. 둘째, 사욕 부리지 말아요. 셋째, 양심불 밝혀요. 넷째, 자유를 하느님께 바치고 하느님 원하시는 것만 하느님 뜻대로 사세요."라고 행복한 삶의 원칙을 귀가 아프도록 세세히 가르쳐 주었다고 한다. 그 길이 바로 완덕오계이다. 매일 첫 새벽, 완덕오계를 함께 합송하며 하루 동안 걸어야 할 길을 마음에 새긴다. 그리고 매일 저녁, 완덕오계를 통해 하루 동안의 마음의 발자국을 되돌아보며 기울어지고 어긋난 것들의 중심을 다시금 하느님께로 모으는 시간을 갖는다. 우리의 일상 안에서 하느님을 온전한 마음으로 사랑하기 위해 하루의 시작과 끝자락의 문을 완덕오계로 열고 닫는 것이다. 분심잡념을 물리치는 것으로 시작한 완덕에로의 걸음이 자유를 천주께 바치고 그 성의를 따르는 곳에 도달하기까지 수행자로서의 초심을 잃지 않고 걸어가기를 희망하며 본 소고를 마치고자 한다.

행복하여라, 하느님께 협조하는 사람들, 그들은 거룩해질 것이다.

완덕오계 제1계
분심잡념을 물리치고

류지인(한국순교복자성직수도회 수사)

01_ 시작하며

02_ 분심잡념에 대한 개념

03_ 분심잡념을 만나는 태도

04_ 최초의 분심잡념

05_ 마치며

01 ____ 시작하며

완전한 덕에 이르기 위한 다섯 가지 계명이라는 뜻의 '완덕오계完德五誡'는 복자회 창설자 방유룡 안드레아 신부가 침묵에 이르는 길로 제시한 구체적인 가르침이다. 여기서 계명이라는 글자가 사용되고 있으나, 완덕오계의 실제 내용은 완덕을 이루기 위한 방법을 설명하고 그 길을 제시한 지침들로 구성되어 있다[1]. 그 중 첫 번째인 일계一誡는 "분심잡념分心雜念을 물리치고"이다. 본 논고에서는 창설자가 어떠한 의미로 '분심잡념'이라는 용어를 사용하였는지 보편적 이해에 비추어 개별적 개념을 알아보고 '물리치는 행위'가 달성하고자 하는 목표와 그 실천적 측면을 조명해 볼 것이다.

---

[1] 아침 성무일도에 이어 바치는 공동체 전례 '수도자의 서약' 부분에서도 "우리들의 갈 곳"은 완덕의 표상인 "면형"으로, "그 길"이 "완덕오계"로 제시되고 있다.

02 ____ 분심잡념에 대한 개념

1) 보편적 이해

분심分心이라는 단어는 '마음이 나뉜다'는 뜻에 기반한다. 마음이 산란하여 주의注意가 분산되거나, 여러 가지 이유에 의해 마음이 모아지지 않고 흩어진 상태를 나타낸다. '분심'은 가톨릭교회 교리서[2]에서 'mentis evagatio' 또는 'evagatio animi'라고 표현되는데, 여기서 evagatio는 안착하지 못하는 방황과 떠돌아다님을 뜻하는 명사이다. mentis는 mens의 2격(소유격) animi는 animus의 2격(소유격)이다. mens는 ①정신, 이성 ②생각, 마음, 기억 ③의도, 의향 animus는 ①정신 ②마음 ③영혼 등의 사전적 의미를 가진다. 이를 바탕으로 해석해 보면 분심으로 번역되어 있는 'mentis evagatio'나 'evagatio animi'는 정신이나 마음과 생각들이 안정을 찾지 못하고 떠돌아다니는 상태를 가리키고 있다. 마음이 '뜨다'[3]는 우리말 표현과 비슷하다.

---

[2] '분심'에 관해서는 『가톨릭교회 교리서』 2729항 「우리가 기도할 때 가장 흔한 어려움은 분심이다.…」와 2754항 「기도하는 데에 가장 흔한 어려움은 분심과 마음의 메마름이다. …」에서 소개하고 있다.
[3] 국립국어원 『표준국어대사전』에서 동사 '뜨다'를 "차분하지 못하고 어수선하게 들떠 가라앉지 않게 되다."는 의미로 풀이하고 있다.

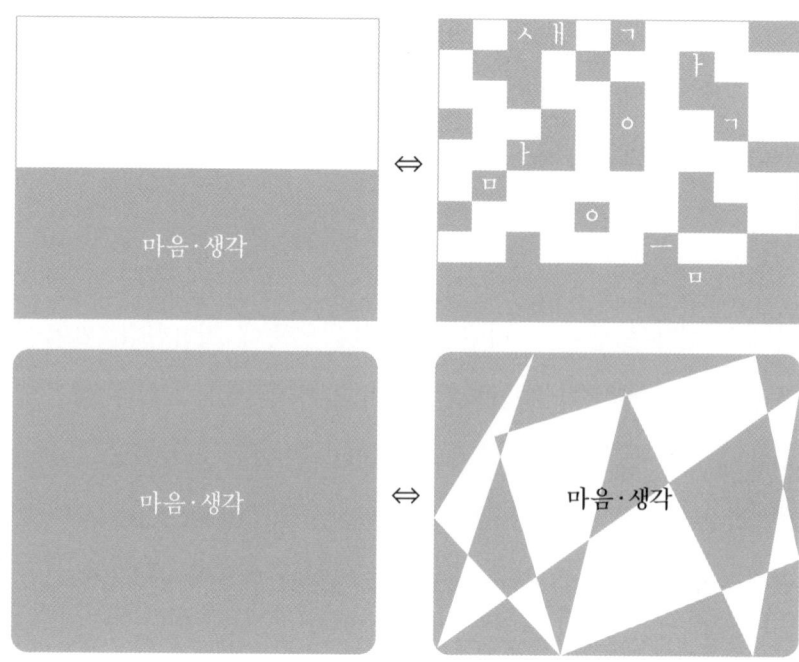

　잡념이라는 단어는 분심이라는 용어처럼 『가톨릭교회 교리서』에 등장하지 않고 또 그 어원을 살펴볼 수 있는 의미 있는 교회 자료를 찾아보기도 어렵다. 다만 '섞일 잡雜'과 '생각 념念'의 의미를 가진 음절의 복합에서 유추해 볼 수 있듯이 여러 가지 잡스러운 생각 또는 여러 가지가 뒤섞여 일관성을 잃거나 순수하지 못한 구석이 있는 생각들을 말하고 있다.

　'분심'과 '잡념'은 비슷하지만 분명히 다른 용어이다. 이 차이점에 집중해 보면 전자는 하나를 이루는 내부 구성이 여러 파편들로 나뉘어 자리를 잡지 못하는 상태의 마음으로 단수형에 가깝게 여겨지는 경향성이 있는 반면에, 후자는 복수형의 개념이 짙게 내

포되어 있다. 또 '분심'은 상대적으로 나뉘는 원인과 과정에 관심을 집중시키고 있지만, '잡념'은 결과나 결론에 이른 상태 표현을 드러내는 듯 느껴진다. 마음이 나누어지는 것을 분심이라고 한다면 나뉜 마음은 잡념의 범주에 속하게 되는 것이다. 한편 서로 다른 이 두 단어는 명확하게 표현할 수 없는 상태를 개념화하고 있다는 면에서 공통분모도 존재한다. 분심이 무엇인지, 잡념은 어떠한 생각을 말하는지를 정확하게 묘사해 내기란 매우 복잡하고 곤란한 작업이지만 일상에서는 어렵지 않게 이들을 개념화하여 '분심'과 '잡념'으로 표현하고 있다. 연역적 설명은 어렵지만 귀납적 표현이 가능한 것을 보면, 분심과 잡념은 이미 대중적이고 구체적인 사례로 널리 경험되고 있는 체험적 영역에 속해 있음을 알 수 있겠다.

'분심'과 '잡념'이라는 각각의 단어로부터 '분심잡념'이란 마음이 나뉘어 방향성을 가늠할 수 없는 통일되지 않은 잡다한 생각이 일관성 없이 떠돌아다니는, 특정할 수 없는 불안정한 영혼 사정 정도로 요약해 본다.

2) 개별적 이해

"강론은 설교의 여러 형식 중에서 탁월한 것으로 전례의 한 부분이며, 사제나 부제에게 유보(교회법 제767조 1항)"되어 신앙의 신비와 그리스도인의 생활 규범을 연결하여 해설하는 역할을 한다. 『영혼의 빛』 강론 편에는 창설자 방유룡 신부가 전달하고자 하는 가르침이 호소력 짙은 문체로 녹아 있다. 용어를 해설하면서 나아갈 길을 제시하는데, 비유를 들어 이해를 돕기도 하며 명료한 도식으로 단호하게 가르침을 전하기도 한다. 방유룡 신부의 가르침과 의도를 파악하기 위한 더없이 귀중한 직접적인 자료이다.[4] 방유룡 신부가 강론 편에 사용한 용어 중 '분심'과 '잡념'을 집중적으로 살펴보면서 보편적 개념에서 진일보한 '분심잡념'에 대한 그의 고유한 이해를 엿보고자 한다.

창설자 방유룡 신부의 『영혼의 빛』 강론 편에서는 '분심'이라는 단어는 모두 57회, '잡념'이라는 단어는 47회 등장하는데, 이 두 단어를 묶은 '분심잡념'이라는 용어는 47번 인용되었다. '분심'이 단독으로 등장한 경우를 살펴볼 수는 있지만, 그 횟수가 10회(17.5%)에 불과하고 '잡념'이 단독으로 쓰인 경우는 전무(0%)하다.

'분심'을 '분심잡념'과 구분하여 단독으로 사용한 경우를 분류해 보면 어떠한 목표에 도달하기 위해 극복해야 하는 대상[5]으로 설명한 빈도가 가장 높고, '분심'이라는 결과에 도달하지 않기 위한 방

---

[4] 본문에서는 현재 출판물로 전해지고 있는 『영혼의 빛』 강론 편을 '편집을 거치지 않은 원자료'로 전제하여 논리를 전개한다. 다만 『영혼의 빛』 강론 편에 대한 원저성, 즉 방유룡 신부의 강론 원고를 그대로 옮긴 부분 혹은 제3자가 강론을 듣고 받아 적은 내용을 기록한 부분에 대해서는 추가로 연구해 볼 가치가 있다.

[5] "사욕을 누르면 물이 될 것이요, 분심을 물리치면 물이 될 것이요, 무시 천대를 좋아하면 물이 된다(1959.2.4); 자연성(自然性)의 아름다움에 초자연(超自然)의 아름다움을 더하기 위하여 분심을 물리치고(1959.2.5); 이렇게 우리가 죄도 짓지 않고 사욕도 부리지 않고 분심도 하지 않는다면 바로 이 생활이 대월생활이니(1959.12.12); 관상생활을 맛들이려면 죄, 사욕, 분심, 본성을 완전히 벗어나야 한다."(1960.1.10)

법적 설명을 위해서[6] 또는 '분심'이 이는 배경[7]을 제시하기 위하여 사용되었으며, 상태를 표현하기 위한 수단[8]으로도 '분심'이 등장한다. 이와 같은 활용 분류를 두고 '분심'이라는 표현이 '분심잡념'이 인용되는 부분과 구별되는 특이점이 있다고 판단하기란 어려워 보인다. '분심잡념'을 인용하고 있는 강론 편에서도 내용면으로는 대동소이한 쓰임새가 발견되기 때문이다.

특히 '분심'을 단독으로 사용한 1959년 2월 5일 강론 편[9]에서는 같은 내용을 도식화하여 강조하고 있는데, 전자에서 '분심'으로 언급한 내용을 뒤따르는 부분에서는 부수적인 설명 없이 '분심잡념'으로 바꾸어 사용하고 있음을 알 수 있다. 성경을 인용하여 설명한 1959년 3월 9일 강론 편에서도 분심잡념과 분심을 동일한 선상에서 제시한 문장이 보인다. "수도생활에 있어 그 기초가 ㉠분심잡념 물리치고 ㉡사욕 누르는 데 있는 것을 예수님은 친히 말

---

[6] "상기 말씀(마태 19,21; 루카 14,26-27)은 분심을 없애기 위하여 그 원인이 되는 혈육과 재물을 다 버리고 죄벌(罪罰)의 근원이 되는 사욕을 십자가를 짐으로써 누르고 따라오라고 하신 것이다."(1959.3.9)

[7] "내가 할 것인지 하느님께서 할 것인지 모르고 혼돈하면 분심, 원망, 불평만 생길 것이다."(1959.3.12)

[8] "면형은 무아를 말하는 것인데 무아는 사욕과 분심하는데 송장과 같으니 이 신비로운 죽음을 말하는 것이고, 이 신비로운 죽음이 '죽음의 죽음'인 것이다(1960.4.10); 만일 환경에 따라 명상을 한다면 산중의 승(僧)들은 모두 성인이 되었겠다. 그러나 그들은 많은 분심 중에 살고 있다."(1960.9.20)

[9] "분심을 물리치고, 사욕(私慾)을 눌러 죄 없이 살려고 애쓰며, 통회(痛悔), 정개(定改), 보속(補贖)을 함으로써 하루에도 몇 번씩 초성(超性)한 어린이로 다시 나는 것이다. ① 분심잡념 물리치고 ② 사욕 누르고 ③ 통회, 정개, 보속함으로 무한(無限)한 빛을 발하는 하느님께서 제일 귀여워하시는, 당신 최후 사업인 성화(聖化)된 어린이가 된다."

쓺하셨다."라는 문장과 이에 대한 부연 부분 "상기 말씀은 ㉮분심을 없애기 위하여 그 원인이 되는 혈육과 재물을 다 버리고 죄벌罪罰의 근원이 되는 ㉯사욕을 십자가를 짐으로써 누르고 따라오라고 하신 것이다."라는 구절을 살펴보면 ㉠과 ㉮, ㉡과 ㉯가 대구를 이루는 부분에서 분심잡념이 분심과 동일한 개념으로 언급되고 있음을 알 수 있다.

완덕오계 중 첫 번째 계명의 목적은 명시된 바와 같이 분심잡념을 물리치는 것에 있다. 엄밀하게는 분류를 시도해 볼 수 있겠지만, 분심과 잡념 사이에 구분점을 찍는 과정에 노력을 할애하기보다는 분심과 잡념을 분심잡념으로 통칭하여 다루는 편이 완덕오계의 목적지를 향한 여정에서 수고로움을 아껴 둘 수 있을 것으로 보인다. 방유룡 신부는 완덕오계의 실천을 소위 기도 행위 안에서 한정짓지 않았다. 일상의 모든 행위 안에서 실천할 것을 가르치고, 그 대상도 수도자에 국한시키지 않았다.[10] 이제 분심잡념을 물리치는 행위를 어떻게 실천해야 하는지에 대한 물음이 뒤따른다. 이 물음에 대한 답변은 "하느님의 마음에 들어 하느님과 일치, 극치에 도달하는 길"[11] 위에 있는 모든 이들이 애써 찾아나서야 하는 자세이다.

---

10 "사욕(邪慾)이 있는 사람은 사욕에서 분심잡념이 나오며, 풀은 뿌리째 뽑아야 되는 것처럼 사욕을 뿌리째 뽑고 하느님 사랑하는 마음으로 가득 채우고 나쁜 생각하지 말아야겠습니다."(『영혼의 빛』 6, 「일반 신자들을 위한 강론, '침묵이란 무엇인가?」 중에서)
11 『영혼의 빛』 6, 「일반 신자들을 위한 강론 '하느님의 말씀으로 산다」 중에서.

03 ____ 분심잡념을 만나는 태도

1) 물리친다는 의미

완덕오계 첫 번째 계명에 드러난 분심과 잡념에 대한 시각에는 '부정 인식'이 자리하고 있다. 분심과 잡념을 물리쳐야 할 대상으로 규정하고 있기 때문이다. 물리치다는 [물ㄹ(무르)-이-치_다]의 형태분석을 갖는데, 여기에 사용된 동사는 '무르다'와 '치다'이다. 이전 상태로의 회복을 의미하는 뜻과 힘을 가하여 두드린다는 움직임의 결합이 '쳐서 물러가게 하다'는 합성어로 나타난 것이다. 조금 더 풀이하자면, 이전과 비교하여 덧붙여진 그 무엇 때문에 현재 상태는 바람직하지 않게 되었고, 그것이 부과되기 전 상황으로 회복하기 위해 더해진 대상을 힘껏 두드려 그 영향으로부터 벗어남을 암시하는 목표 지향적 동사이다. 어떠한 대상이든지 분심과 잡념으로 정의되는 순간부터는 가까이 다가서는 것은 물론, 가만히 내버려두어서도 안 된다는 가르침이 '물리친다'는 표현 안에 담겨 있다. 수동적인 방어만으로는 부족하고 적극적인 행동에 나서야 한다는 의미이다.

그렇다면 무엇을 분심과 잡념으로 판단해야 하고 또 어떠한 적극적인 자세로 대응해야 할지에 대한 구체적인 물음이 뒤따른다. 완덕오계의 첫 번째 계명이 목표로 하는 것이 분심잡념과의 공존

가능성을 원천적으로 차단하는 것이라면 분심에 대한 식별 기준을 익히고 물리치는 일은 그 무엇보다도 시급한 과정일 수밖에 없기 때문이다. '분심잡념을 어떻게 물리쳐야 하는가?'에 대한 고민은 기도하는 이들을 종종 혼란에 빠뜨리고 자주 막막함에 가두어 버린다. 이 난관을 해결하기 위하여 가져야 할 가장 중요한 자세는 역설적이게도 분심잡념 자체를 막을 수 없다는 사실을 겸허하게 인정하는 것이다. 분심잡념이란 삶의 한가운데에 발견되는 현실적 실체이며, 언제나 실체가 드러난 후에야 뒤늦게 인식이 뒤따르게 되는 문제이기 때문이다. 어떠한 관념을 분심잡념으로 지칭하고 대응하는 시점은 예외 없이 사후약방문死後藥方文에 속한다. 따라서 완덕오계의 첫 번째 계명의 '물리침'은 분심잡념이 생겨나지 않도록 원천 차단하는 방지책에 있지 않고, 그것으로부터의 자유로움에 있다.

앞에서 설명한 바와 같이 분심잡념이란 본래 갈림 없는 하나의 마음에서 출발한다. 마음이 어떠한 사건을 만나 나누어진 채 허공에 떠다니면서 본류에서 벗어나면 분심잡념이 되는데, 이렇게 나누어진 분심잡념은 처음과는 전혀 다른 차원의 성격을 가진 실체가 된다. 그럼에도 그 기원을 성찰해 보면 다른 곳에서 유입되었다고 보기는 곤란하다. 바로 여기에서 분심잡념을 대하는 두 번째 태도를 생각해 볼 수 있다. 분심잡념의 실체에 대하여 명확하게 인지하려고 할 때에 그 자체를 풀어야 할 문제로 접근해서는 안 된다는 점이다. 만약 분심잡념을 직접적 성찰 대상으로 삼아

분석하려든다면, 그 결과는 또 다른 분심의 분화를 일으키거나 기존 범위의 확장으로만 끝나게 된다. 오히려 분심 이전의 마음을 찾아 성찰함으로써 분심잡념의 실체를 명확히 드러내 볼 수 있다. '악'의 실체를 밝히는 아우구스티노 성인의 설명이 그 좋은 예가 된다. 그는 '악'에 관하여 설명할 때에 그 실체를 직접적으로 설명하기보다는 정반대편 개념인 '선'에 대한 이해를 먼저 도모한 다음 '선의 결여'로 악의 실체를 표현하고자 했다. 가령 벽에 뚫려 있는 구멍을 설명할 때에 벽체에 대한 성격을 철저하게 규명하여 그에 대한 이해를 바탕으로, 있어야 할 벽면이 비어 있음으로써 생기는 공간적 실체를 '구멍'으로 드러내는 방법인 것이다. 지금 혼란을 야기하고 있는 분심잡념을 막아설 수도 없고, 직접 대응하여 제거할 수도 없다면 우리가 할 수 있는 범위는 하느님의 자리를 마련해 드리는 것뿐이다. 이러한 노력은 경계가 모호한 분심잡념을 명확하게 드러내게 되어 협조해야 할 대상과 동의하지 않아야 할 상대를 구분 짓게 되고 결과적으로는 분심잡념을 물리치는 효과를 거둔다.

2) 협조정신과 하느님의 자리

분심잡념으로 촉발된 혼란스러움은 그것을 어떻게 대할지 방향을 정하고 실천에 옮기기까지 계속 이어진다. 여기에 새롭게 다른 상념이 더해지거나, 더 많은 갈래로 분화된 사고의 전개 양상에 혼란스러움은 가중되기 쉽다. 자아의 상태에 영향을 미치고 있음이 드러나 있지만 정작 '무질서'라는 현상적 언어 외에는 그 실체를 설명할 수도 없을 뿐만 아니라, 분석하여 대응하면 더욱 복잡해지고 짙어져 버리고 마는 영혼의 무질서 상태가 분심잡념이라고 할 수 있다. 그럼에도 분심잡념이 무소불위의 권력자는 아니다. 그 활동 영역에는 분명한 한계가 있는데 그 한계점에 집중해 보면 분심과 잡념을 대할 때 가져야 할 방향성, 즉 지향을 마련해 볼 수 있다.

분심잡념이란 나만의 거처에 들어와 일정한 공간을 차지해 버린 어떠한 손님에 비유해 볼 수 있다. 나 홀로 단독으로 머물던 처소에 한 손님이 느닷없이 찾아와 통제되지 않는 행동을 하면 몹시 당황스럽고 불쾌할 것이다. 해야 할 일은 고사하고 그에게 모든 관심이 쏠릴 수밖에 없을 것이다. 방문 목적을 알아보고 다스릴 요량으로 말을 걸었더니 알 듯 말 듯 한 아리송한 답변과 함께 또 다른 몇몇을 더 데리고 들어와 버린다. 상황은 전보다 더 복잡해진 듯하다. 쫓을 수도 없고 통제도 할 수 없는 분심잡념을 객에 빗대어 설명해 본 것이다. 그런데 분심과 잡념이 못내 불편한 이유는 그것이 평화롭고 잔잔해야 할 나의 영역을 침범했기 때문이다. 단서는 '나의 영역'에 있다. 분심잡념의 한계는 그 영역을 넘어서 활동할 수가 없다. 내가 나의 공간으로 사용할 영역을 확장하면 넓어지는 만큼 그 활동 공간이 될 것이고, 내 영역을 줄이면 분심잡념의 운신의 폭도 좁아진다.

'분심'을 바라보는 방유룡 신부의 시선을 엿볼 수 있는 경우는

1959년 3월 12일 강론 편에서 발견되는데, 하느님께 주도권을 내어 드리면서 "하느님을 위하여 나쁜 생각, 나쁜 마음을 물리치며" 실천하는 협조정신이 분심을 막아설 수 있는 방법으로 제시되고 있다. 여기서 표현된 나쁜 생각과 마음이 어떤 것인지 성격을 규명하는 것은 다른 차원의 작업이 되겠으나, 분심을 불러일으키는 원인의 한 가지로 지목되고 있는 것은 분명해 보인다. 1960년 1월 10일 강론[12]에서도 나쁜 생각 나쁜 마음에 동의하지 않는 과정을 분심의 영향에서 벗어나는 방법으로 일컫고 있다. 내가 할 것과 하느님께서 하실 것[13]을 구분하는 가운데 자신의 고유한 영역으로 여겼던 공간마저도 시나브로 하느님께서 머무시는 하느님의 자리로 채우게 되는 것이다.

---

12 "성인이 되면 나쁜 생각, 나쁜 마음이 안 나는 줄 아는데 그렇지 않으며, 동의를 안 하는 것이라 하겠다. 이렇게 죄 없이 사욕, 분심, 본성을 떠나서 하느님만 사랑하고 생각하고 위하겠다고 생각했으면 예수님의 길을 따라야 하겠다."

13 "이것의 구별을 잘 해야 한다. 하느님께서 하실 것을 내가 하는 것같이 내가 해야 될 것을 하느님께서 해야 될 것같이 생각하면, 바뀌는 것이고 또 바로 아는 것이 아니므로 불만으로 돌아가 수도생활과는 멀어지는 것이다. 그럼 이 구별, 내가 할 것은 무엇인가? 전에도 말한 바와 같이 협조(協助), 이것만이 우리가 할 일이다. 내 지금 환경에서 이 장소에서 내가 할 수 있는 범위 내에서, 내 능력대로 어떠한 일이든지 어떠한 모양으로든지 하느님을 위하여 나쁜 생각, 나쁜 마음을 물리치며 지내는 것이 곧 협조이다."(1959. 3. 12. 강론 편)

04 ____ 최초의 분심잡념

분심잡념에 관한 내용이 완덕오계 중 첫 번째에 위치하는 이유는 가장 기초적인 바탕이라는 뜻 이외에도 분심과 잡념에 적절히 맞서지 못할 경우 영혼의 무질서를 넘어 하느님과의 관계 단절을 초래할 위험성이 내재되어 있다는 측면에서 중요성을 가지기 때문이다. 분심잡념은 영혼의 빛을 가로막아 하느님 현존을 발견하지 못하도록 만드는 청명한 하늘의 먹구름과 같다. '죄는 어떤 것에 대한 비뚤어진 애착 때문에 우리에 대한 하느님의 사랑을 거슬러 맞서며, 우리 마음을 하느님에게서 다른 곳으로 돌리게 만드는데'(『가톨릭교회 교리서』 1849~1850항 참조) 대죄의 결과가 '하느님과 이루는 친교를 박탈'(『가톨릭교회 교리서』 1472항)당하는 것임을 생각하면 분심잡념이 사람의 영혼에 끼치는 영향은 죄의 그것과 본질적으로 방향이 다르지 않다. 이러한 면에서 인류가 최초로 죄를 범하는 과정을 살펴보고 분심잡념이 어떠한 모습으로 영향을 끼쳤을지 방유룡 신부가 제시한 분심잡념의 원인과 내용, 결과와 실천 방향을 창조설화에 비추어 서술해 볼 것이다. 창조주의 사랑이 훼손되는 과정을 되짚어 봄으로써 "성경 말씀으로 힘을 얻는 교회"[14]가 "성경 안에서 사랑으로 당신 자녀들과 만나시고 그들과 함께 말씀을 나누시는"[15] 하느님 아버지의 사랑을 분심과 잡념으로부터 어떻게 지켜 나가야 하는지에 대한 단서도 함께 제시해 볼 것이다.

1) 분심잡념의 원인

방유룡 신부는 분심잡념의 원인을 다섯 가지로 제시하고 있다. ① 세속 인·사·물人事物에 집착함, ② 지향志向을 바로 갖지 아니함, ③ 마음대로 많이 보고 듣고 말함, ④ 방만한 상상과 추측, ⑤ 오관五官을 단속하지 아니함이다. 이상의 다섯 가지는 상호 중첩되는 내용이 있는데, 완전한 덕에 이르기 위하여 마땅히 품어야 할 지향에서 벗어나 감각적이고 감상적 욕구에 사로잡힌 상황을 분심잡념의 원인으로 설명하고 있는 것이다.

태초에 밤과 낮에 순서를 정하시고 하늘과 땅을 갈라 생명으로 가득 채우신 하느님의 창조질서는 부족함이 없이 완전한 모습이었고, 이는 첫 인간인 아담의 다스림 아래 '하느님께서 보시기에도 모든 것이 참 좋았다.'(창세 1,31 참조) 피조물의 으뜸으로서 유일하게 하느님을 닮은 모상으로 만들어진 인간은 창조주로부터 부여받은 고유한 권한으로 질서 유지에 참여하고 있었다.[16] 나아가

---

14 계시 헌장, 24항 참조.(「그리스도-성서의 '유일한 말씀'」, 『가톨릭교회 교리서』, 한국천주교중앙협의회, 2003, 104항에서 인용)

15 계시 헌장, 21항.

16 "주 하느님께서는 사람을 데려다 에덴동산에 두시어, 그곳을 일구고 돌보게 하셨다."(창세 2,15)

질서를 구성하는 피조물들에 필요한 이름을 찾아 불러 줌으로써 존재의 의미를 부여하는 등 적극적으로 창조주의 뜻에 협력하고 있었다.[17] 그런데 창조질서의 충실한 협조자에게 분리될 수 없는 한 몸의 동반자인 하와, 완전함을 더욱 완전하게 할 수 있도록 아담에게 더해 주신 하느님의 선물이 분심잡념의 역사를 불러들이고 말았다.

하와의 존재는 아담의 갈빗대로 상징되는 불가분의 관계에서 비롯되었고, 아담은 하느님의 숨으로 생명력을 얻었으므로, 하와의 존재론적 지향점은 하느님의 부족함 없는 창조질서 안에서 찾아야 한다. 그러나 그는 선악과를 먹지 말라는 창조주의 경고 이외에 '만지지도 마라.(창세 3,3)'는 새로운 행위 규범을 창조주 하느님의 말씀으로 덧붙여 전하고 있다. 하와는 에덴동산에 주어져 있는 풍성한 열매들을 뒤로하고 선악과에 집착함(①)으로써 모든 것을 맡겨 주신 창조주의 원의를 축소하고 왜곡했으며(②), 상상력과 추측을 통한 금지 규정을 만들어 이야기하고는(③,④) 선악과의 먹음직스러움에(⑤) 자신을 내어 맡기기에 이르렀다.

---

17 "그래서 주 하느님께서는 흙으로 들의 온갖 짐승과 하늘의 온갖 새를 빚으신 다음, 사람에게 데려가시어 그가 그것들을 무엇이라 부르는지 보셨다. 사람이 생물 하나하나를 부르는 그대로 그 이름이 되었다. 이렇게 사람은 모든 집짐승과 하늘의 새와 모든 들짐승에게 이름을 붙여 주었다."(창세 2,19-20)

2) 분심잡념의 내용

방유룡 신부에 따르면 사람에게 영향을 미치는 감정의 좋고 싫음에 따라서 분심잡념 판단 여부가 결정되는 것이 아니라, 그것이 아무리 좋은 기분을 불러일으키는 열매라고 할지라도 하느님과 관계 단절을 부르는 죄의 재료가 되거나, 뚜렷한 지향을 가지지 못한 데에서 촉발되는 즉흥적인 상념들은 모두 분심잡념의 범주에 속한다.

창세기 3장에서 처음 실체를 드러내는 뱀은 "들짐승 가운데에서 가장 간교하였다."(창세 3,1) '간교하다'는 표현에 사용된 히브리 단어는 'ערום(아룸)'인데, 창세기 2장 25절과 3장 7절의 '알몸'과 같은 어원을 공유하고 있다. 아무것도 없는 것으로부터 어떠한 포장이 가미되었을 때에 간교한 일이 될 수 있다는 의미가 어원으로부터 암시되고 있다. 뱀은 하와를 꾀어낼 요량으로 거짓을 일삼는다.[18] 미래 일을 가정하여 말하는 대목에서는 짐짓 진실을 발설하는 듯 보이지만[19] 이 또한 하와가 창조주의 명령을 거스르는 범죄 가담을

---

[18] "하느님께서 '너희는 동산의 어떤 나무에서든지 열매를 따 먹어서는 안 된다.'고 말씀하셨다는데 정말이냐?"(창세 3,1ㄷ)

[19] "너희는 결코 죽지 않는다. 너희가 그것을 먹는 날, 너희 눈이 열려 하느님처럼 되어서 선과 악을 알게 될 줄을 하느님께서 아시고 그렇게 말씀하신 것이다."(창세 3,4-5) 하와를 꾀어내는 뱀의 설명은 언뜻 보기에 진실처럼 느껴지지만 "그 열매를 따 먹는 날, 너는 반드시 죽을 것이다."(창세 2,17ㄴ)는 창조주의 앞선 선언을 부인하는 내용은 결코 진실이 될 수 없다. 결과론적 시각에서도 선악과를 먹은 즉시 아담과 하와가 죽음에 이르지는 않았지만, 에덴동산에서 추방당함과 동시에 영원한 생명은 박탈된 것이다. 설령 뱀의 예언이 적중했다고 가정하더라도 그것은 생명의 주관자이신 창조주 하느님의 주권 행

대화의 목적으로 삼고 있기 때문에 창조질서를 어지럽히는 일이다.

뱀이 하와와 질문과 답변을 주고받는 형식은 뱀이 하와에게 질문을 던지고 하와의 답변을 들은 뱀이 이를 반박하며 마치 선각자로서 '슬기'를 전달하는 모습을 띠고 있다. 그러나 창조설화에서 사람이 차지하고 있는 위치를 분량[20]과 내용[21] 면에서 비교할 때에 뱀이 인간의 지위를 넘어서고 있다고 가늠해 볼 수 있는 부분은 존재하지 않는다. 이러한 신학적 사상은 창조의 정점이자 완성지점에 인간을 세움으로써 창조설화에 분명히 드러나 있다.[22] 다시 말해 뱀은 창조주께로부터 부여받은 자신의 존재 위치에서 알 수도 없고 할 수도 없는 미래 상황을 가정하여 이야기를 전개하고 있는 셈이다. 뱀이 제시하는 화제를 성찰 없이 따라간 하와가 이른 감정의 골짜기는 '먹음직하고 소담스러우며 슬기를 더해 줄 이 탐스런 열매(창세 3,6 참조)를 먹어야겠다.'는 멈출 수 없는 탐욕

사에 따른 결과로 바라보는 것이 타당하다.

20 다른 피조물의 창조를 다루는 부분과 사람의 창조를 다루는 부분을 정량적으로 판단해 보면 창세기 1장 26절부터 31절까지의 사람 창조에 대한 분량이 확연하게 길고 장황하게 서술되고 있다.

21 "우리와 비슷하게 우리 모습으로 사람을 만들자."(창세 1,26ㄱ)는 부분은 하느님의 모습으로 사람을 창조하신 유일한 사건이며, 창조설화를 채우고 있는 명령형 일변도의 창조 주문이 복수 주어의 능동형 문장으로 등장하는 유일한 문장이다. 아울러 "그가 바다의 물고기와 하늘의 새와 집짐승과 온갖 들짐승과 땅을 기어 다니는 온갖 것을 다스리게 하자."(창세 1,26ㄴ)는 서술은 인간의 지위를 다른 모든 피조물 위에 두고 인간에게 다스리고 보존할 책임을 부여한 창조주의 창조 원의가 담긴 부분이다.

22 볼프강 바이너르트, 심상태 역, 『창조신앙-그리스도 중심의 창조론 입문-』, 바오로딸, 2001, 24쪽.

과 '이 좋은 것을 하느님께서는 왜 금지하셨을까?'라는 창조주를 향한 의심과 원망, 결정적으로 모자람 없는 풍성함을 누리고 있음에도 부족한 한 가지에 사로잡혀 가지지 못했음을 비탄하는 자존감 상실일 것이다. 죄가 되는 생각, 공상과 망상 등 쓸데없는 생각, 시의적절치 못한 생각, 과거 사건을 떠올리거나 미래 일을 가정하면서 덧없이 기뻐하고 슬퍼하거나 걱정하는 특성 등 분심잡념의 내용을 이루는 요소들이 유혹자 뱀에게서 빠짐없이 발견되고 있다.

3) 분심잡념의 결과

분심잡념에 빠지면 그 결과는 어떠한 모습일까? 하느님을 알아 뵈옵지 못하게 된다는 것이 방유룡 신부의 제일 결론이다. 이 내용을 논리학의 전개 과정을 통하여 바라보면 분심잡념의 결과로 제시된 이야기의 외연을 확장시켜 이해의 깊이를 더해 볼 수 있다. '분심잡념에 빠지면 하느님을 알아 뵈올 수 없다.'가 참인 명제라고 한다면 논리적으로 그 대우인 '하느님을 알아 뵈옵는다면 분심잡념에 빠지지 않는다.'도 참인 명제가 된다. 그런데 여기서 다시 역을 취하면 '분심잡념에 빠지지 않는다면 하느님을 알아 뵈올 수 있다.'는 명제가 도출되는데 이를 음미해 볼 때 특별히 주어진 내용을 부정할 근거를 찾기는 어렵다. 만약 이것을 참으로 여긴다면 그 대우인 '하느님을 알아 뵈올 수 없다면 분심잡념에 빠진다.'는 결론도 참으로 여길 수 있다. 창조주의 뜻을 거스른 원조들의 이야기는 '분심에 빠져 하느님을 알아 뵈옵지 못한' 과정과 '하느님을 알아 뵈올 수 없었기에 분심잡념에 빠진' 결과를 함께 보여 주고 있다.

에덴동산은 하느님의 말씀으로부터 비롯된 피조물로 채워졌다. 따라서 하느님의 모상으로 창조된 사람이 피조물을 대하는 태도는 '동이 틀 때는 떠오르는 태양을 보고 지극히 높으신 분의 위업을 선포하고 무지개를 바라보면서는 그것을 만드신 분을 찬미하며'(집회서 43,2.11 참조), '하늘과 거기에 달아 놓으신 달과 별들을 우러러보는 가운데 작품을 손수 만드신 하느님을 떠올리도록'(시편 8,3 참조) 지향을 이루어야 한다. '집을 보면 집을 지은 이가 있음을 알고 그를 떠올리듯이'(히브 3,4 참조) 피조물에서 창조주가 드러나고 피조물이 창조주를 드러내려는 지향이 있을 때에 세상은 창조질서에 부합하는 모습을 이룰 수 있다. 하느님을 알아 뵈옵지 못할 때에 지향이 이끌어 가야 할 삶은 불안이 지배하게 되고, 영향력이 작은 사건에도 쉽사리 고통스러운 감정에 휩싸이기 쉽게 됨으로써 우울감과 실망감의 영향에서 벗어나기 어렵다. "너는 잊었다, 너를 만드신 주님을 하늘을 펼치시고 땅의 기초를 놓으신 분을. 압제자가 너를 멸망시키기로 작정하였다고 너는 날마다 그의 노여움 앞에서 줄곧 겁을 내고 있다."(이사 51,13ㄱㄴ)

아담과 하와가 창조주의 명령을 어기고 열매를 먹은 후 첫 번째로 한 행동은 '무화과나무 잎을 엮어서 두렁이를 만들어'(창세 3,7) 알몸을 가린 것이다. 알몸의 어원 םוריע(아룸)이 창세기 3장 1

절에 사용된 '간교하다'와 같은 뿌리를 공유하고 있으며 꾸미지 않은 것을 무엇으로 덮어씌우는 과정에서 간교함이라는 의미가 유추된다는 사실은 바로 앞 "분심잡념의 내용"에서 서술한 바 있다. 하느님의 유일한 모상이 자신의 모습을 감추어 버리는 첫 번째 행위로써 그들은 '창조의 정점이자 완성 지점에 선 사람의 지위'[23]를 버리고 '가장 간교한 피조물'(창세 3,1 참조)의 대열에 동참하게 된다. '피조물의 웅대함과 아름다움으로 미루어 보아 그것들을 만드신 분을 알아 뵈옵는 지위를 거스르고 그 겉모양에 정신을 빼앗기고 말았던'(지혜 13,5.7 참조) 것이다. 분심잡념에 떨어진 인간은 '하느님의 흔적을 발견할 때마다 화들짝 놀라 그 앞을 피하여 몸을 숨기며 두려움에 떨어야 하는'(창세 3,8-10 참조) 처지가 되었다.

4) 실천 방법

태초에 '없음'으로부터 창조질서가 세워졌고 이를 흐트러뜨리는 질서 교란을 분심잡념으로 본다면 분심은 천지창조 이후에 벌어진 사건으로 시간 순서를 정리해 볼 수 있다. 한편 한처음 질서가 부여되기 전 배경을 '무질서'로 명명하여 본다면[24] '나뉘어 떠다니는 잡다함(분심잡념)'으로부터 질서를 바로잡으신 주체인 창조주 하

---

[23] 볼프강 바이너르트, 심상태 역, 앞의 책, 24쪽.
[24] '무질서'라는 개념은 순서나 차례를 포함하는 '질서'를 부여받은 이후에 인식되는 개념이므로 원천적으로는 질서 세계 이전 공간과 시간에 대한 명명은 불가한 것이나, 철학적 인식의 폭을 확장하기 위하여 이를 추론 가능한 상황으로 가정하여 상정하였다.

느님께서는 시간상 후자에 놓이게 된다. 무질서와 질서는 무엇이 선행하든 되풀이 될 수 있는 상황으로 이해해 볼 수 있다. 이러한 반복적 순환 과정을 멈추어 세우는 방도가 있다면 그것이 분심잡념에 맞서는 실천 방법이 될 것이다. 다만 여기서 논하는 실천 방법은 과거 분심잡념에 초점이 있지는 않다. 부연하면 '분심잡념을 경험한 이후 또 다른 분심잡념에 대처하는 방법들' 내지는 '분심잡념을 통해 배운 점'이 알맞은 제목이 될 수 있겠다.

분심에 빠졌던 과거에 대한 현재의 성찰은 마치 없었던 일처럼 사건을 원상회복시키지는 않는다. 에덴동산에서 쫓겨난 인류가 마음이 나뉘었던 지난날의 잘못을 성찰하고 뉘우친다고 하더라도 다시 같은 장소로는 돌아가 살 수 없다는 이야기이다. 아울러 현실 속에서 재현될 수 없는 과거 에덴동산의 아름다움에 취해 현재를 살아가는 방법 역시 분심잡념의 굴레를 벗기 위한 방법은 아니다. 분심잡념을 물리치는[25] 실천 방법은 늘 현재적이며 하느님 지향적이어야 한다. 이러한 관점에서 방유룡 안드레아 신부는 마주하는 모든 것[26] 안에서 하느님을 발견할 수 있도록 노력해야 하며, 진행 중인 일이 하느님의 뜻 안에 있는지 매순간 확인하는 작

---

[25] 완덕오계 제1계, "일은 분심잡념을 물리치고"에서 '물리치다'는 원문 표현을 그대로 인용한다. 이는 치워서 제거하거나 억압하여 제압하는 물리적 과정이 아님을 앞선 글에서 밝힌 바 있다.
[26] 방유룡 신부는 '모든 것'을 나타내는 구체적인 표현으로 '인(人)·사(事)·물(物)·현상(現象)'을 주로 썼는데, '현상'은 종종 생략되기도 한다. 방유룡 신부가 실천 방법으로 제시한 부분에서도 '현상'은 생략되어 있다.

업을 실천 방법으로 제시하였다. 호기심에 이끌려 자기만족을 구하지 않도록 주의하면서 하느님께 지향을 두고 자주 기도하도록 권고한 것이다. 이에 덧붙여 분심잡념을 인지하는 순간부터 자신을 보호할 수 있도록 깨어 있는 가운데 능동적이고 적극적인 방어 자세가 필요하다고 주문하였다.

분심과 잡념이 반복되는 일상에서 이 실천 방법을 실제적으로 적용할 수 있으려면 다음 두 가지를 유념해야 한다. 한 가지는 경계해야 할 분심잡념인 '책망責望'이며, 다른 한 가지는 지향할 자세로서 '수용受容'이다. 분심잡념으로 인하여 초래된 부정적 결과와 거기에 사로잡혔던 자신의 모습을 돌아보는 일은 결단코 유쾌할 수 없는데, 또 다른 분심잡념은 이 지점을 기반 삼아 '책망'의 이야기를 전개시키려 할 것이기 때문이다. 하느님께서는 선악과를 맛본 아담에게 "내가 너에게 따 먹지 말라고 명령한 그 나무 열매를 네가 따 먹었느냐?"(창세 3,11)는 질문으로 이미 벌어진 결과를 아담이 '수용'토록 요청하셨다. 그러나 사람은 그 책임을 여자에게 전가하였고, 여자는 그 탓을 뱀에게 돌리는 태도를 취함으로써 분심잡념의 반복을 불러오고 말았다. 만약 지금의 자기 처지를 받아들이고 책망을 멈춘다면 하느님을 발견할 수 있는 시야를 되찾을 수 있게 된다. 위에서 제시한 방법의 실천이 잃어버린 에덴동산을 다시 찾아 주지는 않으나, 잊었던 하느님의 모상을 자신 안에서 다시 발견해 내는 귀한 경험을 현재에서 제공해 줄 것이다.

05 ___ 마치며

모든 것이 아름다웠던 에덴동산의 한가운데에는 선과 악을 알게 하는 나무가 있었고(창세 2,9 참조), 그 열매를 먹는 일이 없어야 한다는 창조주의 뜻을 어겼기 때문에(창세 2,17 참조) 창조사업의 최고 정점이며 수혜자였던 인간은 죄의 굴레를 쓰고 에덴동산에서 추방되었다(창세 3,1-24 참조). 태초부터 동산 한가운데, 피해 갈 수도 없고 어디서나 접근이 용이한 가장 중심에 먹지 말아야 할 선악과가 있었다는 점은 분심잡념의 세계를 떠나서 살고픈 이들에게 작은 위안으로 다가온다. 인류는 이미 첫 사람이 하느님을 거스르게 되는 과정을 통하여 올바른 지향志向을 지키며 살아야 할 삶의 목적을 체험적 교훈으로 전수받았다. 창조주 하느님의 "너 어디에 있느냐?"(창세 3,9)는 물음은 이미 분심잡념에 떨어진 사람의 의식을 흔들어 깨우는 울림으로, 혼돈과 후회와 죄책감 또는 욕심 등 다른 형태의 분심잡념에 사로잡혀 있는 이들을 향한 현재화된 물음이고, 오늘을 사는 이들에게도 여전히 유효한 질문이다.

하느님께서는 당신이 피조물에게 부여하신 창조질서가 무너져 내린 뒤에도 원역사原歷史[27]부터 성조사聖祖史[28]에 이르기까지 성경에 기록된 끊이지 않는 인류의 역사 속에서 여전히 태초의 창조

원의創造原意를 간직하고 계신다. "하느님께서 그들의 존재를 계속 지켜 주시지 않는다면 더 이상 존재할 수 없었을"[29] 인류 역사가 이러한 사실을 반영하고 있다.[30] 따라서 지금까지 이어져 온 수많은 굴곡과 세상 종말까지 앞으로도 계속될 다양한 사건 속에서 한결같은 지향으로 발견해야 할 일관된 표상表象이 있다. "하느님은 큰 사랑으로 세계를 돌보시고, 또 당신이 만드신 모든 것이 목적을 향해 가도록 항상 세계를 인도하신다. 하느님은 당신 섭리로 이 세계를 계속 (중략) 친절하게 정돈하면서 당신이 만드신 모든 것을 보살피고 지배하신다."[31] '흙으로 돌아갈 때까지 땀을 흘려야 하고 먼지로 돌아가게 되었던'(창세 3,19 참조) 벌을 받는 비참한 처지에서라도 하느님의 현존에 시선을 두는 한 축복은 언제나 현재진행형으로 귀결될 것이다. 간단없는 희망으로 분심잡념에 맞설 수밖에 없는 실천을 지금 즉시 여기서 이루어야 하는 이

---

27 원역사(原歷史)는 「우주 만물과 인간의 창조 및 하느님의 쉼(1,1-2,4ㄱ), 남녀의 창조와 에덴동산·인간의 범죄(2,4ㄴ-3,24), 카인의 범죄(4,1-16), 홍수 및 노아와의 계약(6,1-9,17), 노아의 저주와 축복(9,18-29), 바벨탑(11,1-9)」 부분으로 구성되어 있다.

28 성조사(聖祖史)는 「아브라함(12,1-25,18), 이사악(26), 야곱(25,19-34; 27,1-36,43), 요셉과 그의 형제들(37,1-50,26)」 부분으로 구성되어 있다.

29 로널드 롤러·도널드 우얼·토머스 롤러 편저, 오경환 역, 『그리스도의 가르침-가톨릭 성인 교리서-』, 성바오로출판사, 1993, 81쪽.

30 "당신께서 원하지 않으셨다면 무엇이 존속할 수 있었으며 당신께서 부르지 않으셨다면 무엇이 그대로 유지될 수 있었겠습니까? 생명을 사랑하시는 주님 모든 것이 당신의 것이기에 당신께서는 모두 소중히 여기십니다.(지혜 11,25-26)"

31 로널드 롤러·도널드 우얼·토머스 롤러 편저, 오경환 역, 『그리스도의 가르침-가톨릭 성인 교리서-』, 81~82쪽.

유이다.

　'분심잡념'에 대한 개념 파악을 서두로 하여 창설자 방유룡 안드레아 신부의 완덕오계 중 일계 "분심잡념을 물리치고"라는 가르침이 추구하는 목표와 실천 방안의 현실적 적용을 짧게 고찰해 보았다. 모습과 양태를 바꾸어 끊임없이 전개되는 수많은 분심과 잡념이 공존하는 현실은 역설적이게도 창조주 하느님의 창조 원의가 지금 삶의 자리에서 달성되어야 하는 희망과 당위를 내포하고 있다. 오늘도 그럴싸하고 매혹적인 뱀은 우리에게 말을 걸어올 것이다. 분심잡념 자체가 반가운 일은 아니지만 그를 계기로 자신 안에 하느님의 자리를 더욱 공고히 마련해 드리는 기회로 삼는다면 이 자체도 유익함이 될 수 있을 것이다. 분심 앞에서 하와가 미처 떠올리지 못했던 창조주의 이름을 언제나 즉시 찾으리라는 현재의 다짐으로, '분심잡념'이라고 쓰지만 '선물'로 읽을 수 있는 희망을 기약한다.

무아 방유룡 신부님의 영성에 기초한 분심잡념을 물리치는 방법에 관한 연구

이경재(한국순교복자성직수도회 수사)

01_ 시작하며

02_ 분심잡념의 원인과 종류

03_ 분심잡념을 물리치는 기본적인 방법

04_ 기도 중에 분심잡념을 물리치는 데

　　도움이 되는 구체적인 방법들

05_ 마치며

01   시작하며

분심잡념을 물리치는 방법을 연구함에 있어서 먼저 인간의 본질적인 한계를 이해할 필요가 있을 것이다.

  불완전하고 유한한 존재로 창조된 인간은 완전하고 영원한 것에 대한 끝없는 갈망으로 신음하는 존재다. 십자가의 요한 성인께서는, 하느님께서 창조하신 우리의 마음이 마치 바닥이 없는 대협곡과 같다고 하셨을 정도로 우리 마음속의 갈망은 거의 무한대에 가깝다. 그러기에 무한하신 하느님만이 우리 마음의 갈망을 온전히 채워 주실 수 있으나, 이생에서는 태생적인 한계로 인하여 바오로 사도의 말씀처럼 마치 거울에 비친 모습을 보듯이 어렴풋이 보며 부분적으로 알고 충족될 뿐이다(1코린 13,9-12 참조). 고로 이생에서 인간은 늘 어느 정도는 외롭고 불안하며 안절부절못하는 상태에 있다고 할 수 있다.[1] 이러한 의미에서 우리는 "주님, 당신 위해 우리를 만드셨기에 우리 마음은 당신 안에 쉬기까지 편치 않나이다."(고백록 1.1.1)라는 아우구스티누스 성인의 고백을 잘

---

[1] 로널드 롤하이저의 다음의 저서들 - 오영민 옮김, 『내 안에 쉬게 하리라』, 바오로딸출판사, 2006, 152~153쪽; 유호식 옮김, 『하느님의 불꽃, 인간의 불꽃』, 성바오로출판사, 2010, 15~23쪽; 유호식 옮김, 『성(聖)과 성(性)의 영성』, 성바오로출판사, 2010, 14~17쪽; 이지혜 옮김, 『일상에 깃든 하나님의 손길』, 포이에마, 2011, 15~21쪽 참조.

이해할 수 있게 된다.

그와 같은 맥락에서 철학자 파스칼은 『팡세』에서 "인간이 불행한 이유는 자기 방에서 조용히 머무는 법을 모르기 때문"이라고 하였는데, 이러한 통찰은 특히 오늘날 우리들에게 시사하는 바가 참으로 큰 것 같다. 요즘 현대사회에서는 텔레비전 방송, 인터넷, 스마트폰 등의 매스미디어(Mass Media)와 오락과 여가활동의 지속적인 발전으로 주위에 분심할 수 있는 "거리"가 계속해서 더 많아지고 있기 때문이다. 만약 우리가 각종 매스미디어들과 오락, 여가활동들을 잘 선택하고 선용하며 절제(침묵)하지 않으면, 주위의 여러 분심거리들에 휩싸여 자신의 소중한 시간과 에너지를 무의미하게 낭비해 버리기 십상일 것이다. 이러한 점에서도 알 수 있듯이 분심잡념을 물리치는 것은 근본적으로 영적 투쟁, 곧 "침묵"과 밀접하게 관련된 것이다. 그러기에 분심잡념은 우리가 영적으로 성장하면서 하느님과 가까워짐에 따라, 즉 하느님과 합일되는 정도에 따라 점점 수월하게 극복되어질 수 있는 무엇일 것이다.

태생적으로 불완전하고 유한한 인간은 인생을 살아가면서 세상살이에 대한 여러 분심과 걱정들에 시달리곤 한다. 그처럼 인간의 마음을 잠식시키는 부정적인 분심과 걱정들(루카 21,34 참조)은 근본적으로 죽음에 대한 두려움에 기인하는 것으로 악한 영의 활동에 의한 것이다(히브 2,15 참조). 보다 직접적으로는 인간에게 집요하게 달라붙는 인간 최대 원수인 악한 영의 활동으로 인하여 여정 중에 있는 인간은 지속적으로 여러 종류의 유혹을 받게 된다. 악한 영은 인간에게 나쁜 생각을 집어넣는 수법으로, 곧 인간에게 분심을 일으켜 인간을 유혹하기에, 넓은 의미에서 그러한 악의 유혹을 분심잡념의 한 형태로 볼 수도 있을 것이다. 따라서 분심잡념에 대한 연구는 우리의 영성생활에 있어서 가장 실질적이고 가장 급박한 사항이라고 해도 과언이 아닐 것이다. 그것은 '바로 지금 당장 나에게 찾아오는 분심과 유혹에 어떻게 대응할 것인가?'에 관한 문제로서 죄와도 직결되기 때문이다. 본 수도회 창설자 방유룡 안드레아 신부님께서 분심잡념을 물리치는 것을 완덕오계의 가장 첫 자리에 두신 것도 바로 그러한 이유에서였으리라 추측된다.

그렇다면 이러한 지평 위에서 방유룡 신부님의 영성에 기초하여 먼저 분심잡념의 원인과 종류에 대하여 살펴본 다음에, 분심잡념을 물리치는 기본적인 방법에 대하여 성경 말씀과 방유룡 신부님의 가르침에 근거하여 집중적으로 고찰해 보도록 하겠다. 그런 다음, 고찰한 내용을 기반으로 하여 영성생활의 핵심인 기도 중에 분심잡념을 물리치는 데 도움이 되는 방법들에 대하여 구체적으로 살펴보기로 하겠다.

02 ＿＿＿ 분심잡념의 원인과 종류

분심잡념의 단어는 라틴어로 'distractio', 영어로는 'distraction'으로 표현된다. 라틴어 동사원형은 'distrahere'로 '갈라놓다', '떼어놓다'라는 의미를 지닌다. 곧, 분심잡념은 그 어원적 의미에서 볼 때 주의가 분산되어 산만해지는 것을 가리킨다.

로욜라의 이냐시오 성인께서는 인간 안에는 순전히 자신의 자유와 원의에서 나오는 자신의 생각과, 밖으로부터 오는 두 가지 생각인 선한 영으로부터 오는 생각과 악한 영으로부터 오는 생각, 이렇게 총 세 가지 종류의 생각이 있다고 보셨다.(『영신수련』 32항 참조) 그런데 방유룡 신부님께서는 분심잡념을 주로 부정적인 대상으로 바라보셨던 것 같다. 신부님의 영적 어록과 작품들을 살펴보면 분심잡념은 우리가 하느님께 나아가는 데 물리치고 없애야 할 대상으로 일관되게 표현되기 때문이다. 신부님의 강론에서 분심잡념은 주로 사욕과 함께 언급되며 '나쁜 마음', '나쁜 생각'이라는 표현과 거의 비슷한 맥락에서 사용된다.[2] 그러한 맥락에서 분심잡념은 마치 하느님의 빛을 가리는 구름과도 같은 것으로 묘사

---

[2] 『영혼의 빛』 1959년 3월 9일 강론; 1959년 3월 17일 강론; 1959년 6월 14일 강론; 1960년 1월 10일 강론; 1961년 2월 26일 강론; 1962년 6월 9일 강론.

된다.[3] 1971년 6월 9일 강론에서는 방유룡 신부님께서 분심잡념이 사욕에서 나오는 것이라고 직접 언급하기도 하셨고, 단상과 명언 62에서는 분심을 그 어원적 의미에 착안하시어 '천주님과 나누어진 마음으로 천주님과 일치할 수 없는 마음'이라고 정의하셨다. 이러한 점들을 통해서 우리는, 방유룡 신부님께서 기본적으로 분심잡념을 사욕과 악한 영의 활동의 영향으로 발생되는 부정적인 대상으로 바라보셨음을 추론할 수 있다.

여기서 특히 우리는, 방유룡 신부님께서 분심잡념을 그 어원적 의미에 착안하시어 '천주님과 나누어진 마음'이라고 정의하신 것에 주목할 필요가 있다. 우리 인간은 하느님과의 올바른 관계로 끊임없이 새롭게 창조되고 있는데, 살아가면서 "죽음에 대한 두려움"과 마주하면서 하느님과의 사랑의 관계로부터 고립되어 자기 "혼자서", "스스로의 힘으로" 자신을 살리려고 하는(곧 "자작대로" 하려는) 유혹이 지속적으로 들게 된다. 악마는 분심잡념의 어원적 의미에서 드러나는 바와 같이 우리를 하느님과의 사랑의 관계에서 "갈라놓고 떼어 놓으려고" 우리에게 집요하게 달라붙어서 유혹함으로써 우리를 죄에 빠지게 만드는 것이다. 하지만 우리는 하느님께 의지하여 그분과의 사랑의 관계를 선택함으로써, 곧 "침묵"함으로써 악과의 관계를 약화시키고 하느님과의 관계를 튼튼하게 강화시킬 수 있고, 그리하여 죽음에 대한 두려움에서 기인하는 악

---

3 『영혼의 빛』 1959년 3월 9일 강론; 1959년 3월 17일 강론; 1960년 9월 26일 강론.

의 유혹과 죄의 사슬로부터 해방될 수 있다. 바오로 사도께서는 세상의 그 어떠한 것도 우리 주 그리스도 예수님에게서 드러난 하느님의 사랑에서 우리를 "갈라놓고 떼어 놓을" 수 없다고 확신 있게 고백하셨다(로마 8,31-39 참조).[4]

한편, 방유룡 신부님께서는 분심잡념이 인간의 불완전성, 곧 인간의 존재론적인 한계로 인한 자연스러운 현상임을 인정하셨다. 그래서 신부님에 따르면, 분심잡념이 일어나는 것 자체로는 결코 죄가 되지 않고 자연스러운 것이기에 그저 분심잡념에 동의하지 않기만 하면 된다.[5]

그런데 우리가 분심잡념이 인간의 존재론적인 한계로 인한 자연스러운 현상임을 인정한다면, 사욕과 악한 영의 영향을 거의 받지 않은, 즉 악으로 기울어지지 않은 평범한 분심잡념들도 있음을 쉽게 알 수 있을 것이다. 우리가 일상생활에서 반복적으로 체험하고 있고 분심잡념의 어원적 의미에서 드러나는 것처럼, 우리가 어떤 한 가지 일에 오롯이 집중하지 못하고 주의가 분산되는 경우들 중에는 선하고 악함을 구분하기 어려운, 그저 나약한 인간이기에

---

[4] 이와 관련하여 특별히 우리의 순교자들께서는 당신들을 하느님과의 사랑의 관계에서 "갈라놓고 떼어 놓으려는" 온갖 박해들과 유혹들에 맞서 죽기까지 하느님과의 사랑의 관계를 유지하기를 계속적으로 갈망하고 선택하셨다. 그러한 점에서 분심잡념은 순교영성과 밀접한 연관성이 있는 것으로 보인다. 앞으로 이에 관한 심도 있는 연구가 이루어지길 기대한다.
[5] 『영혼의 빛』 1959년 6월 14일 강론; 1960년 1월 10일 강론; 1960년 4월 23일 강론; 1960년 10월 22일 강론; 1961년 2월 18일 강론; 1961년 2월 28일 강론; 1962년 5월 10일 강론.

자연스럽게 그렇게 되는 경우가 많이 있다. 그러한 경우에는 그 분심잡념에 동의한다고 해서 반드시 죄가 되는 것은 아니다.

그리고 하느님께서는 세상의 모든 것들을 통해서, 심지어 요셉 성인의 경우처럼 꿈을 통해서도 우리에게 말씀을 건네시고 우리를 당신의 뜻대로 이끌어 주시기에,(마태 1,20-23; 2,13.19-20.22-23 참조) 분심잡념 또한 기도의 훌륭한 재료가 될 수 있을 것이다. 즉, 성령께서 작용하시어 일어나는, 하느님께서 의도하시는 분심잡념도 있을 것이다. 그러한 분심잡념의 경우에는 우리가 물리칠 필요가 없고 오히려 그것을 붙들고 하느님과 대화를 나눠야 하는 것이다. 또한 하느님께서 직접적으로 의도하시는 분심잡념이 아니더라도 분심잡념이 현재 자신이 처한 상황과 영적, 심리적 상태를 잘 나타내는 경우가 있을 것이기에, 자신이 의도적으로 어떤 특정한 분심잡념을 선택해서 기도의 재료로 활용할 수도 있을 것이다.

그러므로 지금까지 살펴본 분심잡념의 여러 종류들 중에서 우리가 물리쳐야 할 분심잡념은, 우선 방유룡 신부님께서 '나쁜 마음', '나쁜 생각'이라는 표현과 비슷한 맥락에서 사용하신 사욕과 악한 영의 활동의 영향으로 발생되는 죄와 직접적으로 관련되는 분심잡념이고, 그 다음으로 악으로 기울어지지 않은 평범한 분심잡념들은 그에 동의한다고 해서 반드시 죄가 되는 것은 아니지만, 우리가 어떠한 일을 집중해서 능률적으로 잘하기 위해서, 특히 영성생활의 핵심인 기도를 몰입해서 잘하기 위해서는 필수적으로 물리쳐야 하는 것이다.

03   분심잡념을 물리치는
         기본적인 방법

그렇다면 방유룡 신부님께서 전해 주신 분심잡념을 물리치는 방법인 분심잡념이 일어날 때 그에 동의하지 않는 구체적인 방법은 무엇일까?

그 방법은 다름 아닌, 앞에서 이미 여러 차례 언급하였듯이 방유룡 신부님 영성의 핵심인 "침묵"을 통해 잘 이해될 수 있을 것이다.[6] 1964년 9월 9일 강론에서 신부님께서는, 예수님께서 제자들과 함께 배를 타고 갈릴래아 호수를 건너실 때 풍랑을 가라앉히신 사건(마태 8,23-27; 마르 4,35-41; 루카 8,22-25 참조)을 분심잡념을 물리치는 침묵에 비유해서 말씀해 주셨다.

> 주 예수님, 일어나는 풍파를 잠잠(침묵이다)하라 하셨다(마르 4,39). 분심잡념(바람이 일어남이다)이 일어나면, 침묵으로 잠잠하라.(1964년 9월 9일 강론)

---

[6] 다음의 영가와 강론들에서 분심잡념을 물리치는 것이 침묵과 직접적으로 연관되어 나타난다. 사랑이 사랑을 위하여 단상 77; 『영혼의 빛』 1960년 9월 18일 강론; 1960년 12월 2일 강론.

이처럼 방유룡 신부님께서는 분심잡념을 풍파로, 분심잡념을 물리치는 침묵을 풍파를 잠잠하게 하는 행위에 빗대신 것이다. 중요한 점은 마치 풍파를 잠잠하게 하는 행위와도 같은 분심잡념을 물리치는 이 침묵이 우리의 협조와 함께 근본적으로 하느님의 도우심(협조)으로 이루어지는 것이라는 점이다. 1960년 9월 18일 강론에서 그러한 점이 잘 드러난다.

> 침묵대월 철저히 하기 위하여 나쁜 마음 갖지 말고, 나쁜 생각하지 말아야 되는데, 저절로 안 되고, 하느님의 덕능德能이 우리와 같이할 때 이루어진다.(1960년 9월 18일 강론)

그렇기 때문에 우리는 하느님께 의지해서 그분과의 사랑의 관계에서 나오는 힘으로 비로소 분심잡념에 동의하지 않고 물리치는 침묵을 이룰 수가 있을 것이다. 그러한 침묵은 곧 영적인 투쟁을 뜻하는 것으로,[7] 방유룡 신부님께서는 1960년 10월 22일 강론에서 그에 대하여 다음과 같이 말씀하셨다.

> 나쁜 생각 들어오는 것은 괜찮다. 아무 일 없다. 나쁜 생각 자꾸 나는 것 괜찮다. 아무 일 없다. 이럴 때 고개를 흔들어 싫다고 해야 한

---

7 "빛이 환해서 취하고 버릴 것을 밝히 알게 된다. 나쁜 생각이 들어도 죄는 안 되는 것이다. 싸워서 이기기만 하면 된다."(1961년 2월 18일 강론) 참조.

다. 괜찮다. '나는 너하고 있고 싶지도 않고 죽어도 싫다' 하는 마음만 가지고 있으면 그만이다. 나쁜 생각나는 대로 동의만 안 하면 된다. 그러면 이때 기분은 나쁘다. 이것을 십자가로 알고 받을 것이다. 그러니까 참아 받아야 된다.(1960년 10월 22일 강론)

위의 강론에서 방유룡 신부님께서는 분심잡념에 동의하지 않는 방법을 "고개를 흔들어 싫다고 하는 것", "'나는 너하고 있고 싶지도 않고 죽어도 싫다'는 마음을 가지는 것"이라고 보다 구체적으로 설명해 주셨다. 이러한 방법은 침묵의 의미를 통해서 알 수 있듯이, 기본적으로 하느님께 간절히 의지해서 그분과의 사랑의 관계에서 나오는 힘으로 분심잡념에 강경하게 맞섬으로써 그에 동의하지 않는 것을 가리킨다. 이러한 방법은 마치 예수님께서 제자들에게 당신의 수난과 부활을 처음으로 예고하셨을 때 다가올 당신의 십자가 수난을 받아들이기를 거부하였던 베드로 사도에게 취하셨던 방법을 연상시킨다(마태 16,21-23; 마르 8,31-33 참조).

예수님께서는 베드로 사도가 "그런 일은 주님께 결코 일어나지 않을 것입니다"(마태 16,22)라며 반박할 때, "사탄아, 내게서 물러가라!"(마태 16,23; 마르 8,33)라고 꾸짖으시며 무척 단호하게 베드로 사도의 생각에 동의하지 않으시고 그것을 물리치셨다. 여기서 '내게서 물러가라'라고 번역된 그리스어 원어는 'Ὕπαγε ὀπίσω μου'로, 직역하면 '내 뒤로 가라'라는 뜻이다. 이를 통해서 우리는 분심잡념이 일어날 때 하느님께 간절히 의지해서 그분과의 사랑의 관계에서 나오는 힘으로 강경하게 그에 동의하지 않고 그것을 그저 (뒤로) 흘려보내는 방법을 발견할 수 있다. 방유룡 신부님께서 알려 주셨고 성경 말씀에서도 드러나는 이러한 방법에 따르면, 우리는 분심잡념이 일어날 때마다 그에 동의하지 않고 계속해서 그저 흘려보내기만 하면 되는 것이다.

그리고 이러한 방법은 예수님께서 본격적으로 공생활을 시작하시기 전에 광야에서 40일 동안 단식하신 다음 악의 유혹에 대항하실 때 사용하신 방법과도 유사하다(마태 4,1-11 참조).[8] 예수님께서는 하느님과의 사랑의 관계에서 당신을 "갈라놓고 떼어 놓으려는" 유혹자에게 집요하게 유혹을 당하실 때마다 계속해서 성경 말씀으로 굳건하게 대항하시며 그 유혹에 동의하지 않으시고 그것을 물리치셨는데, 이와 관련해서 프란치스코 교황님께서는 분심잡념의 한 종류라고 할 수 있는 악의 유혹에 대응하는 방법에 대하여 우리에게 무척 유익한 말씀을 전해 주셨다. 교황님께서는 예수님께서 광야에서 악마의 유혹을 받으시는 이 성경 말씀에 대해 강론하실 때, 예수님께서 악마의 유혹을 받으실 때 결코 악마와 대화를 나누지 않으셨음을 강조하셨다.[9] 악마의 유혹에 예수님께서는 오로지 성경 말씀, 곧 하느님의 말씀으로 대답은 하셨지

---

8 그때도 "사탄아, 물러가라(Υπαγε)!"(마태 4,10)라는 표현이 사용되었다.
9 2018년 5월 8일 부활 제6주간 화요일 산타 마르타의 집 아침미사 강론; 2019년 3월 10일 사순 제1주일 삼종기도 강론; 2020년 3월 1일 사순 제1주일 삼종기도 말씀; 2021년 2월 21일 사순 제1주일 삼종기도 말씀.

만, 결코 대화 속으로 들어가고 거기에 빠져들지는 않으셨다는 것이다.[10] 교황님에 따르면, 악마는 우리보다 더 똑똑하고 우리를 능가하기 때문에 하와처럼 악마와 대화를 나눈다면 결국에는 패배하여 죄에 빠지게 되고 만다.[11]

프란치스코 교황님께서 알려 주신 이러한 방법은 분심잡념이 일어날 때 그에 동의하지 않고 그저 흘려보내는 방법과 같은 맥락으로, 이를 통해서 우리는 분심잡념을 물리치는 방법에 대하여 보다 분명하게 알 수 있게 된다. 종합하여 정리하자면, 분심잡념이 일어날 때 우리는 그에 동의하지 않고 그저 흘려보내는 방법으로 그것을 물리칠 수 있는데, 그렇지 않고 일어나는 분심잡념에 동의

---

[10] "유혹을 받으실 때 예수님께서는 결코 악마와 대화하지 않으셨습니다. 절대로 대화하지 않으셨습니다. 예수님께서는 일평생 결코 악마와 대화하지 않으셨습니다. 결코 말입니다. 더러운 영이 들린 사람에게서 악령을 내쫓으시거나 악령을 단죄하시거나 그의 악함을 드러내 보이시긴 했지만, 결코 대화를 나누지 않으셨습니다. 그런데 광야에서 악마가 예수님께 세 가지 제안을 하고 예수님께서 대답하셨기 때문에, 마치 둘 사이에 대화가 이뤄진 것처럼 보입니다. 하지만 예수님께서는 당신의 말씀으로 대답하신 게 아니라, 성경의 세 구절을 통해, 하느님의 말씀을 통해 대답하셨습니다."(2021년 2월 21일 사순 제1주일 삼종기도 말씀)

[11] "악마와는 대화하지 말아야 합니다. 왜냐하면 그는 우리를 능가하며 우리보다 더 똑똑하기 때문입니다."(2018년 5월 8일 부활 제6주간 화요일 산타 마르타의 집 아침미사 강론); "유혹은 하와처럼 악마와 대화를 나누는 것입니다. 그래서 만일 우리가 악마와의 대화에 빠져든다면 우리는 패배할 것입니다. 이 점을 머리와 마음속에 새기십시오. 악마와 결코 대화하지 말아야 하며, 악마와 그 어떤 대화도 가능하지 않다는 것입니다. 우리는 오직 하느님의 말씀으로 대응해야 합니다."(2021년 2월 21일 사순 제1주일 삼종기도 말씀) 참고로, 아담과 하와는 하느님과의 사랑의 관계에서 "갈라놓고 떼어 놓으려는" 악마의 유혹에 넘어가 스스로의 힘으로 자신을 살리려고 함으로써 죄를 짓게 되었는데, 그와 같이 분심잡념은 근본적으로 원죄와 연관이 있는 것으로 보인다. 앞으로 이에 관한 심도 있는 연구가 이루어지길 기대한다.

해서 그것을 붙들게 되면 거기에 계속 빠져들게 된다. 그 분심잡념이 악의 유혹에 의한 나쁜 생각일 때는, 우리가 그에 동의해서 유혹자와 대화를 나눈다면 거기에 빠져들게 되어 나쁜 영향을 받게 되면서 쉽게 죄를 짓게 되는 것이다. 유혹자와 대화를 깊이 나누고 그에 온전한 마음으로 동의할수록, 그리고 그 동의한 나쁜 생각을 직접 행동으로 많이 옮길수록 죄는 더 커지게 될 것이다. 죄罪의 한자어를 살펴보면 '그물[罒]에 걸리다'는 의미를 지니고 있음을 알 수 있는데, 우리가 악의 유혹에 의한 분심잡념에 동의함에 따라 그 죄의 망[网]에 쉽게 걸리게 되는 것이다.

이렇듯 성경 말씀과 방유룡 신부님의 가르침에 근거한 분심잡념을 물리치는 기본적인 방법은, 분심잡념이 일어날 때 하느님께 의지해서 그분과의 사랑의 관계에서 나오는 힘으로 그에 동의하지 않고 그저 흘려보내는 것이다. 예수님께서는 특히 하느님의 말씀을 활용하시어 그 말씀의 힘으로 분심잡념에 동의하지 않으실 수 있으셨는데, 이는 그 말씀의 힘이 그토록 강하다는 것을 잘 드러내 보여 준다. 그것은 다름 아닌, 방유룡 신부님께서 평생토록 강조하신 하느님과의 관계, 대화, 곧 기도를 나타내는 침묵(또는 침묵대월)의 힘인 것이다.

04 ____ 기도 중에 분심잡념을 물리치는 데 도움이 되는 구체적인 방법들

그렇다면 이제 방유룡 신부님의 영성에 기초하여 지금까지 살펴본 분심잡념의 원인과 그에 따른 종류, 그리고 그것을 물리치는 기본적인 방법에 대한 내용을 기반으로 하여 영성생활의 핵심인 기도 중에 분심잡념을 물리치는 데 도움이 되는 방법들에 대하여 구체적으로 살펴보도록 하겠다. 여기서는 현재 국내에서 오랜 세월 동안 활발하게 영성 지도 활동을 하고 계시는 예수회 김영택 신부님과 메리놀외방전교회 마필운 신부님께서 알려 주시는 방법들을 주로 소개하고자 한다.

예수회 김영택 신부님[12]께서는 기도 중에 일어나는 분심잡념을 물리치는 방법에 대하여 적절한 비유를 들어서 알기 쉽게 알려 주신다.[13] 먼저, 김영택 신부님께서는 기도 중에 일어나는 분심잡념

---

12 미국 보스턴 예수회 웨스턴 신학대학에서 영성신학 석사학위를 취득하고, 캐나다 구웰프의 예수회 영성센터 로욜라하우스에서 영성 지도자 과정을 수료했다. 예수회 말씀의 집 피정 지도신부와 이냐시오영성연구소 부소장을 역임했다. 현재는 하비에르 영성 수련원 부원장 소임을 맡고 있다.

13 여기서는 이냐시오영성연구소에서 발간하는 『해바라기』라는 잡지에 실린 「분심과 잠심」이라는 글의 내용을 소개하고자 한다. 김영택, 「분심과 잠심」, 『해바라기』 vol 2, 이냐

을 기도의 주제나 주요 내용과 관계없는 여러 가지 생각이나 느낌들이라고 정의하면서, 그러한 분심잡념은 주로 자신의 생활 속에서 일어나는 사건들에 대한 것으로 살아 있는 우리에게 일어나는 자연스러운 현상이라고 하셨다. 김영택 신부님에 따르면, 문제는 그런 분심잡념이 일어나면 안 된다고 생각하거나 분심잡념이 있으면 기도가 안 된 것이라고 생각해서 분심잡념을 억지로 없애려는 태도를 갖는 것이다. 왜냐하면 그러한 태도는 우리의 몸과 마음을 경직되게 만들어 기도 중에 긴장하게 됨에 따라 오히려 기도의 주제나 복음 사건의 현장으로 들어가는 데 방해가 되기 때문이다.

신부님께서는 기도 중에 일어나는 분심잡념을, 사람들이 대화하고 있는 방 안에 벌이 한 마리 들어온 상황에 비유하신다. 만약에 사람들이 그 벌을 잡으려고 한다면 방 안은 혼란스럽고 소란스럽게 될 것이기에, 방 안의 분위기를 깨뜨리지 않고 문제를 해결할 수 있는 가장 좋은 방법은 창문을 열어서 자연스럽게 벌이 나가도록 가만히 내버려두는 것이다. 그러면 벌은 방 안에서 꿀을 찾다가 없으면 밖으로 나가 버리는데, 분심잡념도 그와 마찬가지로 그냥 내버려두면 저절로 사라진다는 것이다.

신부님께서는 분심잡념을 그냥 내버려두는 방법에 대하여, 처음에 자연스럽게 분심잡념을 따라가다가 어느 정도 지나서 자신

시오영성연구소, 2015, 50~57쪽 참조.

이 기도의 주제에서 벗어난 생각을 하고 있다는 것을 인식하였을 때, 다시 분심잡념에 빠지기 전의 부분으로 돌아가서 기도를 계속 이어 나가는 것이라고 부연하셨다. 그런데 우리는, 김영택 신부님께서 알려 주신 이와 같은 분심잡념을 그냥 내버려두는 방법이 그 내용상 기본적으로 방유룡 신부님께서 알려 주신 분심잡념에 동의하지 않고 그저 흘려보내는 방법과 비슷한 맥락의 것임을 알 수 있다. 따라서 이 둘을 적절하게 병행해서 사용한다면, 기도에 보다 좋은 효과를 거둘 수 있을 것이라 예상된다. 곧, 기본적으로 분심잡념을 억지로 없애려는 경직된 태도가 아닌, 분심잡념을 그냥 자연스럽게 내버려두는 유연한 태도와, 또한 분심잡념이 일어나거나 그에 빠졌음을 인식할 때는 지체 없이 그에 동의하지 않고 흘려보내는 태도를 함께 가진다면 기도의 주제로 보다 잘 돌아가서 기도를 더 잘할 수 있는 가능성이 커지게 될 것이다.

한편 김영택 신부님께서는, 만약에 방에서 나갔던 벌이 친구 벌들을 데리고 방 안으로 되돌아온다면 방 안에 무엇인가 벌을 끄는 것이 있음을 나타내는 것이기에, 그럴 경우에는 벌들을 쫓으려고 할 것이 아니라 방 안에 있는 꿀을 찾아서 꿀을 없애야 한다고 하신다. 즉, 벌을 끌어들이는 꿀처럼 같은 종류의 분심잡념이 계속 일어난다면, 아예 그 분심잡념을 기도의 주제로 삼아서 그것을 가지고 하느님과 대화하면 된다는 것이다. 신부님께서는 분심잡념을 기도의 주제로 바꾸는 방법에 대하여 다음과 같이 상세히 설명해 주신다.

이 세상에 하느님과 나누는 대화의 주제로 삼지 못할 것이 하나도 없기에 분심 자체도 대화의 좋은 주제가 된다. 우리가 분심을 대화의 주제로 삼으면 기도에 방해가 될 것 같았던 분심은 오히려 하느님을 만나는 은총의 도구로 바뀐다. 하느님께서는 때때로 우리가 분심이라고 생각하는 것을 통하여 우리와 만나고 그 안에서 당신의 뜻을 드러내신다.

분심을 하느님께 표현하면 그 분심은 마음의 중심, 직접적인 대상에서 제3자가 된다. 분심이 제3자가 되고 하느님을 대화와 마음의 직접적인 대상으로 만들면 분심으로 향하던 마음과 에너지는 하느님께로 향하게 되어 분심은 하느님을 만나게 되는 자료가 된다. 예를 들면, 어떤 고민거리나 그리운 사람이 떠오르게 되면 그 사람이나 고민거리가 어느 정도 떠오르게 둔 다음 그것으로 인한 감정이나 생각을 하느님께 표현한다. 그래도 계속해서 떠오르면 계속해서 하느님께 표현한다. 이를 통해서 마음의 방향을 고민거리나 어떤 사람에게서 하느님 쪽으로 흘러가게 만든다.

그런데 기도 중에 기도의 주제로 바꿀 수 있을 만한 자신의 삶에 어느 정도 비중이 있는 분심잡념 외에도, 동의하지 않고 그저 흘려보내기가 쉽지 않은 성격의 기도에 방해가 되는 분심잡념이 일어날 수도 있을 것이다. 예를 들어, 때때로 우리는 가스 불을 켜 놓고 오지는 않았는지 걱정할 수도 있고, 아직 마무리 짓지 못한 일이 갑자기 떠오를 수도 있다. 그러한 경우들에는, 만약 그것이 가스 불처럼 다급한 일이라면 우선 잠시 기도를 멈추고 가서 안전하게 확인하고 오고, 아직 마무리 짓지 못한 일이 지금 당장 해야 할 급한 일이 아니라면 나중을 위해서 간단히 메모해 두면 기도에 방해를 덜 받을 수 있을 것이다.

그리고 김영택 신부님께서는 기도 중에 일어나는 분심과 유혹을 구분해서 설명해 주시는데, 여기서 유혹이란 기도 자체를 중단하도록 만드는 생각을 가리킨다. 예를 들어, '예전에도 이런 기도를 했는데 아무 소용이 없었지. 그리고 다리와 허리가 아프고 졸리니까 기도를 그만두고 나중에 하자'라는 생각을 말한다. 이런 생각은 기도를 아예 못 하도록 만들기 때문에 이러한 유혹에 맞서 싸워야 한다. 오히려 더 열심히 기도하겠다고 마음먹고 끝까지 앉아 있으면, 다시 기도에 들어갈 수 있게 되었을 때 유혹은 자연스럽게 사라져 버린다. 반면에 우리가 기도를 그만두겠다는 생각에 동의해서 기도를 안 하고 일어나는 것은 유혹에 넘어간 것이다.

신부님에 따르면, 흔히 우리는 기도 중에 일어나는 육감적인 느낌이나 생각을 기도 자체를 중단하도록 만드는 유혹이라고 생각하기 쉽다. 하지만 그런 것들이 일어났다고 하더라도 계속해서 기도하는 자세와 지향을 가지고 있다면 그것은 유혹이 아니라 주된 흐름에서 벗어난 분심이다. 그런 분심이 계속 떠오르면 아예 그 분심을 가지고 하느님과 대화하면 오히려 분심은 좋은 기도의 재료로 바뀌게 된다.

넓은 의미에서 유혹도 분심잡념의 한 종류로 포함시켜서 볼 때, 분심잡념은 그 어원적 의미에서 드러나는 것처럼 기도 안에서도 우리를 하느님과의 사랑의 관계에서 떼어 놓는 역할, 곧 하느님을 만나지 못하도록, 만나고 있다면 오래 만나지 못하도록 하는 역할을 하는 것이다. 따라서 만약 우리가 하느님께 의지해서 그분과 함께 분심잡념을 물리치지 않거나 기도할 내용도 없이 그저 기도 시간에 가서 앉아 있다면, (분심잡념을 기도의 재료로 삼지 않는 한) 분심잡념의 영향으로 쉽게 하느님 없이 고립된 상태가 되어 기도하기 싫어지고 기도를 제대로 할 수 없게 될 것이다. 그러기에 기도 중에 하느님과의 사랑의 관계에서 우리를 떼어 놓으려는 악한 영의 활동을 하느님과의 사랑의 관계를 통해서 잘 깨닫고 감지하여 그저 스쳐 지나가는 분심잡념인지, 기도할 거리가 되는 분심잡념인지, 아니면 기도를 아예 못하도록 만들려는 분심잡념인지 등, 그 분심잡념의 종류를 잘 식별하는 것이 중요할 것이다. 이와 관련해서 방유룡 신부님께서도 1961년 2월 18일 강론에서, 우리가 영적 여정에서 조명기照明期에 들어가게 되면 "빛이 환해서 취하고 버릴 것을 밝히 알게 된다."고 말씀하셨다.

한편 필자의 영적 지도신부님이신 메리놀외방전교회 마필운 Philip Mares 신부님[14]은 분심잡념에 많이 빠지지 않고 기도에 잘

---

14 미국 보스턴 예수회 보스턴 칼리지 대학원에서 영성사목 석사학위를 취득하고, 캐나

집중하기 위해서는 기도 준비가 무척 중요하다고 강조하신다. 여기서는 신부님께 직접 영적 지도를 받은 내용들을 소개하고자 한다.

마필운 신부님께서는 기도 준비하는 시간의 중요성을 컴퓨터에 비유해서 알기 쉽게 설명해 주신다. 컴퓨터는 전원 버튼을 누르자마자 바로 사용할 수 있는 것이 아니라 부팅하는 시간, 곧 준비하는 과정이 필요하다. 기도도 그와 마찬가지라서 어떤 일을 하다가 갑자기 기도하려고 한다면 하던 일들에 대한 생각들이 기도 시간에 따라오게 된다. 그래서 기도하려고 주님 앞에 앉아 있으면서도 마음은 다른 데로 멀리 떠나 있는 상태가 되기 쉽다. 준비하는 과정을 거치지 않으면 그처럼 쉽게 자신 안에 빠지게 되는 것이다. 그렇기 때문에 하던 일들의 전원을 "끄고" 기도 전원을 "켜는" 준비 과정, 그 절차를 밟는 것이 무척 중요하다.

신부님에 따르면, 기도 준비는 하던 일을 멈추고 머리를 식히고 전환하는 시간을 가지는 것으로, 약 10분 정도면 충분하다. 이 시간 동안 마음을 가다듬고 재정비하면서 기도할 성경 말씀을 반복해서 읽어 보거나 특정 기도문을 외울 수 있을 것이다. 그리고 지금 누구를 만나 뵈러 가는 것인지 상상하는 것도 도움이 된다. 로욜라의 이냐시오 성인께서는 "관상이나 묵상을 할 곳에서 한두

다 구웰프의 예수회 영성센터 로욜라하우스에서 영성 지도자 과정을 수료했다. 한국에서 영적 지도, 피정 지도, 번역 등의 활동을 꾸준하게 활발히 하고 있다. 현재 메리놀외방전교회 한국지부 지부장 소임을 겸하고 있다.

발짝 앞에 나가 서서 주의 기도를 바칠 만한 시간 동안 생각을 드높이 한 채 우리 하느님이 어떻게 나를 보고 계신지 등을 생각하고, 공손히 고개를 숙이거나 절을 하는" 방법을 알려 주셨다(『영신수련』 75항 참조). 각자에게 적합한 방식을 찾아서 하면 될 것이다.

또한, 마필운 신부님께서는 컴퓨터를 끌 때도 전원 버튼을 누르면 바로 꺼지지 않고 준비하는 과정을 거쳐야 하듯이, 기도를 마치고 다시 일상으로 돌아갈 때도 역시 준비하는 과정이 필요하다고 말씀하신다. 주모경을 바치는 등 자신에게 적합한 방식으로 그 과정을 밟으면 된다.

기도를 준비하는 시간을 가지는 것은 근본적으로 "마음을 하느님께로 향하는 침묵"의 시간을 가리킨다. 마필운 신부님께서는 우리가 기도할 때 무엇보다도 먼저 마음으로 주님과 대화를 나누어야 한다고 강조하신다. 신부님에 의하면, 인간의 마음에 전혀 이성적인 측면이 없다고 단정할 수 없고, 마음은 때로 인간의 의식이 볼 수 있는 것보다도 더 깊은 이성으로 이해할 수 있다. 참고로, 방유룡 신부님께서는 1960년 10월 8일 강론에서 "온전한 마음"이 나쁜 생각을 녹아내리게 한다고 말씀하셨다.

05 ____ 마치며

지금까지 살펴본 무아 방유룡 신부님의 영성에 기초한 분심잡념을 물리치는 방법들을 실제 일상의 삶과 기도 시간에 적용하여 훈련함으로써 영성생활에 유익한 도움을 얻을 수 있기를 바란다. 우리가 일상의 삶에서부터, 그리고 매일의 기도 시간 안에서부터 충실히 분심잡념을 물리치고 하느님과 만나 대화를 나누는 연습을 한다면, 조금씩 꾸준히 영성생활에 진보를 이뤄 나갈 수 있을 것이다. 그럼으로써 어느 순간에 우리도 방유룡 신부님과 같이 "분심잡념 없는 맘, 아, 참 찬란하여라!"(성령강림가 중에서)라고 노래할 수 있게 되기를 희망한다.

앞에서 살펴보았듯이 분심잡념을 물리치는 것은 영적 투쟁, 곧 "침묵"을 가리키는 것으로, 우리는 영적으로 성장하면서 하느님과 가까워짐에 따라 점점 수월하게, 그리고 자연스럽게 분심잡념을 극복할 수 있게 될 것이다. 우리의 목표는 분심잡념을 물리치는 것 자체에 있는 것이 아니라 하느님을 만나서 그분과 합일하는 것에 있기에, 무엇보다 하느님을 만나려는 갈망, 그분과 하나 되려는 온전한 마음을 가지고 오롯이 그분 한 분만을 바라보며 나아가는 자세가 중요할 것이다.

이번 연구를 통해서 분심잡념의 어원적 의미로부터 분심잡념이 우리를 하느님과의 사랑의 관계에서 갈라놓고 떼어 놓으려는 악한 영의 활동과 밀접하게 관련되며, 동시에 그러한 점은 원죄와 순교영성과 연관성이 있음을 발견한 것은 작지 않은 결실이라고 생각된다. 앞으로 이러한 점들에 관한 심도 있는 연구가 이루어지길 기대하며, 완덕오계 중 일계의 내용인 분심잡념을 물리치는 방법에 관한 이 연구가 이계의 내용인 사욕에 관한 연구에도 작은 도움이 될 수 있기를 바란다.

3부

외부 전문가 편

영신수련의 관점에서 바라본 '분심잡념*을 물리치고'

박경웅(예수회 신부)

01_ 시작하며

02_ '분심잡념'이라는 말

03_ 분심잡념에 대한 이해를 위한 길잡이

04_ '영신수련'에서의 '분심잡념을 물리치고'

05_ 마치며

---

*'분심잡념(分心雜念)'은 라틴어 distractio의 번역어로서 『가톨릭대사전』에 올라와 있는 말이지만, 『표준국어대사전』에는 단어로 등록되어 있지 않다. '분심잡념'과 '분심'은 뜻의 차이를 구별할 필요가 없이 같은 의미로 사용된다. 이 글에서는 두 가지 표현을 문맥에 맞추어 혼용하고자 한다.

01 __ 시작하며

이 글에서 우리는 성 이냐시오의 『영신수련』[1]에 담긴 영적 가르침을 바탕으로 기도생활 및 수행의 여정에서 우리가 마주치게 되는 분심잡념에 어떻게 대처할 수 있을지 살펴보고자 한다.

- 분심잡념이란 무엇인가?
- 어떻게 분심잡념을 물리칠 수 있을 것인가?

이 두 질문에 대한 답을 찾아보기 위해 『영신수련』 책을 펼쳤을 때 가장 먼저 부딪히게 되는 난관은 바로 '분심잡념' 또는 '분심'이라는 단어를 찾을 수가 없다는 것이다. 따라서 분심잡념에 대하여 본격적으로 다루고 있는 대목도 특별히 없는 셈이다. 이냐시오 성인이나 그 당시의 사람들, 적어도 성인이 『영신수련』을 쓰면서 염두에 두었던 사람들은 지금 우리와는 달리 분심잡념과 씨름할 일이 없었던 것일까? 아니면 『영신수련』에서 굳이 논하지 않아도 될 만큼 널리 인정받고 통용되던 '분심 대처법' 같은 게 있었던

---

[1] 『영신수련』은 대략 30일에 걸쳐 이루어지는 침묵 피정을 위한 안내서이다. 이 글에서 책을 가리킬 때는 『영신수련』이라 표기하고, 책이 아닌 피정 그 자체나 피정 중에 이루어지는 기도 등을 가리킬 때는 『 』 없이 '영신수련'이라고만 표기하기로 한다.

것일까? 『영신수련』에서 분심이 그다지 중요하게 다루어지지 않는 주제라면 위의 두 질문에 어떻게 답할 수 있을까?

다행스럽게도 이 질문들에 대한 답은 『영신수련』 안에서 찾을 수 있다. 『영신수련』을 조금 더 깊이 들여다보면 분심이라는 주제가 『영신수련』에서 매우 비중 있게 다루어지고 있다는 것을 확인할 수 있을 뿐만 아니라, 『영신수련』이 위의 두 가지 핵심 질문에 어떻게 대답하고 있는지도 찾아낼 수 있다.

02 _____ '분심잡념'이라는 말

『영신수련』에서 분심이라는 용어는 찾을 수 없지만 분심에 대한 가르침은 찾을 수 있다. 분심이라는 말만 쓰고 있지 않을 뿐 '지금 우리가 분심이라고 부르는 것에 해당하는 현상들'이 『영신수련』 본문 곳곳에서 다루어지고 있기 때문이다. 그런데 무엇이 '우리가 분심이라고 부르는 것에 해당하는 현상들'인지 어떻게 알 수 있을까? 다시 말해, 어떤 기준으로 분심을 규정하는 것인가? 결국은 '분심잡념이란 무엇인가?'라는 첫 번째 질문으로 되돌아갈 수밖에 없다.

그렇다면 먼저 '분심잡념' 또는 '분심'이라는 말의 정의와 용법에 대해서 살펴볼 필요가 있을 것 같다. 『가톨릭대사전』에서는 분심잡념을 "마음이 산란하고 주의가 분산되어 여러 가지 잡스러운 생각이 떠오름"이라고 한자漢字 뜻대로 풀이하면서 "하느님께 마음을 집중하지 못하고 하느님 아닌 다른 것에 마음을 빼앗길 경우 일반적으로 '분심잡념'이라고 정의할 수 있다"라며 종교적 의미를 덧붙이고 있다.[2] 그런데 일상에서 이 말을 사용할 때에는 의사소통

---

2 조운룡, 「분심잡념」, 『한국가톨릭대사전』, 제6권, 한국교회사연구소, 2004, 3686쪽. 『표준국어대사전』에서도 "마음이 어수선하여 주의가 흩어짐"이라고 낱말 뜻을 풀이하고 있는데, 종교적 의미가 추가되지 않았을 뿐 거의 같은 뜻인 셈이다.

에 어려움이 없을 만큼 그 뜻이 분명할 수 있겠지만, 엄밀하게 따져 보자면 언제나 그 뜻이 명확한 것은 아니다. 말하는 사람이나 상황 등에 따라서 이 '분심'이라는 말이 가리키는 구체적인 내용이 무척이나 다양할 수밖에 없기 때문이다. '분심잡념'이라는 단어 자체는 마음이 산란해지고 주의가 분산되는 원인이 '무엇'인지, 그리고 여러 가지 잡스러운 생각이라는 것이 과연 '무엇'에 대한 '어떤' 생각인지, 또한 여기에 구체적으로 '어떤 감정'이 동반되는지 등에 대한 정보는 전혀 전달하고 있지 않다.[3] 이런 의미에서 분심잡념 또는 분심이라는 말은 경우에 따라서 이 단어를 쓰는 사람들마다 다른 의미를 담아서 사용할 수 있는 그런 종류의 말이라고 할 수 있겠다. 그 의미를 정확하게 파악하려면 이 말이 쓰이고 있는 맥락을 충분히 살피는 수밖에 없다.

『영신수련』에 '분심'이라는 단어가 사용되지 않은 이유를 알려면 적어도 '분심'이라는 단어가 언제부터 어떻게 사용되어 왔는지, 특히 『영신수련』이 쓰인 16세기 유럽에서는 어땠는지 등에 대한 지식이 있어야만 할지도 모른다. 그러나 그러한 것들을 알지 못하더라도 지금 우리가 사용하는 '분심'이라는 단어의 정의와 용법, 특징을 고려한다면, '분심'이라는 단어가 사용되고 있지 않은 『영신수련』에서도 '지금 우리가 분심이라고 부르는 것에 해당하는 내용'을 찾아내어 '분심'이라는 주제 하에서 논의하는 것이 충분히

---

3 스페인어 distracción나 영어 distraction의 경우도 마찬가지이다.

가능하고 의미 있는 작업이 될 수 있을 것이다. 그렇다면 '분심잡념이란 무엇인가?' 하는 질문에 제대로 대답하기 위해서는 분심잡념에는 어떤 것들이 있는지, 즉 어떤 것들을 분심잡념이라고 부를 수 있는지 살펴보는 것이 더 도움이 될지도 모른다.

03 분심잡념에 대한 이해를 위한 길잡이

『영신수련』에서의 분심잡념을 세분화해서 살펴보기에 앞서 분심잡념이라고 묶을 수 있는 현상 내지 경험들을 『영신수련』에서는 전반적으로 어떻게 바라보고 있는지 살펴보고자 한다. 『영신수련』에 따르면, ①분심잡념 자체가 그렇게 나쁘기만 한 것은 아니며, 따라서 ②분심잡념을 물리치려고 하기에 앞서 해당 분심잡념을 잘 살펴보고 구분할 줄 아는 것이 중요하다. 이 두 가지 요점은 『영신수련』에 담긴 영성을 바탕으로 분심잡념이라는 주제에 더 깊이 접근하는 데 필요한 길잡이가 될 것이다.

1) 분심잡념이 그렇게 나쁜 것만은 아니다

분심에 대해서 전혀 문제 삼을 필요가 없다거나 분심잡념을 물리치려는 노력 자체가 부질없다는 말을 하려는 것은 물론 아니다. 다만, 분심잡념이 조금이라도 남아 있으면 안 된다는 식의 결벽증 같은 태도는 지닐 필요가 없으며, 우리가 경험하는 분심잡념에서 오히려 긍정적인 측면도 찾을 수 있다는 점을 말하고자 하는 것이다.

첫째, 분심 자체를 자연스러운 것으로 인정하고 받아들이는 것이 오히려 분심을 다스리는 데 도움이 될 때가 있다. 잠심 중에 기도를 하거나 침묵 피정에 들어가면 평소에는 잘 의식되지도 않던 분심잡념이 마구 일어나곤 한다. 기도나 피정을 시작하기 직전에 겪었던 일상의 사건이나 그와 관련된 생각들이 떠오르는 경우가 아마 대부분일 것이다. 그것은 무척 자연스럽고도 당연한 현상이다. 보통 그러한 마음의 번잡함은 시간이 지나면서 점차 잦아들기 마련이어서 원래 기도하려고 했던 성경 말씀이나 기도 주제에 서서히 집중할 수 있게 된다. 『영신수련』에는 '영신수련'을 받는 사람이 피정을 하는 30일 동안 "모든 친구들이나 아는 사람들과 일상 업무에서 멀리 떨어질수록 더 도움이 될 것"[4]이라고 충고하는 대목이 있다. 이는 일상생활의 경험이 자연스럽게 분심잡념으로 이어질 수밖에 없다는 것을 인정하는 말이기도 하다.

둘째, 분심이 전혀 일어나지 않는 상태가 오히려 바람직하지 않은 경우도 있다. 『영신수련』에서 이냐시오 성인은 피정을 지도하는 이에게 "피정자의 영혼에 위로나 실망과 같은 영적인 움직임이 일어나지 않으며 또한 그가 다양한 영들로 인해 동요되지도 않는다고 느끼면, 정해진 시간에 기도를 하는지 또 어떻게 하는지 등에 대해 자세히 물어야 한다"[5]고 안내한다. 어떠한 분심도 없이 마

---

4 로욜라의 성 이냐시오, 정제천 옮김, 『영신수련』, 이냐시오영성연구소, 2005, 20항(이하 『영신수련』으로 표기).
5 『영신수련』 6항. 여기서 "실망과 같은 영적인 움직임" 또는 "다양한 영들로 인해 동요"된다고 하는 상태는 (바로 위에서 언급된) 일상생활의 여파에서 오는 마음의 번잡함과는 구

냥 잔잔하고 평온한 마음 상태만 지속된다면 그것은 이 사람이 기도나 피정에 진심으로 임하고 있지 않기 때문이라고 짐작해 볼 여지가 있다는 것이다.[6] 바꿔 말하면, 영적인 위로뿐만 아니라 영적인 실망, 즉 마음의 갈등이나 혼란이 일어나는 경우도 피정자가 충실하게 기도하며 영적 여정을 제대로 시작하고 있다는 신호가 되기도 한다. 위에서 언급한 것처럼 일상생활 중에는 잘 느껴지지도 않던 분심잡념이 기도나 피정 때에 많이 올라오는 경우가 일반적이라는 것을 생각하면, 분심이 전혀 일어나지 않는 것은 어쩌면 기도에 들어가지 못한 채 생각과 마음이 여전히 일상의 영역에 머물러 있거나 아니면 그저 이도저도 아닌 어정쩡한 상태에 있기 때문일 수 있는 것이다.

셋째, 분심잡념의 유무나 많고 적음은 기도가 얼마나 잘 되었는지 평가하는 기준이 되지 못한다. 일반적으로 분심이 없거나 분심이 생기더라도 금방 가라앉히고 기도 주제와 내용에 충분히 집중하였을 때 우리는 기도가 잘 되었다고 느낀다. 이런 경우 의미 있는 깨달음이나 마음의 감동과 같은 기도의 열매가 있기 마련이고, 여기에 덤으로 만족감과 자신감까지 얻고는 한다. 반면, 졸음과 싸우거나 생각과 마음을 산란하게 하는 분심잡념에 시달리며

분될 수 있겠지만, 마음의 갈등이나 혼란 등으로 기도의 주제나 기도의 대상인 하느님께 집중하지 못하는 마음 상태라는 점에서 분심에 해당한다고 말할 수 있을 것이다.

6 William Yeomans, "Retreat Prayer", *The Way* 3/3, 1963, p.197.

정작 기도하고자 했던 주제와 내용에 제대로 집중하지 못한 채 기도 시간을 보낸 경우라면 기도가 잘 안 되었다고 느끼고 심지어 죄책감이나 실의에 빠지기도 한다. 그러나 『영신수련』에서는 피정자가 정해진 기도 시간을 채운 것만으로 만족할 수 있도록 하라고 알려 준다.[7] 물론 우리의 기도 체험을 성찰하고 평가하는 작업이 다양한 차원에서 이루어져야 한다는 것을 부정할 필요는 없지만, 적어도 『영신수련』에서 기도를 평가하기 위해 명시적으로 제시하는 객관적인 기준은 정해진 기도 시간을 채웠느냐 하는 것뿐인 셈이다.[8] 기도하는 사람이 맞서 싸워야 할 유혹은 분심이 일어난다는 사실 자체가 아니라, 하던 기도를 예정보다 빨리 끝내 버리고 싶은 마음이다. 마음에 위로나 좋은 느낌이 있을 때는 기도하는 것이 어렵지 않지만, 분심에 시달리는 와중에도 기도 시간을 지키며 머무르는 것은 결코 쉽지 않다.[9] 하느님이 보시기에 더 잘된 기도가 무엇인지 우리 편에서의 만족감만을 기준으로 판단할 수는 없는 일이다.

넷째, 하느님은 우리의 분심잡념을 통해서도 일하신다. 물리쳐야 할 분심이라고 여겼던 생각과 감정들이 새로운 깨달음과 영적 통찰로 이끄시는 하느님의 초대인 것으로 드러나는 경우가 있

---

7 『영신수련』 12항.
8 William Yeomans, "Retreat Prayer," *The Way* 3/3, 1963, p.200.
9 『영신수련』 13항.

다. 또한 종종 하느님은 분심과 같은 여러 가지 시련[10]을 허락하심으로써 우리가 자신의 한계를 체험하고 참된 겸손으로 나아가면서 영적으로 정화되고 성장할 수 있는 기회를 주기도 하신다. 분심잡념에서도 우리는 영적인 가치를 발견할 수 있는 것이다.[11] 우리가 분심잡념을 통해서 하느님께 나아갈 수 있을 뿐만 아니라 분심 안에서도 하느님을 발견할 수 있다는 낙관적인 믿음은 「원리와 기초」[12]와 「사랑을 얻기 위한 관상」[13]에 핵심적으로 표현되어 있는 영신수련의 근본적인 세계관과 하느님 이미지로부터 흘러나온다. 하느님은 당신이 창조하신 모든 피조물 안에 거처하실 뿐만 아니라 그 모든 것 안에서 나를 위하여 끊임없이 일하고 수고하는 분이시다. 또한 하느님이 창조하신 이 세상의 모든 것은 우리 인간이 창조된 목적, 즉 하느님의 사랑에 응답함으로써 자기 영혼을 구하는 데 도움이 되도록 우리에게 주어진 선물이기에 우리가 그것을 어떻게 받아들이고 사용하느냐에 따라 그 가치가 결정된다. 똑같은 선물일지라도 경우에 따라서 우리를 하느님으로부터 멀어

---

10 기도 중에 경험하는 졸음이나 메마름도 이러한 시련에 해당할 것이다. 이런 것들은 분심과 구분되는 것으로 설명할 수도 있겠지만, 넓은 의미에서 분심의 일종이라고 취급해도 무방할 때도 있다. 다만, 하느님께서 허락하신 시련과 자기 탓으로 일어나는 분심, 졸음, 메마름은 구분하여 다룰 필요가 있다. 권오면, 『어떻게 기도할 것인가? 영신수련의 묵상기도와 관상기도』, 성서와함께, 2020, 124쪽.

11 권오면, 같은 책, 117~121쪽.

12 『영신수련』 23항.

13 『영신수련』 230~237항.

지게 만드는 걸림돌이 될 수 있는가 하면 우리를 하느님께로 더 가까이 이끌어 주는 디딤돌이 될 수도 있기에 우리에게는 올바른 식별과 선택이라는 문제가 중요해진다. 분심잡념이 우리로 하여금 하느님을 찾거나 만나지 못하게 만들기도 하지만, 바로 그 분심이 우리를 하느님께 가까이 이끌어 줄 수도 있는 것이다.

2) 분심잡념의 다양한 종류를 살피고 구분할 필요가 있다

분심에 효과적으로 대처하기 위해서는 분심의 종류가 다양할 수 있다는 것을 염두에 둘 필요가 있다. 분심이라고 해서 다 같은 분심이 아닐 수 있기 때문이다. 분심잡념이라고 할 만한 것들을 잘 들여다보고 그 내용이나 성격 등에 따라 나누어 볼 때, 명심해야 할 것은 『영신수련』의 「원리와 기초」에서 제시하는 대로 "목적에 도움이 되면 그만큼 사용할 것이고, … 방해가 되면 그만큼 버려야 한다"[14]는 원칙을 적용하는 것이다. 여기서 목적이란 "우리 주 하느님을 찬미하고 경배하고 섬기며 또 이로써 자기 영혼을 구하기 위함"[15]이라는 '사람의 창조된 목적'이다. 그리스도인에게 이 목적은 다른 것으로 대체될 수 없는 절대적인 최종 목적이다. 다만, '하느님 사랑과 이웃 사랑'이라든지 '예수님이 보여 주신 모범대로

---

14 『영신수련』 23항. 이 원칙을 '딴뚬콴뚬(Tantum quatum)'이라고 부르기도 하는데, '딴뚬콴뚬'은 '~하는 만큼 ~한다'는 의미의 라틴어 표현이다.
15 『영신수련』 23항.

사는 것', '참된 사랑의 삶을 사는 것', '하느님 뜻대로 사는 것', '하느님과의 일치' 또는 '면형무아麵形無我' 등으로 달리 표현해 볼 수는 있겠다.

기도 중에 분심이 일어날 때 그 분심을 놓고 이 원칙을 적용해 보면 그 분심이 어떤 종류의 분심인지 그리고 그 분심에 대하여 어떻게 해야 할 것인지 명확해진다. 분심잡념을 여러 가지 기준이나 방식으로 분류해 볼 수도 있지만, 가장 단순하고 효과적인 것은 이 원칙을 적용하여 분심을 '중요한 것'과 '중요하지 않은 것' 또는 '나를 하느님께로 이끄는 것'과 '그렇지 않은 것' 등으로 나누어 보는 것이다.

간단한 예를 들어 보자. 내적 침묵을 유지하며 기도에 깊이 몰입해 있는 순간에도 '어머, 쓰레기 치우는 걸 깜빡했네!' 하는 생각이 떠오를 수 있다. 이런 중요하지 않은 분심은 그냥 흘러가도록 내버려두면 된다.

그런 게 아니라, 최근에 공동체 안에서 한 형제와 사소한 일로 다투었던 일이 기도할 때마다 생각나 자꾸만 분심이 되고 속상하기까지 한 경우라면 어떨까. 과연 그런 생각과 느낌이 그저 사라지기를 기다리거나 흘려보내기만 하는 되는 그런 분심인지 다시금 살펴볼 필요가 있을 것이다. 이런 경우는 아마도 단순한 분심이 아니라 오히려 기도의 주제로 삼아 그때 있었던 일이나 그 사람과의 관계에 대해 깊이 생각해 보라는 하느님의 말씀으로 받아들일 수도 있을 것이다.[16] 위의 원칙을 적용할 때 기준으로 삼아야 하는 최종 목적이 '기도에 집중하기'라든가 '마음이 평화로워지기'가 아니라 "하느님을 찬미하고 경배하고 섬기며 … 자기 영혼을 구하기 위함"[17]이라는 '사람의 창조된 목적', 달리 말하면 '하느님 사랑에 응답하기'라는 것을 잊지 말아야 할 것이다.

---

16 제임스 마틴 지음, 김순기 옮김, 「기도할 때 드는 분심들」, 『기도, 이렇게 하니 좋네요』, 바오로딸, 2021, 155~157쪽.
17 『영신수련』 23항.

04 ____ '영신수련'에서의 '분심잡념을 물리치고'

분심잡념을 무조건 없애야 할 나쁜 것으로 여기기보다 그러한 분심에서도 영적인 의미와 하느님의 뜻을 발견하고자 하는 태도가 『영신수련』에 깔려 있지만, 그렇다고 해서 『영신수련』은 분심잡념을 극복하려는 노력을 결코 소홀하게 여기지 않는다. '영신수련'은 말 그대로 영적인 수련, 즉 영혼의 근육을 단련시키기 위한 훈련이기 때문이다.[18] 그렇다면 『영신수련』에서는 분심잡념에 어떻게 대처하라고 가르치고 있는지 구체적으로 살펴보도록 하자.

첫째, 단순한 분심, 즉 기도나 피정의 흐름에 깊이 들어갈 때 자연스럽게 일어나기 마련인 번잡한 생각과 어지러운 마음에 대처하기 위해서 『영신수련』은 최대한 기도에 전념할 수 있는 환경을 조성하는 데 신경 쓰도록 충고한다.

앞서 언급한 것처럼 30일의 피정 기간 동안 평소 하던 일이나 아는 사람들의 방해를 받지 않도록 다른 집이나 방으로 옮겨 가서 지내라는 충고[19]는 마음이 어수선해지고 주의가 흩어지는 것

---

18 『영신수련』 1항.
19 『영신수련』 20항.

을 막기 위한 방법 중 가장 먼저 시도해 볼 수 있는 상식적이고 합리적인 대책일 것이다. 또한 「수련들을 더 잘하고 바라는 것을 더 잘 얻기 위한 부칙들」[20]에서는 아직 피정의 분위기에 깊이 젖어들지 못한 피정자가 흐트러지기 쉬운 마음을 다잡고, 해야 할 기도에 보다 더 집중하도록 돕기 위한 실천적이고 실용적인 제안들을 찾아볼 수 있다. 예를 들면, 잠자리에 누우면 성모송을 한 번 바치는 시간 동안 다음 날 아침에 기도할 내용을 생각하고, 잠에서 깨면 다른 생각을 하기보다 기도할 주제에 맞는 생각들을 떠올리면서 옷을 입으라는 것이다.[21] 기도를 시작하기 직전에는 기도할 자리 앞에 서서 주님의 기도를 바칠 만한 시간 동안 하느님이 어떻게 나를 보시는지를 생각하라는 안내[22]는 「사랑을 얻기 위한 관상」에서 "내가 우리 주 하느님과 천사들 그리고 나를 위해 전구하고 있는 성인들 앞에 어떤 모습으로 있는지"[23] 상상의 눈으로 보라고 하는 기도 길잡이와도 비슷한데, 본격적인 기도에 들어가기에 앞서 최대한 분심을 줄이고 기도에 집중할 수 있도록 하기 위한 요령이 된다. 또한 자신의 죄에 대하여 묵상하는 시기에는 "우리 죄 때문에 괴로움과 고통을 느끼고 눈물을 흘리고자 하는데" 기쁘고 즐거운 생각이 떠올라 방해가 되지 않도록 필요한 경우를

---

20 『영신수련』 73~90항.
21 『영신수련』 73~74항.
22 『영신수련』 75항.
23 『영신수련』 232항.

제외하고는 창문을 가리는 등 밝은 것을 없애고 방을 어둡게 만들어서 기도 주제에 어울리는 분위기를 만들도록 권고한다.[24] 이처럼 『영신수련』은 기도하는 사람이나 피정자가 마음의 고요를 유지하고 정신을 집중하는 데에 도움이 되고 자신의 의지나 능력으로 통제할 수 있는 부분이라면 할 수 있는 모든 것을 하도록 초대한다.

둘째, 우리가 경험하는 분심잡념들을 '영의 식별'이라는 관점에서 바라볼 때 좀 더 명확하게 이해하고 대처할 수 있는 경우가 있다. 『영신수련』이 전제하고 있는 영적 세계관에 따르면, 내가 하는 생각이라고 해서 모두 순전한 내 자유와 원의에서 나오는 생각이 아니다. 내 마음 안에 올라오는 생각 가운데는 나 자신으로부터 오는 생각뿐만 아니라 선한 영으로부터 오는 생각과 악한 영으로부터 오는 생각도 있기 때문이다.[25] 그렇기에 내 마음의 움직임이나 생각의 흐름이 어떤 영의 영향을 받고 있는지 살펴보는 것이 중요하다.

「영의 식별 규칙」[26]에 따르면, 악한 영은 하느님과 점점 멀어지고 죄로 기울어지는 사람에게 "노골적인 쾌락을 제시하고 감각적인 쾌락과 즐거움을 상상하도록" 한다.[27] 한편, 하느님께 더 가까

---

24 『영신수련』 79항.
25 『영신수련』 32항.
26 『영신수련』 313~336항.
27 『영신수련』 314항.

이 나아가고자 애쓰는 사람에게는 "슬픔에 빠져 애타게 하며 진보하지 못하도록 장애물을 두고 거짓 이유로 마음을 혼란스럽게 한다."[28]

뜬금없이 떠올랐다가도 자연스럽게 사라지기 마련인 단순한 분심과는 달리 어떻게 해서든지 우리를 하느님으로부터 멀어지게 만들고 '영적 실망'[29]으로 이끌고자 하는 악한 영의 술책은 훨씬 더 교묘하고 복잡하기에 조금은 더 지혜롭게 대처할 필요가 있다. 단순한 분심과 악한 영의 속임수에 의한 분심이 언제나 명확하게 구분되는 것은 아니다. 기도 중에 엉뚱한 상상이나 기억이 떠올라서 마음이 어수선해질 때, 이에 대해 그럴 수 있는 자연스러운 현상이라고 여기고 그냥 흘러가게 둠으로써 원래 하던 기도로 돌아갈 수 있다면 단순한 분심인 셈이지만, 그런 분심이 들었다는 것으로 인해서 짜증을 내거나 자책감에 빠진다든가, 아니면 기도를 중단해 버린다든가 하는 식으로 반응하게 된다면 악한 영의 유혹에 넘어간 경우가 될 것이다. 처음에는 엉뚱한 생각에 불과하다고 여겼던 그 분심에 어떤 중요한 의미가 담겨 있음을 깨닫고 그 생각을 통해서 하느님이 나에게 말씀하고자 하시는 것에 귀를 기울

---

28 『영신수련』 315항.

29 spiritual desolation. 영적 고독 또는 영적 황폐함으로 번역되기도 하는 말이다. 영적 실망의 상태에 빠지면 "영혼이 어둡고 혼란스럽고 현세적이고 비속한 것으로 기울며 여러 가지 심적인 동요와 유혹에서 오는 불안감 등으로 불신으로 기울고 희망도 사랑도 없어지고, 게으르고 냉담하고 슬픔에 빠져서 마치 자기 창조주 주님으로부터 멀리 떨어져 있는 것처럼 생각"에까지 이르게 된다. 『영신수련』 317항.

이는 마음 자세를 갖게 된다면 선한 영의 초대에 마음을 여는 순간이 될 것이다.

셋째, 분심잡념의 내용이나 방향이 항상 일정한 패턴을 보이면서 하느님께 온전히 마음을 두지 못하게 하고 기도 자체를 방해하는 정도가 심한 경우는 '무질서한 애착'이라는 관점에서 성찰해 볼 필요가 있다. '무질서한 애착'이란 '영신수련'에서 무척 중요하게 다루어야 하는 개념 가운데 하나로서, 쉽게 말하자면 '하느님이 아닌 다른 것으로 이끌리는 내적 경향'이다.[30] 『영신수련』에서는 하느님의 뜻을 찾고 발견하려면 온갖 무질서한 애착에 이끌리지 않아야 한다는 것을 거듭 강조한다.[31] '영신수련'의 목적이 무질서한 애착을 없애는 것이라고 해도 과언이 아닐 정도이다. 애착이 '무질서'하다는 것은 내적 경향성과 태도 등이 인간의 창조된 목적이 아니라 "자기 사랑과 자기 의지와 이권"[32]을 중심으로 질서가 잡혀 있다는 말이다.

무질서한 애착은 쉽게 그 모습을 드러내지 않는 경우도 많다. 누가 보더라도 나쁘고 해로운 것이 명백하게 드러나는 무질서한

---

30 『영신수련』에서 '무질서한 애착'을 극복하려는 과정에 해당하는 부분을 무아 방유룡 신부님의 침묵에 관한 가르침, 특히 침묵 생활을 위하여 제시한 완덕오계와 연결시키고자 한 논의가 있다. 정제천, 「성 이냐시오의 영신수련과 무아 방 신부님의 영성에 관한 비교」, 『무아 방유룡 영성 학술 논문집 1』, 도서출판 순교의 맥, 2017, 111쪽.
31 『영신수련』 1·21항.
32 "무릇 자기 사랑과 자기 의지와 이권에서 벗어날수록 모든 영적인 일에서 진보한다는 것을 생각하라." 『영신수련』 189항.

애착도 있겠지만, 무질서한 애착이 겉으로는 악하거나 나쁜 것으로 보이지 않기 때문에 무질서한 애착으로 여겨지지 않는 경우도 많다. 그 본모습을 숨기고 우리의 생각과 행동에 영향을 미치는 것이다. 자신이 하는 생각이나 말과 행동이 하느님과 이웃을 위한 거룩하고 선한 동기에서 나오는 것이라고 하지만, 실제로는 자신의 이익과 만족을 위한 것이었음이 드러나는 경우를 생각해 볼 수 있다. 복음적 가난의 삶을 추구했지만, 실제로는 복음적 가난을 추구한다는 평판과 명예를 추구한 경우도 떠올릴 수 있다. 심지어 그러한 무질서한 애착, 자기중심적인 동기를 숨기고 남을 속이려는 의도도 없을 뿐만 아니라 자기 자신도 철썩같이 거룩하고 선한 동기에서 하는 것이라고 믿고 있는 경우도 있다. 『영신수련』에는 '빛의 천사의 모습을 취한 악한 천사'의 속임수에 대해서 설명한다. "처음에는 그런 의로운 영혼에 맞추어서 거룩한 좋은 생각들이 들게 하지만, 나중에는 차차 제 본모습을 드러내어 그 영혼이 자신의 은밀한 속임수들과 사악한 의도에 빠져들게 하는 것이다."[33] 이처럼 무질서한 애착에서 자유로워지는 것에 못지않게 그것을 파악하고 인정하는 것도 쉽지 않다.

그렇다면 기도 안에서 받은 거룩한 생각이나 감동, 영적인 깨달음이라고 생각했던 것들이 정작 내 안에 깊이 자리 잡은, 나조차도 제대로 의식하지 못한 무질서한 애착에서 기인하는 분심잡념

---

[33] 『영신수련』 332항.

일 수도 있다는 말인가? 그럴 수도 있고 아닐 수도 있다. 『영신수련』은 그 생각의 시작과 진행을 살펴보는 것이 도움이 된다고 한다. 어떤 식으로든 "떠오른 생각들의 진행에 있어서 결과가 악이거나 딴길로 벗어나"는 경우뿐만 아니라 "처음에 하고자 한 것보다 덜 좋거나, 전에 가졌던 평화와 안정, 침착성을 빼앗아 영혼을 혼란스럽고 불안하게 하면" 이것은 악한 영의 속임수에서 나온 것이라는 표지가 된다는 것이다.[34] 좋은 생각이나 영적 위안이라고 여겼던 것들이 악한 영의 속임수에 넘어가게 하는 자기기만이나 거짓 위안인 것으로 드러난 경험이 있다면 그러한 경험을 다시금 살펴보고 성찰할 수 있어야 한다. 생각이 어떻게 흘러갔고 어느 지점에서 은밀한 속임수가 있었는지 살펴보고 점검한다면 악한 영의 상투적인 속임수에 또다시 넘어가지 않을 것이다.[35]

악한 영의 유혹으로 나타나는 분심잡념에 대처하는 또 다른 중요한 원칙은 고해 사제나 영적 지도자에게 투명하게 드러내는 것이다. 악한 영은 언제나 자신의 계략이 비밀에 부쳐지기를 바라기 때문에 갖가지 거짓 이유를 들면서 다른 사람에게 말하지 못하게 하려고 한다. 기도를 방해하고 마음을 괴롭히는 분심잡념이나 각종 유혹에 대해서 누군가에게 말을 하기 시작하면 더욱 난처한 상황에 처하게 될 것이라거나 그런 문제 정도는 스스로의 힘으로 해

---

34 『영신수련』 333항.
35 『영신수련』 334항.

결해야 한다고 생각하게 만드는 식이다. 그러나 믿을 만한 사람에게 솔직하게 털어놓는 것만으로도 악한 영의 유혹과 속임수는 제 힘을 쓰지 못하고 물러나는 경우가 많다.[36]

---

36 『영신수련』 326항.

05 ____ 마치며

기도나 수행修行의 여정에 있는 이라면 누구나 분심잡념과 씨름하게 되는 순간이 있다. 더 정확하게, 아니 더 솔직하게 말하자면, 그 종류나 정도의 차이가 있을 뿐 분심은 항상 우리를 따라다니고 있는 것인지도 모른다. 사실, 분심을 어떻게 다스릴 것인가, 즉 '어떻게 하면 마음이 흐트러지거나 잡다한 생각에 빠지지 않고 중요하고 본질적인 것에 온전히 집중할 수 있을까' 하는 문제는 종교적 맥락을 떠나서도 중요하게 다루어질 수 있는 보편적인 주제이기도 하다. 따라서 동서양과 시대를 막론하고 분심을 극복하기 위한 고민은 항상 존재해 왔고 이에 대한 지혜도 많이 축적되어 있다고도 할 수 있다. 그러한 지혜를 두루 참고하기도 하고 각자의 경험을 성찰하고 시행착오를 겪어 가면서 우리는 자기 자신에게 가장 도움이 되는 길을 찾아나가게 된다.

지금까지 우리는 성 이냐시오의 『영신수련』에서 제시하고 있는 영적 가르침을 바탕으로 우리가 기도생활에서 경험하게 되는 분심을 어떻게 이해할 수 있을지, 그리고 분심에 어떻게 대처할 수 있을지에 대해 살펴보았다.

'분심'이라는 단어가 정작 『영신수련』에 등장하지 않는다는 흥미로운 사실은 오히려 우리로 하여금 '분심'이라는 개념을 조금 더 깊이 생각해 보는 계기를 마련해 주었다. 아울러, 우리가 일상에서 '분심'이라고 부르는 것들이 『영신수련』 본문 곳곳에서 다루어지고 있음을 확인할 수 있었다. 『영신수련』은 단순한 분심을 가라앉히는 실천적이고 구체적인 방법을 제안할 뿐만 아니라, 악한 영의 유혹에서 기인하는 분심을 간파하고 이에 대처할 수 있도록 '영의 식별'이라는 관점을 제공한다. 또한 『영신수련』은 '무질서한 애착'이라는 개념을 통해 우리 안에 깊게 뿌리 내리고 있는 '무질서함'에서 기인하는 분심까지도 바라보도록 초대한다. 결국 『영신수련』은 갖가지 이유로 다양하게 드러나는 여러 가지 마음의 상태를 '분심'이라는 말로 뭉뚱그려 다루기보다는 각각의 마음의 움직임을 유심히 살피고 구분하여 대처하는 방식을 택하고 있다고 할 수 있겠다. 이러한 관점을 참조하여 우리 각자의 수도 생활 및 기도 생활에 적용할 때 '도움이 되면 그만큼 사용하고 방해가 되는 그만큼 버려야 한다'는 원칙을 잊지 않을 수 있으면 좋겠다.

정신병리학적 관점에서 바라본 '분심잡념을 물리치고'

최영숙(정신과 전문의)

01_ 시작하며

02_ 분심잡념에 대한 이해

03_ 마치며

01 ____ 시작하며

성안드레아병원에서 정신건강의학과 전문의로 일하고 있다. 신부님으로부터 분심에 대한 원고 청탁을 받았다. 조직의 요청이라는 점, 약간의 호기심, 무의식과 떨어져서 병원과 가정에서 의식의 머리만 이리저리 굴리는 삶에 대한 회개의 마음이 작동하여 원고를 수락한 것 같다. 그런데 경험도 지식도 부족하여 잘 알지도 못하면서 분심에 대한 글을 어떻게 쓸 것인가?

분심을 물리치고 얻고 싶은 강렬한 무엇을 가지고 있는 사람만이 분심에 대해 고민할 것이다. 기도 중, 미사 중, 입은 기도문을 외고 있지만 생각은 둥둥 떠다니는데도 그 분심에 대해 별로 고민을 하지 않았다. 그런데 공부를 하는 중 드는 분심, 분석 받을 때 꿈과 삶에서 나타나는 상들, 콤플렉스, 그림자 등에 대해서는 고민을 했다. 평가해 주는 시험과 분석가 선생님이 있기 때문일까? 아무튼 하느님과의 일치를 방해하는 분심에 대해서는 고민이 없었다는 고백이다.

융 학파 이유경 선생님과 이부영 선생님께 정신분석을 받으면서 자기실현과 하느님의 뜻을 따라 사는 삶이 다르지 않다는 생각을 품게 되었다. 신앙심이 깊지 못하고 분석 공부도 마치지 못했지만 정신과 의사로서 매일 분심으로 인한 병리적 증상을 호소하는 사람들을 만나고 간헐적으로 내면의 목소리와 하느님의 뜻을 좇으려고 성찰하는 평범한 사람인 나도 나의 수준에서 분심에 대해 써 보는 것도 나쁘지 않겠다고 스스로를 북돋운다. 수도자들이 주로 읽을 이 글에서 분심에 대해 아는 척하고 척한 것을 들킬까 걱정은 않기로 한다. 분심에 대해 고민해 보라는 무의식의 요구가 있기에 이 글이 나에게 들어온 것으로 수용한다.

글의 처음과 끝은 에세이 형식이 되고, 자신의 경험이 부족하기에 중간 부분은 나의 선생님들과 국내외 연구자들의 연구 결과물을 인용하고 정리하여 구성하였다.

02 ___ 분심잡념에 대한 이해

완덕오계는 구체적인 침묵의 길이다.

일계, 분심잡념을 물리치고 이계, 사욕邪慾을 억제하고 삼계, 용모에 명랑과 평화와 미소를 띠우고 언사에 불만과 감정을 발하지 말고 태도에 단정하고 예모답고 자연스럽게 하고 사계, 양심불을 밝히고 오계, 자유를 천주께 바치고 그 성의聖意를 따를 지니라.[1]

1) 분심의 개념

분심잡념은 마음이 산란하고 주의가 분산되어서 여러 가지 잡스러운 생각이 떠오르는 것을 일컫는 말이다. 종교적으로는 수도 또는 수행을 방해하는 여러 가지 옳지 못한 생각을 '분심잡념'이라고 표현되어 왔다. 이 옛말은 오늘날의 '주의산만'이나 '주의력 산만'에 해당하는 개념이다. 한불자전(1880)에 따르면 '잡념'은 'distraction' 또는 'vaine pensee'의 뜻이고, '분심잡념'은 ① 기도

---

[1] '무아 방유룡 안드레아 신부의 영성', 한국순교복자성직수도회(http://www.brotherhood.or.kr)

에 소홀하다, 부주의하다, 방심하다distraction dans les prieres, ② 걱정, 염려, 불만, 혹은 무엇에 마음을 빼앗김preoccupation을 의미한다. 그런데 이 첫째 번의 '주의산만' 즉 'distraction'은 그 어원인 라틴어의 'distrahere' 즉 '갈라놓다', '떼어 놓다'에서 나온 것이다. 그리스도 교회의 입장에서 볼 때는 '주의산만'이란 미리 정해 놓은 대상으로부터 주의력을 딴 데로 돌리는 것을 말한다. 기도할 때의 주의산만에는 두 가지가 있다. 즉 의식적인 경우와 무의식적인 경우인데, 하느님의 눈앞에 있다는 사실에 충분히 주의 집중 노력을 하지 않을 때는 의식적인 주의산만이며, 이것은 '소죄'가 된다고 보아 왔다. 그러나 주의력을 딴 데로 돌리는 것이 죄가 됨은, 정신의 주의력이 기도 중의 특정의 생각으로부터 빗나가기 때문에 그런 것이 아니라, 하느님에게 대하여 주의력을 집중하고 있지 않기 때문에 그런 것이다.[2]

분심잡념은 우리 정신과 마음의 먼지이며 구름, 안개와 같은 것으로, 우리 마음에 비추어져야 할 하느님의 빛, 성령의 빛을 막는 장애물이라고 할 수 있다. 이 계명은 우선 마음을 수렴하고 가라앉혀서 고요하게 하려는 데 그 목적이 있다. 먼저 우리 마음을 잔잔한 물처럼 맑고 깨끗하며 고요한 상태로 만들어야 하느님을 하느님으로 만나고, 우리 자신을 또한 있는 그대로 직시할 수

---

2 '분심잡념', 굿뉴스 가톨릭길라잡이(https://maria.catholic.or.kr/dictionary)

있기 때문이다. 사욕은 분심잡념의 원인이 되므로 일체 허용하지 말아야 한다. 이 사욕은 말 그대로 나쁜 욕구인데, 인간의 이기적인 본성에서 나오는 거의 모든 욕구를 총칭하는 말이다. 사욕의 뿌리는 너무도 깊어 단번에 우리 힘으로 뽑아내는 것은 불가능하며 반드시 우리의 노력과 더불어 하느님의 은총이 있어야 한다고 말한다.[3]

분심잡념의 내용은 죄 되는 생각하는 것, 공상, 망상, 쓸데없는 생각, 때 아닌 생각(과거, 미래)이다. 분심잡념은 우리 정신과 마음의 먼지이며 구름, 안개 같은 것으로 우리 마음에 맑음을 방해하고 막기 때문에, 분심잡념은 쓸데없이 시간을 허비하게 하며 꼬리를 물고 나쁜 생각으로 전환되기 때문에 물리쳐야 한다.[4]

분심은 마음이 어수선하여 주의가 흩어짐을 말한다.[5] 잡념은 여러 가지 잡스러운 생각, 불교에서 수행을 방해하는 여러 가지 옳지 못한 생각을 말한다.[6]

또한, 분심잡념에 대한 이해에 있어 번뇌의 의미를 알아보는 것도 도움이 될 것이라고 생각되어, 번뇌의 사전적 뜻도 알아본다. 번뇌는 마음이 시달려서 괴로워함 또는 그런 괴로움을 뜻하고, 불

---

3 '무아 방유룡 안드레아 신부의 영성', 한국순교복자성직수도회(http://www.brotherhood.or.kr)
4 '면형무아', 한국순교복자성직수도회(https://dbskorea.wixsite.com)
5 '분심', 네이버사전(https://ko.dict.naver.com)
6 '잡념', 네이버사전(https://ko.dict.naver.com)

교에서는 마음이나 몸을 괴롭히는 노여움이나 욕망 따위의 망념을 말한다.[7]

근본적으로 자신에 대한 집착으로 일어나는 마음의 갈등을 나타내는 불교 심리 용어이다.[8]

2) 현대의 개념

Mind-wandering 방황하는 마음
진행하고 있는 과제나 외부 환경에서의 사건으로부터 사고의 내용이 변화하는 것.

Spontaneous thoughts 자연발생적 사고
한 정신 상태에서 다른 정신 상태로 전환에 대한 강한 제약이 없어서 상대적으로 자유롭게 발생하는 정신 상태.

Daydreaming 백일몽
물리적 혹은 사회적 현실로부터 유리된 공상적인 생각.

Rumination 반추

---

7 '번뇌', 네이버사전(https://ko.dict.naver.com)
8 '번뇌', 네이버지식백과(https://terms.naver.com)

mind-wandering과 역의 관계, 어긋난 mind-wandering, 하나의 주제에 고정되는 경향.[9]

3) 중심과 분심

아돌포 니콜라스Adolfo Nicolás 총장신부는 예수회The Society 전체 회원들에게 보낼 만한 편지 주제로 몇 가지 요점을 제시했다.

로욜라 이냐시오, 프란치스코 하비에르, 십자가의 요한, 아빌라의 데레사와 같은 수도자들에게서 무엇이 그들 안에 현존하는가를 물었을 때 그 대답은 '온전히 중심에 있음'이라고 믿는다. 그들은 성령과 불, 그리스도의 삶과 양식에 사로잡혀 완전히 거기에 초점을 두고 그 심오함을 체험했고, 이 새로운 중심을 둘러싸고 자신들의 전 생애를 새롭게 구축했다.

진정한 분심은 제 기도 안에 있지 않고 제 삶에 있음을 알게 되었다. 이 깨달음은 가장 전통적인 이냐시오식 기도 방법 중 하나인 성찰이라는 자각의 문을 활짝 열어 주었다.

우리가 분심에 싸여 있다면 그것은 분심거리들이 우리 주변 온 사방에 퍼져 있기 때문이다. 그 분심거리들은 일반적으로 어느 인간 공동체에서나 볼 수 있는 '상식적인' 것들이다. 여기에 사회적,

---

9 Christoff K, Irving ZC, Fox KC, Spreng RN, Andrews-Hanna JR, "Mind-wandering as spontaneous thought: a dynamic framework", *Nat Rev Neurosci,* vol.17(11), 2016, pp.718~731.

민족적 또는 문화적 집단에 속하는 모든 요소들을 포함하고 싶다. 또 다른 쉬운 유혹은 일종의 콤플렉스로 고통 받는 집단과의 정서적인 동일시이다.

그러나 모든 분심이 외부에서 온다고 생각하면 안 된다. 적어도 하나는 가장 종교적인 선의 추구, 하느님께 대한 순명, 영적 성장에서 비롯된다. 이것을 '완벽주의'라 불러 왔고, 다른 시대와 맥락에 따라 다채롭게 표현되어 왔고 이것은 오래된 분심이다. 현대 심리학은 자기 자신, 자신의 이미지와 외모, 또는 사람들의 시선에 대해 과도하게 걱정하는 현상에 큰 관심을 기울이는데, 어떤 사람들은 이것을 '자기애'라고 부른다. 역설적으로 완벽을 추구하는 우리 자신의 욕구 때문에 오히려 분심에 싸인다.

물론, 가장 강력하고 가장 핵심적인 분심은 '자아'이다. 분심은 우리의 정신과 마음의 초점이 맞지 않을 때 일어난다. 모순이나 어려움을 겪는 것은 때로는 그것이 매우 심각할지라도 복음의 삶과 소통의 일부이다. 진실로 영적인 사람은 이 경험을 통해 커다란 내적 자유로 살아가며 그 또는 그녀를 하느님과 진리 및 진정한 고통의 전문가들과 더 가까운 친밀감으로 인도한다. 영적으로 성숙하지 못한 사람들은 난관을 겪으며 그것이 모두 자아에 대한 음모라고 여긴다. 오해받고 상처받은 자아에 집중하는 것은 결국 거대한 분심이 된다.[10]

---

[10] 「분심에서 봉헌으로-중심으로의 초대-」, 『치빌타 카톨리카』, 예수회 한국관구,

4) 뇌신경 네트워크

(1) 자연발생적 사고에 대한 뇌신경 네트워크

기능적 MRI 연구를 통해서 자연발생적 사고와 관련되어 기능적으로 연결된 뇌신경 네트워크들이 조사되었다. 가장 큰 것은 디폴트 네트워크default network로 기능적으로 핵심 네트워크core network, 내측 측두엽 네트워크medial temporal lobe network, 제3 하위구조 네트워크third subsystem network 세 가지로 구분하고 있다.

핵심 네트워크를 구성하는 부위는 다른 네트워크와도 일부 공유를 하고 있어서 일종의 허브 역할을 하며, 자신 내부에서 유래된 인지기능을 담당하고 있다. 내측 측두엽 주변의 뇌 부위들이 기능적으로 엮어져 내측 측두엽 디폴트 네트워크를 이룬다. 이 부위는 기억과 연관된 부위로 미래의 새로운 사건을 생각하기 위하여 이전 경험의 조각들을 유기적으로 합치는 인지기능을 담당한다. 제3 하위구조 네트워크는 의미나 감정적인 면을 처리하는 역할을 한다.

배측 주의 네트워크dorsal attention network는 감각 정보에 집중하여 감각 정보와 운동 반응을 연결시키는 역할을 수행한다. 현저성 네트워크salience network는 외부에서 들어오거나 내부에서 만들어지는 특정 현저성 사건을 감지하고 거르는 역할을 수행한다. 복측 주의 네트워크ventral attention network는 주의력에 관여하며 특

2021.8.(Ahttps://laciviltacattolica.kr)

히 특정 인지 자극에 대해 반응한다.

　전두두정 통제 네트워크frontoparietal control network는 목표 지향적 생각에 연관되며, 대상-판개 통제 네트워크cingulo-opercular control network는 일정 과제를 지속적으로 유지시키는 역할을 수행한다.

　그런데 꿈을 꾸는 것과 창조적 사고는 어떤 면에서는 자연발생적인 사고의 일종이기도 하고, 그렇기 때문에 꿈이나 창조적 생각을 하는 데에 필요한 네트워크도 유사하다. 꿈을 꾸는 것은 내부적인 다양성이 아주 높으며 중간 정도의 자율성을 가진다고 볼 수 있다. 그런데 이렇게 자율성을 가지는 꿈을 꿀 때는 주로 내측 측두엽 디폴트 네트워크가 활성화되고 이에 비해 핵심 네트워크는 비활성화된다.

　창조적인 사고는 두 가지 종류로 생각해 볼 수 있는데, 창조적인 사고를 만드는 것은 자율성이 높은 행위이고 이는 주로 내측 측두엽 디폴트 네트워크가 활성화되어 나타나고, 이에 비해 창조적인 생각을 평가하는 일종의 목표 지향적인 행위로 핵심 디폴트 네트워크와 전두두정 통제 네트워크가 활성화된다. 그러므로 꿈이나 창조적인 사고를 하는 것은 자발성, 자율성이 높고 여기에는 내측 측두엽 디폴트 네트워크와 연관이 많다.

　마찬가지로 기능적 MRI 연구에서 현재 진행 중인 일과 관련이 없는 생각을 할 때에는, 핵심 디폴트 네트워크가 활성화되고 내측 측두엽 디폴트 네트워크는 큰 변화가 없다. 현재 과제와 연관 없는 사고라 하더라도 본인이 인지하지 못하여 자발성이 높은 생각을 할 때에는 오히려 내측 측두엽 디폴트 네트워크가 활성화되는 것을 볼 수 있다.

내측 측두엽 디폴트 네트워크는 이 밖에도 어떠한 새로운 자극이 들어왔을 때 그것을 이미 알고 있는 어떤 의미와 연결시키는 역할도 함께 수행한다.

사고의 단계에 따라 뇌신경 네트워크가 어떻게 변해 가는지를 정리하면 완전히 자연발생적인 사고를 할 때에는 내측 측두엽 디폴트 네트워크가 활성화되지만, 자율적이지만 제한되어 있는 사고를 할 때에는 현저성 네트워크나 핵심 디폴트 네트워크가 활성화되고, 목표 지향적인 제한된 생각을 할 때에는 전두두정 통제 네트워크가 활성화되어 사고의 단계에 따라 활성화되는 뇌신경 네트워크가 달라진다.[11]

5) 분석심리학적 이해

정신분석과 관상기도가 주는 유익은 둘 다 우리에게 '인격적 변화'를 가져와준다는 것이다. 또한 이 둘은 신비신학의 관상적 영성이나 정신분석이나 분석심리학이나 내적 세계로 향한다는 점에서

---

11 Christoff K, Irving ZC, Fox KC, Spreng RN, Andrews-Hanna JR, "Mind-wandering as spontaneous thought: a dynamic framework", *Nat Rev Neurosci*, vol.17(11), 2016, pp.718~731.

그리고 원초적 근원의 자리를 탐구한다는 점에서 닮아 있다.[12]

분심은 기도 안에서 제거되어야 할 생각이나 감정이 아니라, 내면의 부자유함이나 하느님과의 관계에서 걸림돌이 되는 우리의 무의식이 드러나는 것이므로 내면의 변화를 위한 도구이다. 무지의 구름은 분심을 두 종류로 분류한다. '자신의 뜻이나 의식과는 상관없이 떠오르는 생각'과 '기도자가 의도적으로 생각할 때에 일어나는 분심'이다. 로버트 리웰린은 이를 비자발적인 분심과 자발적인 분심으로 부른다. 분심은 무의식이 발현하는 통로로, 무의식과 의식의 통합이 이루어져야 우리 존재의 변화와 성장, 치유가 가능하다. 이것은 우리 내면의 치유나 기도의 성장, 하느님과의 친밀함 안에서의 성장에 중요한 역할을 한다.[13]

(1) 자기실현

자기원형이 그 사람으로 하여금 그 사람 자신이 되게끔 하는 인간의 무의식에 존재하는 근원적 가능성이라면 자기실현은 이러한 가능성을 자아의식이 받아들여 실천에 옮기는 능동적인 행위를 말한다. 여기에는 자아의 결단과 용기와 인내심이 필요하며 이것이 있음으로써 비로소 무의식과 의식의 합일이 가능해진다. 자기

---

12 이세형, 「웨슬리언 영성 수련-관상기도를 통한 무의식의 정화-」, 협성대학교, 2020.
13 오방식, 「기도에서 일어나는 분심의 긍정적 역할에 대한 연구-무지의 구름을 중심으로-」, 『장신논단』 제33집, 2009, 229~251쪽.

실현이 되느냐 되지 않느냐 하는 데는 대부분 그 개체의 자아의 태도 여하에 달려 있다. 자아가 무의식에 관심을 두고 그 뜻을 이해하여야 한다.

자기실현이 되면 될수록 그는 지극히 평범한 사람의 모습을 갖출 것이다. 그는 평범하나 분수를 아는 사람이다. 그는 그가 가야 할 바를 마음속에 묻고 그것이 그가 가야 할 길이라면 그렇게 간다. 그는 진정으로 고독한 사람일 수 있다. 그는 자기와의 일치라는 점에서 진정으로 가장 강한 사람이다. 그는 반성할 줄 알며 그런 의미에서 진정으로 종교적인 인간이다.[14]

(2) 콤플렉스

콤플렉스란 사고의 흐름을 훼방 놓고 우리로 하여금 당황하게 하거나 화를 내게 하거나 또는 우리의 가슴을 찔러 목메게 하는 마음속의 어떤 것이다. 콤플렉스란 '감정적으로 강조된 심리적 내용' 또는 '그 내용을 중심으로 한 심적 요소의 어떤 일정한 군집'을 말한다. 콤플렉스는 하나의 핵요소를 중심으로 형성되어 있는데, 이 핵요소는 강한 정감을 가지고 있는 것이 특징이다. 핵요소 주변에 여러 심리적 내용을 집결시키고 연결시키는 힘을 핵요소의 배열력이라고 하고 이런 현상을 배열이라고 한다. 콤플렉스의 배열력은 의식의 통제에 구애받지 않는 자율성을 가지고 있다. 노이로제의

---

14 이부영, 『분석심리학-C.G. Jung의 인간심성론-』, 일조각, 1999, 119~200쪽.

증상을 만드는 것도 콤플렉스의 작용 때문이다.[15]

(3) 그림자

나(자아)의 어두운 면, 즉 무의식적인 측면에 있는 나의 분신이다. 그림자는 의식이 바로 뒷면에 있는 여러 가지 심리적 내용으로 열등한 인격과 같은 것이다. 미숙하고 열등하고 부도덕하다는 등 부정적인 인상을 주는 것들이어서 좀처럼 자아가 자기의 일부분으로 받아들이기를 꺼리는 것들이다. 무의식 속에 버려져 있어 분화될 기회를 잃었을 뿐이며 그것이 의식되어 햇빛을 보는 순간 그 내용들은 곧 창조적이며 긍정적인 역할을 하게 되는 것들이다.[16]

그림자는 기도 가운데 일어나는 분심을 통해 다뤄질 수 있다. 많은 경우 분심이 기도에 방해가 된다고 이해하지만, 분심은 자기인식을 성장시키기도 하고 무의식적 요소의 통합을 가능하게 하기도 한다. 특별히 분심은 무의식적 차원의 내용을 담고 있기도 한다. 그림자 통합 과정은 자기인식의 여정이며, 자아의 포기와 자아의 죽음이 이뤄지는 어두운 밤의 경험이다. 폴 틸리히는 죄에 대해 '소외'라는 말은 종교적 관점에서 말하는 죄의 재해석이라고 기술하고 있다. '소외'를 그의 책 『흔들리는 터전』에서 '분리'라고 표현하고 있다. 그 죄의 상태에 있는 것은 분리의 상태에 있는 것이

---

15 앞의 책, 49~52쪽.
16 앞의 책, 71~72쪽.

라고 말한다. 개별적인 삶들 사이의 분리, 한 인간의 자기 자신으로부터의 분리, 그리고 모든 인간 존재의 근거로부터의 분리가 있다고 말한다. 자아가 열등하다고 여기는 인격의 부분을 억압시켜서 무의식에 소외시켜서 일어나는 그림자와 투사현상 또한 틸리히가 언급한 자기 자신으로부터의 소외와 연결된다고 볼 수 있다.[17]

(4) 신경증적 증상으로서 번뇌

앞에서 분심잡념에 대한 이해는 번뇌에 대한 의미 파악을 통해 도움을 받을 수 있을 것이라고 생각되어 번뇌의 뜻도 알아보았다. 번뇌는 마음을 시달리게 하고 몸과 마음을 괴롭힌다는 면에서 분심과 비슷한 면이 있다고 보여 번뇌에 대한 분석심리학적 견해를 정리해 보았다.

신경증은 무의식적 정신으로부터 분리하여 자신의 영역을 확보해 온 자아의식이 저절로 도달하게 되는 자기분열적 증상이다. 모든 심리 문제와 증상들은 정도의 차이가 있겠지만 자아의 궤도 이탈적 태도에 의하여 자기 자신과의 불일치를 나타낸다.

'번뇌'는 대략 정신 수련 및 수행에서 집중할 수 없을 정도로 산만하고 혼란스러운 상태를 의미하는 듯하다. 번뇌는 개인적 경험에 관한 묘사이기보다는 보편적 특성의 심적 상태나 태도를 나타

---

17 권지현, 「그림자 통합을 통한 하나님과의 일치 여정-아빌라의 데레사의 '영혼과 성'과 융의 개성화 이론을 중심으로-」, 장로신학대학교 석사학위논문, 2016.

내고 있다.

심리적 문제가 주관적으로 기술되는 것이긴 하지만 문제 자체가 주관성에 기인한다고 할 수는 없다. 정신 치료 현장에서 심리 문제를 보고하고 있는 경우나, 정신 수련 및 수행에서 혼란스러움과 괴로움에 관한 보고는 모두 한 개인의 주관적 기술이긴 하지만, 그 내용은 자아(나)가 생산하지 않은, 소위 실제적인 심리적 사실들에 관한 것이다.

기도는 심리학적으로 종교적 태도에서 보이는 전형적인 내향화에 관한 내용이다. '번뇌'는 가능한 외적 요인을 제거하고 자기 자신에게 집중하면서 생겨난 혼란스러움과 괴로움인데, 이는 소위 심리학적으로 종교적 태도에서 보이는 전형적인 내향화에 관한 내용이다.

의도적으로 종교적 태도로 내향화를 함으로써 자아의식이 활성화된 무의식적 정신의 활동을 경험하는 현상 중 하나로 번뇌를 이해할 수 있다. 이는 개인마다 차이가 있겠지만 이때의 경험적 사실은 일종의 신경증적 증상에 상응하는 현상이다. 자아의식은 자신이 생산하지 않은, 자발적 정신의 활동을 실제적으로 경험함으로써 느끼는 불안과 공포, 심지어 인격이 붕괴될 위기에 처할 수 있는 불안정한 상태에 이르는 것이다. 무의식적 정신이 활성화되면 자아의식은 영향을 받아 집중할 수 없는 혼란스러운 상태에 이른다.

신경증을 인격 발달의 장애로 간주하고 이를 해결할 수 있는 방법을 정신분석 및 치료로 제시한다. 번뇌를 다루는 정신 수행은 혼자 해야 하는 작업이지만, 정신분석 및 치료는 정신분석가 및 치료자가 피분석자 및 내담자 간의 대화를 통하여 한 개인이 인식할 수 있는 것 이상으로 나아갈 수 있다는 강점이 있다. 물론 번뇌를 다루고 있는 정신 수행에서도 스승 및 선행자들의 행적과 조언도 마찬가지 효과를 가질 것이다. 정신분석 작업은 무의식적 정신의 작용을 고려하고 반영하기 때문에 철저하게 개인적으로 무의식적 정신의 반응을 읽어 가면서 시도하게 된다.[18]

---

18 이필원 외, 『번뇌, 끊어야 하나 보듬어야 하나』, 운주사, 2020, 291~323쪽.

03 ____ 마치며

분심의 개념, 분심에 대한 현대의 뇌신경 네트워크적 접근, 분석심리학적 이해를 살펴보았다. 하지만 답은 글 속에 있는 것이 아니고 체험이다. 모든 사람이 자신의 삶을 살도록 부르심을 받았지만 그것이 모든 사람에게 와 닿고 모든 사람이 실현할 수 있는 것 같지는 않다. 그럼에도 불구하고 평범한 사람도 자기실현의 삶, 하느님의 뜻을 따르는 삶에 대한 지향을 포기하지 않고 삶의 순간에 문득문득 자신이 가야 할 길을 바라보는 것이 필요할 것이다. 그 부름은 때로는 기쁨으로, 분심으로, 고통으로, 사고로 올 수도 있다고 생각한다. 부지불식간에 스쳐 지나가는 것을 붙들 수 있기를 기도한다.

교부학적 관점에서 바라본 '분심잡념을 물리치고'

황인수(성바오로수도회 신부)

01_ 시작하며

02_ 용어에 대하여

03_ 오리게네스의 인간학

04_ 대 바실리우스, 하느님의 기억

05_ 생각의 평정

06_ 하느님의 기억과 하느님의 내주(內住)

07_ 하느님 말씀의 기억

08_ 마치며

01 ___ 시작하며

제게 맡겨진 주제는 무아無我 방유룡 신부님의 완덕 오계 중 제1계, "분심잡념分心雜念을 물리치고"와 초기 교회의 영성, 특히 수도 영성을 연결 지어 보는 것입니다. 그리스도교 영성을 말할 때 빼놓을 수 없는 오리게네스의 이야기를 조금 하고 나서 동방수도생활 제도의 아버지라 불리는 대 바실리우스의 영성에서 관련 부분을 이야기해 보려고 합니다. 이 글이 한국순교복자수도회 수사님들에게 실천적인 도움이 되기를 바라면서, 가능한 딱딱하지 않은 형식으로 체험을 곁들이는 글로 써 볼 생각입니다만, 호랑이를 생각하면서 그린 그림이 고양이가 되지는 않을지 걱정이 됩니다. 글을 쓰고 있으면서 저도 벌써 분심잡념에 사로잡혀 있는 것 같군요.

02 ___ 용어에 대하여

이번 주제에서 '분심잡념'이라는 말이 핵심이 되기 때문에 먼저 용어에 대해 이야기하고 싶습니다. 한국에서 그리스도인으로 사는 사람들은 제일 먼저 말의 문제에 부딪히게 됩니다.(이건 물론 우리만의 문제는 아니지만, 그리스도인으로 살아가는 우리 상황에 대한 고민에서부터 시작해 보자는 것입니다.) 팔레스타인 지역에서 시작된 복음이 그리스 로마 문명권 안에서 그리스도교의 몸을 입었기 때문이지요. 말이 삶에서 태어나는 거라고 한다면 구체적으로 다른 삶의 환경에서 태어난 말들이 어떻게 서로에게 이해될 수 있는가, 하는 문제입니다. 그리스도교는 헤브라이즘에 뿌리를 두고 있지만, 그곳이 그리스 사람들의 지배 아래 들어가 그 문화적 영향력이 오래갔기 때문에 신약성서는 그리스어로 쓰였지요. 예수님이 활동하시던 때는 로마제국의 통치 아래 있었고, 나중에 그리스도교가 로마제국의 국교가 되면서 라틴어가 매우 중요해졌습니다. 십자가 위의 명패에 쓰인 언어가 세 가지였던 사실을 기억하는 것으로 충분할 것입니다. 그러다 보니 이 말들이 담고 있는 여러 사고방식들이 다양하게 작용합니다. 플라톤 철학이라든지 스토아학파의 사상이라든지 하는 식으로 말입니다. 우리 말도 많은 단어가 한자를 바탕에 두고 있고, 그 말들은 불교, 유교, 도교 등 다양한 기원을 가지고 있지 않습니까.

이제 '분심잡념'의 심心에 대해서 살펴보겠습니다.

> 이는 사람의 심장 생김생김을 본뜬 그림문자로 해석되며, 이러한 해석에는 크게 이견이 없어 보인다. 그러나 이것은 오늘날 단지 심장이 아닌 여러 가지 뜻을 동시에 지시한다. 주되게는 ① 심장 기관, ② 심장 기관이 있는 신체 부위로서의 가슴께, ③ 심장이 위치한 곳으로서의 가운데, ④ 마음(그리고 생각)이다.[1]

여기서 우리 주제와 관련 있는 것은 네 번째 용례입니다. 그리고 심心이 곧 마음이라고 할 때 생각할 거리가 생기지요. "만일 '마음 = 心'이라면, 心은 감성, 이성, 혼의 활동일 뿐 아니라 그 활동의 바탕이기도 하다. 이렇게 어려운 것, 복잡한 것이 마음心이다. 이러한 뜻으로서의 '마음=心'을 적절히 가리키는 영어 낱말은 없다. 그것은 감정이나 기분을 함의하지 않으나 태도, 견해, 생각의 활동, 정신활동을 함의하는 mind, 감정, 태도, 믿음 등을 함의하는 heart를 합한 어떤 것일 터이나 mind와 heart를 동시에 지칭하는 단어는 존재하지 않는다."[2] 우리 사고방식에서는 생각하고 추론하는 활동도, 감정을 느끼는 곳도 모두 마음이지만, 서방의

---

1 우석영, 『낱말의 우주』, 궁리출판사, 2011, 229쪽.
2 같은 책, 229~230쪽.

사고방식에서는 그것을 mind와 heart로 구분한다는 말입니다. 분석적인 서양 사람들의 특성을 반영하는 것 같은데 이와 관련해서 우리는 오리게네스를 소환해 볼 수 있습니다.

03 ___ 오리게네스의 인간학

그리스도 사후 200년 뒤에 태어났고 아우구스티누스보다 200년 앞서 살았던 오리게네스는 고대 그리스도교에서 가장 방대한 저술을 남긴 교부입니다. 후대의 신학적 모색과 성서 주석들은 그의 작업에 큰 빚을 지고 있지요.[3] 우리 주제와 관련해서 이야기를 하자면 신약성서의 테살로니카인들에게 보낸 첫째 편지로부터 풀어 나갈 수 있을 것 같습니다. "… 여러분의 영과 넋과 몸이 온전하게 보존되어 우리 주님 예수 그리스도께서 내림하실 때 흠잡힐 데 없기를 바랍니다.(5,23)" 200주년 신약성서의 번역인데요. 오리게네스는 바오로 사도의 이 말씀을 바탕으로 자신의 인간학을 전개합니다. 이것을 보통 삼중적 인간관이라고 부릅니다. 200주년 번역은 '영pneuma'과 '넋psyche', '몸sarx'으로 번역하고 있는데, 새 번역 성경은 '영'과 '영혼', '육체'라고 옮기고 있지요. 여기서 '영'은 인간 안에 자리하는 신적인 요소입니다. 하느님께서 인간에게 주신 선물이라는 측면을 갖고 있지요. 반면 '영혼'은 영과 육체를 통합하는, 인간의 인격성이 자리하고 있는 곳입니다. 인간은 여기 있는 자유의지 때문에 선택할 능력이 있습니다. '육체'는 인간의 하부구조를

---

[3] 아달베르 함만, 이연학·최원오 옮김, 『교부들의 길』, 성바오로, 2010, 103~113쪽.

이룹니다. '영혼'이 인간의 핵심 부분인데 오리게네스는 영혼이 영으로 나아가면 그 사람은 영적 인간이 되고, 육적인 욕망으로 기울면 육적 인간으로 전락한다고 봅니다. 말이 조금 딱딱해졌습니다만 인간은 신적인 부분인 영pneuma과 지상적인 부분인 육sarx 가운데 위치한 영혼psyche이 핵심이다, 이렇게 말할 수 있겠습니다. 그 영혼이 신적인 것을 추구하면 영적 인간이, 지상적인 것을 택하면 육적인 인간이 된다는 거지요. 오리게네스는 영혼이 다시 세 가지로 나뉜다고 봅니다. 첫째, 영적 경향성을 띠는 지성nous, 육적 경향성을 띠는 정념passio과 욕구appetito가 그것입니다.[4] 오리게네스의 삼중적 인간관을 보면 자연스럽게 플라톤과의 차이점을 떠올리게 됩니다. 참된 이데아의 세상이 있어서 이 지상의 모든 것을 그 이데아의 그림자라고 보았던 플라톤은 영과 육 가운데에서 육은 중요하지 않다고 생각했습니다. 플라톤은 본래 천상적 존재였던 영혼이 타락해서 물질 속에 떨어지게 되었고, 그래서 식은 것psycos이 영혼psyche이며 영혼은 본래의 상태로 돌아가기를 꿈꾼다고 합니다. 플라톤은 영혼이 세 가지 요소, 즉 누스nous, 정념thymos, 욕구ephitymia로 이루어져 있다고 보았습니다.

누스라든가 프네우마 같은 말들, 그리고 영과 넋, 영혼 같은 말들 때문에 종잡기가 어려울지도 모르겠습니다. 사실 '누스'라는 말은 적당한 번역어를 찾기가 어려운 말이라고 합니다. 영, 넋, 혼

---

4 윤주현, 「오리게네스의 인간학과 주요 영성 주제들」, 『신학전망』 205, 2019, 286~289쪽.

백 같은 말들은 우리 사고방식에 있는 것인데, 이런 것들이 어떻게 서로 대응하는지를 찾아가는 작업이 이른바 토착화inculturation 작업이겠지요. 오리게네스는 자신이 태어난 문화 전통 안에서 그런 작업을 했던 위대한 신학자이자 영성가입니다. 그 때문에 후대에 단죄를 받기도 했고요. 어쨌든 한국 교회가 시작된 해를 1784년으로 본다면 우리도 이제 교회 설립 250년을 바라보고 있는 시점이고, 그런 면에서 한국인의 마음에 뿌리내린 신앙을 모색하는 작업이 있어야 하지 않을까 생각해 봅니다. 플라톤이 말하는 첫 번째 요소인 누스는 천상적인 것이지만, 뒤의 두 가지는 영이 육과 결합하면서 생겨난 것입니다. 지금까지 해 온 이야기를 살펴보면, 오리게네스는 바오로 사도의 가르침과 플라톤의 가르침을 조화시켜 가면서 인간에 대한 생각을 전개시켜 나갔다고 볼 수 있을 것 같습니다. 오리게네스가 성서의 전통과 플라톤의 가르침을 조화시켜 삼중적 인간관을 풀어냈다고 한다면 그의 인간학에서 중요한 요소가 또 있습니다. 그것은 필론의 유산인데, 필론은 예수님과 같은 시대에 알렉산드리아에 살았던 인물이었습니다. 알렉산드리아 디아스포라의 지도자였던 필론은 그리스 문화 배경 안에서 창세기를 우의적으로 해석하여 유다인들의 신앙을 변호하려고 했던 사람이었고, 알렉산드리아 사람인 오리게네스는 자연히 이런 내력에 익숙할 수밖에 없었지요. 필론의 전통으로부터 창세기 해석을 발전시키면서 오리게네스는 모상과 유사함이라는 개념을 발전시킵니다. 그에 따르면 창세기 1장 26절의 인간이 참된 인간이고, 창세기 2장 7절이 말하는 땅의 먼지로 된 인간은 타락한 인간을 가리킵니다. 오리게네스에 따르면 인간이 하느님의 모상으로 만들어졌다는 것은 창조 때부터 모상의 존엄성을 갖고 있다는 뜻입니다. 또 하느님을 닮은 사람이라는 개념은 인간이 애써 하느님을 닮으려고 노력하면서 점점 더 그분과 유사하게 되도록 해야 한다는 것을 말합니다.[5] 칠십인역 창세기는 '모상'과 '유사함'을 각각 그리스어 eikon, homoiosis로 옮기고 있는데, 우리에게 익숙한 아이콘이라는 말은 여기서 유래하지요. 신학교에서 그리스도론을 배우면서 '호모우시오스'니 '호모이우시오스'니 하면서 골머리를 썩였던 것이 생각나는데, 성부와 성자가 '동일한' 본질을 갖고 있느냐 '유사한' 본질을 갖고 있느냐 하는 것은 우리 인간이 성자 예수 그리스도를 따라 살 수 있느냐 없느냐와 관련된 문제이기 때문에 중요했습니다.

이제 정리를 해 보겠습니다. 우리말에서는 마음이 생각, 추론을 하는 지성의 자리이면서 좋아하고 미워하는 감정의 자리이기도 하다고 앞서 이야기했습니다. 그런데 서양 사람들의 생각에서는 지성적인 작용을 하는 mind와 감정이 자리하는 heart가 구별된다고 했었지요. 지금까지 플라톤을 거쳐 오리게네스까지 이어지는 마음psyche에 대한 설명에서 그것이 지성적인 작용을 하는 '누스'와 '정념'과 '욕구', 이 세 가지로 이루어져 있기 때문에 그

---

[5] V. Grossi, 『Lineamenti di antropologia patristica』, Borla, 1983, pp.50~51.

러한 것임을 볼 수 있었습니다. 지성을 따라 영pneuma을 추구하면 영적 인간이 되고, 지상적인 '정념'이나 '욕구'를 따라가면 육적인 인간이 된다는 것인데, 그것을 선택할 수 있는 자리가 바로 인간의 본질적인 부분인 영혼이라는 설명이었습니다. 영혼에는 자유의지가 있어서 그 선택을 할 수가 있다는 것인데, 그래서 이 영혼을 스토아철학에서는 '지배적 또는 주도적 정신 능력'이라는 의미로 헤게모니콘이라고 부릅니다. 이것을 라틴어로는 principale cordis, principale mentis 또는 principale animae로 옮기는데, 성서적 용어로는 라틴어 cor, 그리스어로 kardia가 됩니다.[6] 그리스어 pschye에 해당하는 말이 라틴어 anima이고 이것이 성서적 용어로 가면 그리스어 kardia, 라틴어 cor로 된다는 것인데, 우리말에서는 영혼이라는 말이 마음과 같은 것일까, 생각하면 좀 어색하게 느껴지기도 하지요. 이상한 행동을 하는 사람을 보통 '사이코psycho', 정신병자라 부릅니다만 그것은 선택해야 할 곳psyche에 문제가 생겨 우리가 이해할 수 없는 선택을 하는 사람을 지칭하는 거라고 말할 수 있겠습니다.

'아는 것'과 '행하는 것'은 다른 차원이라고 하지요. 그걸 보통 "세상에서 제일 먼 거리가 머리에서 가슴까지다"라고 표현하기도 하고요. 그리스도교 신학의 설명으로 보자면 그것은 영과 육의

---

6 이성효, 「오리게네스의 인간 이해 안에 나타난 '누스'(nous)의 번역 문제」, 『이성과 신앙』 제50호, 10쪽.

싸움 한가운데 있는 인간의 현실을 가리킵니다. 그래서 '해야 하는 것(당위)'과 '하고 싶은 것(원의)' 사이의 싸움은 인간의 숙명과도 같은 것이지요. 그러나 우리가 지성에 따른다면, 다시 말해 말씀, 로고스에 귀를 기울인다면 우리는 영적인 인간이 되게 됩니다. 그리고 그것은 여정입니다. 우리는 하느님의 모상으로 창조된 인간으로서 점점 더 그분을 닮은 존재가 되도록 부름 받은 존재이기 때문입니다.

04 ___ 대 바실리우스, 하느님의 기억

대 바실리우스는 삼위일체 신학이 정립되는 데 지대한 공헌을 한 교부이고, 교회 최초의 사회복지 시설로 여겨지는 바실리아데스를 세우기도 했으며, 수도교부로서도 크나큰 자취를 남긴 분입니다. 베네딕도 규칙서 말미에 바실리우스의 규칙서를 읽으라는 권고가 나온다는 사실 하나만 봐도 이분의 위상을 짐작할 수 있지요. 바실리우스는 마흔아홉의 길지 않은 생을 살았지만, 이미 살아 있는 동안에 '위대한 사람magnus'이라는 칭호를 받은 인물이었습니다. 그는 오리게네스의 유산을 이어받은 교부이기도 합니다. 젊은 시절 평생의 벗 나지안주스의 그레고리우스와 함께 수도생활을 하면서 오리게네스의 작품 선집philokalia을 만들기도 할 정도였으니까요. 대 바실리우스가 남긴 강론을 한 편 읽어 보겠습니다.

> 우리는 생각으로 쉽게 죄를 짓는 경향이 있다. 이 때문에 우리 마음을 만드신 분께서는 죄의 대부분이 의도의 시작, 충동에서 이루어짐을 아시고 마음 깊은 곳의 순결을 첫 번째 덕으로 규정하셨다. 그분께서는 우리가 죄를 쉽게 짓는 그 부분에 주의를 기울이고 깨어 있어야 한다고 말씀하셨다. 주의 깊은 의사들이 건강이 가장 나쁜 사람

들을 도와줌으로써 그를 구하듯이, 모든 이를 돌보시는 영혼의 의사
이신 그분은 죄에 가장 잘 기울어지는 곳인 우리들의 그 부분에 더
철저하게 주의하라고 명하셨다. 몸으로 이루어지는 바는 시간, 기회,
노고, 도움, 적합한 환경을 필요로 하지만, 생각의 움직임은 어떤 순
간에든 이루어지고 노고 없이 완수되며 어려움 없이 행해진다. (생각
에는) 모든 순간이 다 기회다.[7]

대 바실리우스가 세상을 떠나기 2년 전인 377년, 신명기 15장
9절("네 마음에 하느님의 법을 거스르는 비밀한 생각이 들지 않도
록 너 자신에게 깨어 있으라.")을 주제로 한 강론의 앞부분입니다.
마치 사람의 마음속을 들여다보고 있는 듯한 내용입니다. 계속
따라가 보겠습니다.

열심히 살며 또 그렇게 산다고 이름난 사람, 빛나는 지혜로 둘러싸
인 사람이 있다. 높은 덕 때문에 자기를 칭송하는 사람들과 함께 있
는 동안, 보이지 않는 마음의 움직임을 통해 그 사람이 죄를 향해 달
려가는 일이 일어날 수 있다. 그는 욕망하는 대상을 상상 속에서 보
았다. 바람직하지 않은 대화가 제시되었고, 마음속 비밀스런 공장의
눈앞에 쾌락이 그려졌다. 그는 증인 없이 자기 속에서 아무도 모르는
죄를 범했다. 그 죄는 어둠 속에 숨겨진 것을 밝히고 마음속의 생각

---

[7] 대 바실리우스, 강해 3 「그대 자신에 주의를 기울이라」, 1.

들을 드러내시는 분께서 오실 때까지(1코린 4,5) 감춰져 있을 것이다. 그러니 네 마음에 하느님의 법을 거스르는 숨은 생각이 들지 않도록 깨어 있으라.(신명 15,9 참조) 한 여인을 욕망의 눈으로 바라보는 자는 이미 자기 마음속에서 간음죄를 범했기(마태 5,28 참조) 때문이다. 그러므로 육신의 활동들은 많은 어려움으로 중단될 수 있으나 욕망으로 죄짓는 자는 생각 자체의 속도로 죄를 범하는 것이다. 넘어지는 그 자리에서 자신을 보호할 길이 우리에게 주어졌다. "네 마음에 하느님의 법을 거스르는 비밀한 생각이 들지 않도록 너 자신에게 깨어 있으라."고 말씀하신다.[8]

겉으로 보이는 모습이 어떻든지 간에 마음속에서 일어나는 일들, 타인들은 알 수 없고 우리 자신만 알 수 있는 내면의 모습을 생생하게 이야기하면서 그에 대한 처방으로 '자신에게 깨어 있을 것'을 제시하고 있습니다. 그렇다면 그 깨어 있음은 구체적으로 무얼 말하는 것일까요?

이 계명을 영의 활동으로 이해할 수밖에 없다. 너 자신에게 깨어 있으라, 다시 말해서 모든 면에서 너 자신을 살피라. 너 자신에게 깨어 있기 위하여 영혼의 눈을 뜨고 있으라.[9]

---

8 같은 곳.
9 같은 곳, 2.

대 바실리우스는 신명기 15장 9절, 너 자신에게 깨어 있으라는 말씀을 계명이라 부르면서, 그것이 영혼의 눈으로 자신을 살피는 것이라 말합니다. 오리게네스는 육체에 다섯 감각이 있다면 영혼에도 다섯 감각이 있다고 보았는데, 후대의 교부들에게서도 이러한 생각이 발견됩니다. 바실리우스 역시 자신의 내면을 볼 수 있는 영혼의 눈에 대해서 이야기하고 있지요. 생각으로 하느님을 거스르지 않기 위해 우리 마음에 주의를 기울여야 한다는 바실리우스의 강론 3번은 그의 대규칙서 5번과 연결됩니다.

05 ___ 생각의 평정 ameteoriston

대 바실리우스는 그 자신이 수도생활의 이상에 매료되었던 수도승이었습니다. 당대의 수도생활에 매력을 느껴 수도생활을 하던 젊은 바실리우스는 364년 카이사리아의 주교 에우세비우스에게 사제서품을 받은 뒤 수도생활을 접고 주교의 조력자로 활동하게 됩니다. 이때 여러 수도공동체를 방문하면서 받은 수도생활에 대한 200개의 질문과 그 답을 묶은 『수덕집 Aschetikon』이 지금까지 전해지고 있습니다. 주교가 된 후 바실리우스는 이 작품을 400여 개의 질문과 답변으로 증보했는데 앞의 것을 소수덕집, 뒤의 것을 대수덕집이라 부르지요. 바실리우스 사후 어떤 이가 대수덕집에 나오는 앞의 55개 질문을 한 권으로 묶어 '대규칙 fusius tractate'이라는 제목을 붙이고, 뒤의 318개 질문을 묶어 '소규칙 brevius tractate'이라고 불렀습니다. 이제 우리가 읽을 내용은 이 대규칙서의 다섯 번째 질문에 대한 응답입니다.

> 참으로 하느님을 따르고자 하는 이는 그러므로 삶에 매이게 하는 사슬로부터 자유로워져야 한다. 그것은 옛 습관에서 완전히 떨어져 나오고 그것들을 잊음으로써만 가능하다. 그러므로 "우리의 조국은 하늘에 있습니다."(필리 3,20)라고 하신 분의 말씀에 따르지 못하고 다

른 세상에 우리 삶의 방식을 갖고 이주한 사람처럼, 우리가 이 지상의 삶과 육에 따른 친지들을 낯선 것으로 여기지 않는다면 하느님을 기쁘게 하려는 목적에 이를 수 없을 것이다. 사실 주님께서는 분명히 말씀하셨다. "이처럼 여러분 가운데 누가 가진 것을 모두 버리지 않는다면 나의 제자가 될 수 없습니다."(루카 14,33) 그러나 우리는 한 번 이것을 행한 뒤에 온 힘을 기울여 우리 마음을 지켜야 한다. 하느님 생각을 내쫓고 그분이 하신 놀라운 일들에 대한 기억을 헛된 환상들의 진흙탕으로 뒤범벅 시키는 일이 일어나지 않도록 말이다. 우리는 지워질 수 없는 인장처럼(아가 8,6 참조) 우리 영혼에 각인된 순수하고 끊임없는 기억을 통하여 하느님에 대한 거룩한 생각 속에 머물러야 한다. 이렇게 함으로써 주님의 계명들을 수행하도록 부추기는 하느님 사랑이 우리 안에 생생하게 머물게 된다. 또 주님의 계명을 수행함으로써 하느님 사랑이 지켜지고 지속되며 굳건해지게 된다. 주님께서 다음과 같은 말씀을 하시면서 그것을 보여 주셨다. "여러분이 나를 사랑한다면 나의 계명들을 지킬 것입니다."(요한 14,15) "여러분이 나의 계명들을 지키면 내 사랑 안에 머물 것입니다."(요한 15,10) 또 훨씬 강렬한 말씀으로 이렇게 덧붙이신다. "내가 내 아버지의 계명들을 지켰고, 그래서 그분 사랑 안에 머무는 것처럼 말입니다."[10](요한 15,10)

---

10 대 바실리우스, 대규칙서 5,2.

대규칙서의 다섯 번째 질문은 '생각의 평정ameteoriston'에 대해 묻는 것입니다. 이 말은 생각을 흩트리지 않는다, 걱정하지 않는다는 뜻인데, 루카복음 12장 29절 "그러니 여러분은 무엇을 먹고 무엇을 마실까 찾지도 말고 염려하지도 마시오"에 나오는 단어, '염려하다meteorizo'를 바탕으로 바실리우스가 만든 단어로 여겨지고 있습니다.[11] 바실리우스는 우리가 무얼 배운다고 하면서도 이것을 했다가 저것을 했다가 하면 어떤 학문도 기술도 제대로 배울 수가 없는 것처럼 수도생활의 목표인 하느님을 기쁘게 해 드리는 일도 우리 마음이 여기저기로 마구 옮겨 다녀서는 이룰 수 없다고 말합니다.[12] 모든 목표는 거기에 따르는 어려움과 노력이 있기 마련이며 하느님을 기쁘게 하는 일(수도생활)에는 세상 걱정을 모두 떠나고 마음을 흩트리는 일이 없어야 한다는 것입니다. '생각의 평정'이란 수도승으로 살기 위하여 세상을 버리고 떠나온 사람에게 필요한 덕목인 셈입니다. 세상을 한 번 떠나는 것으로 충분하지 않다는 이야기이지요. 대 바실리우스가 친구 그레고리우스에게 쓴 편지를 한 편 보겠습니다.

> 나에 관해 말하자면, 내가 밤낮 이 고독 속에서 행하는 바를 말하는 것이 부끄럽습니다. 이처럼 나는 도시의 일들과 엄청난 죄악의 기회

---

[11] M. V. Parys, "Memoria di Dio e preghiera in Basilio di Cesarea", *Basilio tra oriente e occidente*, Edizioni Quiquajon, 2001, p.114.
[12] 대 바실리우스, 대규칙서 5,1.

를 포기했지만 여전히 내 자신을 포기할 수 없었기 때문입니다. 오히려 나는 바다에 대한 경험이 없어 항해 중에 큰 어려움에 처하자 뱃멀미로 고통을 겪는 사람들과 같습니다. 그들은 배가 크다고 불안해합니다. 배가 크면 더 크게 파손될 수 있기 때문에 보트나 나룻배로 건너가지만 도처에서 멀미로 고생하고 곤궁을 당합니다. 사실 멀미와 담즙은 그들을 따라다닙니다. 우리 경우도 그렇습니다. 우리는 우리 영혼 안에 타고난 욕정들을 지니고 다니며 도처에서 같은 불안을 느낍니다. 그래서 이 고독으로부터 큰 유익을 얻지 못했습니다.[13]

이 편지는 바실리우스가 아테네 유학을 마치고 돌아와 고향에서 은수생활을 하면서 쓴 것으로, 절친한 벗 나지안주스의 그레고리우스에게 함께 수도생활을 하자고 권유하는 내용입니다. 여기서 그는 하느님을 찾아 세상을 떠났다가, 은수처에서 자기가 만난 현실에 대해 이야기하고 있습니다. 멀미와 그로 인한 쓴물이 항해하는 사람을 따라다니듯이 은수처에서 자신의 모습을 만났다는 고백입니다. 영혼 안에 타고난 욕정들, 불안들, 온갖 생각들이 수도자를 따라다닌다는 말이지요. 그런 것들이 하느님을 생각하지 못하게 하고 그분이 우리에게 베푸신 놀라운 일들에 대한 기억들을 헛된 환상들로 마치 진흙탕처럼 만들어 버린다는 토로입니다.

---

13 허성석 옮김, 「성 바실리우스의 편지 2」, 『코이노니아』 37집, 164~165쪽.

06   하느님의 기억과
하느님의 내주內住

앞서 보았던 대규칙서 5번의 답은 이러한 불안, 생각의 흐트러짐에 맞서서 두 가지를 해야 한다고 말합니다. 망각과 기억입니다. 옛 습관들을 잊고 하느님을 기억하라. 단순화해서 말하면 나를 잊고 하느님을 기억해야 한다는 것입니다. 왜 나를 잊고 하느님을 기억해야 할까요? 나는 내 안에 있는 것을 통해 내 밖에 있는 것을 보기 때문입니다. 바실리우스가 말하듯이 "영혼 안에 타고난 욕정들, 불안들"을 통해서 만나는 바깥의 것들은 있는 그대로의 모습일 리가 없으니까요. 아우구스티누스는 기억을 영혼의 위장이라고 말하기도 합니다만,[14] 우리가 생각을 흩트리는 일 없이 평온하게 있고 싶어도 이미 내 안에 많은 것들이 들어 있어서 나를 불안하게 하고 욕정에 사로잡히게도 한다는 말입니다. 그렇기 때문에 나를 잊는다는 것은 다른 말로 하면 나의 욕정과 불안들, 다른

---

[14] 그런데 이것은 아주 다릅니다. 기억 자체가 곧 영혼이기 때문입니다. 이렇게 기억 자체를 영혼이라고 부르면서 무엇을 기억해서 간직해 두라고 명령할 때 저희가 하는 말은 "그것을 마음에 간직하도록 하라!"입니다. 또 저희가 무엇을 잊어버리면 "마음에 두지 않았다"거나 "마음에 없었다"라고 합니다 … 만일 그렇다면 기억은 영혼의 위장 정도인 셈이고, 기쁨이니 슬픔이니 하는 것은 단 음식과 쓴 음식 비슷한 셈입니다.(아우구스티누스, 성염 역, 『고백록』 X14,21, 경세원, 2016, 367쪽)

말로 하면 내 안의 부정적인 기억들로부터 자유로워진다는 뜻이 되겠지요. 내가 나에게 사로잡혀 있다는 것을 깨닫지 못하면 내 안의 온갖 것 때문에 갈팡질팡하면서도 정작 자신은 아무 문제가 없으며 오로지 밖에만, 다른 사람들에게만 문제가 있다고 여기게 됩니다. 그리고 남들을 바꾸겠다고 나서게 될 것입니다. "몸의 등불은 눈입니다. 눈이 맑으면 온몸이 밝고, 눈이 흐리면 온몸이 어두울 것입니다. 그러니 당신 안에 있다는 빛이 어둠이라면 그 어둠이 얼마나 심하겠습니까!"[15] 예수님의 말씀은 우리 인간들의 이러한 보편적인 현실에 대한 깨우침이 아닌가 합니다. 우리가 영혼의 눈을 뜨고 있어야만 하는 이유가 여기에 있습니다.

나를 잊고 하느님을 기억할 때 우리는 하느님으로 채워지게 됩니다. 다시 말해 하느님 안에 살게 됩니다. 앞서 함께 읽은 바실리우스의 서간 2번은 바실리우스의 수도생활에 대한 이념을 잘 표현하고 있어서 '원규칙'이라 불리기도 하는데, 하느님 기억이 우리를 그분 성전이 되게 한다는 내용도 담고 있습니다.

> … 영혼 안에 하느님 생각을 분명하게 각인시키는 훌륭한 기도가 있습니다. 이것은 하느님의 내주內住, 곧 하느님에 대한 기억을 통하여 우리 안에 거주하시는 하느님을 소유하는 것입니다. 하느님에 대한 지속적인 기억이 세상 걱정으로 중단되지 않고 정신이 갑작스런 욕정

---

15 마태 6,22-23.

들로 동요되지 않을 때 우리는 하느님의 성전이 됩니다.[16]

이 '기억-하느님의 현존'이라는 개념은 수도생활에 대한 대 바실리우스의 가르침에서 정수에 해당합니다. 우리는 하느님께서 행하신 선들, 즉 그분의 창조, 그리고 역사와 내 삶 속에서 행하신 일들을 기억함으로써 그분의 현존을 살게 됩니다. 즉 길을 갈 때나 일할 때나, 밤의 어둠 속에 있거나 낮의 빛 속에 있을 때나, 언제나 하느님의 눈이 우리를 바라보고 계심을 알게 된다는 것입니다. 이것은 점진적인 회심의 드라마이며, 이 회심의 여정 끝에는 하느님 사랑과 이웃 사랑이라는 첫째가는 계명의 실천이 자리하고 있습니다.[17]

나의 기억을 하느님의 기억으로 바꾸어 가는 회심의 여정에는 감사가 있습니다. 내 삶에서 도저히 감사할 수 없었던 것을 감사로 바꾸는 것은 그것을 나의 눈이 아니라 하느님의 눈으로 바라볼 때 가능합니다. 소규칙서에서 "하느님 사랑을 어떻게 얻을 수 있습니까?"라는 질문에 바실리우스는 이렇게 대답합니다.

> 우리가 감사하는 마음과 순수한 의식으로 그분의 선물을 받아들인다면 하느님 사랑을 얻을 수 있다. 이것은 이성이 없는 동물들에게서

---

16 허성석 옮김, 「성 바실리우스의 편지 2」, 『코이노니아』 37집, 170쪽.
17 P. Rousseau, *Basil of Caesarea*, University of Califonia press, 1998, pp. 225~226.

도 나타난다. 우리는 개들이 밥을 주는 이만 사랑하는 것을 본다. 우리는 그것을 이사야 예언자의 꾸짖는 말을 통해서도 배운다. '자식이라고 기르고 키웠더니 도리어 나에게 반항하는구나. 소도 제 임자를 알고 나귀도 주인이 만들어 준 구유를 아는데, 이스라엘은 아무것도 알지 못하고 내 백성은 철없이 구는구나.' 소나 나귀들도 받은 것 때문에 자신들을 키워 준 이들을 자연스럽게 사랑하게 된다. 이처럼 우리도 하느님의 선물을 감사하는 마음과 순수한 의식으로 받아들인다면, 또한 이러한 내적 태도가 그 누구에게서 받은 것이 아니라 건강한 영혼 속에 자연스럽게 만들어졌다고 한다면 이토록 좋은 것을 많이 주시는 분을 어떻게 사랑하지 않을 수 있겠는가?[18]

나의 삶에 대해 감사하게 되는 것은 나 자신과 화해하는 일이며 하느님과 화해하는 일이기도 합니다. 사실 내 삶에서 감사할 수 없는 것에 감사하기는 정말 어려운 일입니다. 프란치스코 성인의 회심 초기에 예수님이 "프란치스코야, 너에게 아주 달콤했던 것이 아주 역겨운 것이 될 것이며, 네게 아주 역겨웠던 것이 아주 달콤한 것이 될 것이다."라는 말씀을 주셨다고 하지요. 나 자신이 감사로운 존재가 될 때 이웃에게도 하느님에게도 나를 내어줄 수 있으며 이것이 복음서에서 말하는 첫째가는 계명, 하느님을 사랑하고 이웃을 사랑하는 일이 되겠지요. 대 바실리우스는 "우리를 구

---

18 대 바실리우스,『소규칙서』, 212.

원하는 것은 이름이 아니라 우리가 행한 선택이다"¹⁹라고 말한 적이 있습니다. 그리스도인, 수도자, 성직자, 여러 가지 이름이 있지만 이 이름이 모든 것을 다 해결해 주지는 않지요. 받아들일 수 없었던 내 삶에 감사하게 되면 그분을 만날 수 있다, 말로는 아주 간단하다고 할 수 있습니다. 그러나 이 과정은 내 기억 속에 숨은 것들을 하나하나 하느님과 함께 살펴보며 그분께 돌려드리는 긴 여정일 것입니다.

---

19 대 바실리우스, 서간 257,2.

07   하느님 말씀의 기억

'기억-하느님의 현존'이라는 회심의 여정에서 말씀은 중요한 역할을 합니다. 시편 제1편을 강론하면서 바실리우스는 하느님의 말씀을 우리 영혼의 약에 비유합니다.

> 성경의 모든 부분은 하느님의 영감을 받은 것으로 유익합니다.(2티모 3,16) 바로 이 때문에 성령께서는 모든 영혼에게 열려 있는 병원과도 같이 우리 각자가 자기의 고유한 병에 적합한 약을 얻을 수 있도록 성경을 엮으셨습니다. 성경은 말합니다. 약은 중한 죄들을 없앨 것이다.(집회 10,4) 성경 안에는 예언자들의 가르침이 있고 역사가들의 가르침도 있으며, 율법의 가르침도 있습니다. 또 잠언들에 담긴 권면들도 있습니다. 그러나 시편집은 다른 이들에게 유용한 것들을 모두 포괄합니다. 앞날을 예언하고 지난 일을 되살려 주며 삶을 위한 법들을 줍니다. 꾸준히 해야 할 행실들을 제안합니다. 요컨대 좋은 가르침들을 담은, 모두를 위한 보물이므로 각자는 자신에게 보다 유익한 돌봄을 거기서 찾습니다. 실상 성경은 영혼의 오래된 상처들을 치유하고 현재의 어려움에 숨 돌릴 수 있게 합니다. 병든 것을 돌보고 건강한 것을 보존케 합니다. 여러 모양으로 인간 영혼을 휘두르는 욕정들을, 할 수 있는 한 완전하게 없애 줍니다. 지혜로운 생각들을 낳을 수

있도록 이 모든 것을 즐거움과 가락이 담긴 달콤함을 가지고 행합니다.[20]

오래된 상처들을 치유하고 현재의 어려움을 달래 주는 약이므로 우리가 말씀을 먹는 것은 당연한 일입니다. 바실리우스는 성령께서 마치 지혜로운 의사와도 같이 "쓴 약을 병자에게 줄 때 약그릇 주변에 꿀을 바르듯"[21] 말씀을 준비하셨다고 말합니다. 말씀을 기억하는 것은 어렵지만 이렇게 해서 시편은 어디에서나 기억할 수 있게 되었다는 것이지요. 여기서 말씀을 '먹는 것'과 '기억하는 것'이 서로 연결됩니다. '영혼의 눈'이 있는 것처럼 '영혼의 입'도 있기 때문입니다.

'나 언제나 주님을 찬미하리니 내 입에 늘 찬양이 있으리라.'(시편 33,1) 여기에는 예언자의 설명하는 말이 빠져 있는 것 같습니다. 어떻게 사람의 입에 하느님 찬미가 늘 있을 수 있을까요? 우리가 매일의 삶에 관한 것들, 습관적인 것들을 이야기할 때 하느님 찬미를 입에 올리지 못합니다. 잠잘 때는 모든 것에 침묵할 것입니다. 먹고 마실 때 어떻게 그 입이 찬미 노래를 할 수 있겠습니까? 이에 대해서 우리는, 인간의 내면에는 하늘에서 내려온 빵인 생명의 말씀을 받아서

---

20 대 바실리우스, 시편 제1편 강해, 1.
21 대 바실리우스, 시편 제1편 강해, 2.

먹는 영적인 입도 있다고 대답합니다. "당신 계명을 열망하기에 저는 입을 벌리고 헐떡이나이다."(시편 119,131)라고 말할 때 예언자도 이 입에 대하여 말합니다. 주님께서는 진리의 양식을 더 풍성히 받아 모시도록 입을 더 크게 벌리라고 권하십니다. "입을 크게 벌려라, 채워 주리라."(시편 81,11) 그러므로 하느님 생각은 영혼의 가장 고귀한 부분에 인장처럼 한 번 새겨지면 항상 영혼 안에 사는 하느님의 찬미라 부를 수 있습니다.[22]

하느님의 기억은 당연히 하느님의 업적을 기록한 성경 말씀의 기억도 가리킵니다. 늘 하느님 말씀을 먹고 그것을 기억하며 살 때 우리는 나의 기억을 하느님의 기억으로 바꾸어 가게 됩니다. 그 과정은 우리 인생의 여정이 되겠지만 그 여정에서 내 안에 사시는 하느님께서 나의 삶을 인도하시게 됩니다. 바실리우스가 활동하던 시기는 제국 정치가 교회의 가르침에 개입하고 그에 따라 교회는 사분오열되어 있는 상황이었습니다. 그는 죽을 때까지 이러한 상황을 아파하면서 혼신을 다해 교회 일치를 위해 노력했습니다. 동일본질이라든가 유사본질, 상이본질 같은 그리스도의 신성을 둘러싸고 빚어진 분열이었습니다. 그 어떤 선이라도 평화라는 선이 있은 다음 자리에 온다! 바실리우스는 로마 교종 다마수스나 아타나시우스 같은 이들과 서신을 주고받으면서 공의회를 열

---

22 대 바실리우스, 시편 제33편 강해, 3.

어 교회가 한마음으로 교의를 확정하는 길을 찾으려 동분서주했습니다.[23] 그의 수덕 작품들 가운데 유일하게 '규칙'이라는 이름을 달고 있는 『도덕규칙서』의 서문에는 이러한 바실리우스의 체험이 담겨 있습니다.

> … 하느님의 교회에서는 하느님의 성경을 둘러싸고, 또 교회 안의 사람들 사이에 크나큰 불화가 있음을 보았다. 교회를 위하여 그리스도께서 죽으셨고 교회에 풍성하게 성령을 부어 주셨는데도 말이다. 더 무서운 일은 교회의 지도자들이 의견과 판단에 서로 다른 입장에 서서 우리 주님 예수 그리스도의 계명을 거스르면서 하느님의 교회를 무자비하게 분열시키고 있는 것을 보는 것이었다. 그들은 자기 양떼들을 불쌍히 여기지 않고 이렇게 괴롭힘으로써(지금은 상이본질파까지 나타나 있다) "여러분 자신들 가운데서도 제자들을 끌어내어 자기 뒤를 따르게 하려고 어그러진 말을 하는 사람들이 일어설 것입니다(사도 20,30)"라는 말씀이 자기들 안에서 이루어지게 하였다. … 이러한 상태에 대해 오랜 시간 괴로워하며, 그 이유를 찾는 동안 나에게 판관기의 말씀이 떠올랐다. 각자가 어떻게 제 눈에 옳은 것을 행하였는지, 그리고 그러한 일이 왜 일어났는지를 설명하는 말이었다. 그 말은 이러하였다. "그날에 이스라엘에는 왕이 없었기 때문이

---

23 콘스탄티노플 공의회는 그가 세상을 떠난 2년 후인 381년에 열렸고, 그 공의회를 이끈 이는 나지안주스의 그레고리우스였다.

다.(판관 21,25)"[24]

교회가 그렇게 분열의 아픔을 겪는 것은 교회 안의 사람들이 하느님을 유일한 왕으로 모시지 않고 각자가 왕 노릇을 하기 때문이라는 아픈 깨달음입니다. 하느님의 말씀을 나날의 양식으로 삼아 살았던 대 바실리우스가 늘 마음에 품고 던지던 질문에 대해 바로 성경 말씀이 대답을 해 주었던 것이지요. 우리 또한 매일 영혼의 입으로 말씀을 먹고 기억하며 살게 되면 우리 눈에 옳다고 여겨지는 것에 따라 사는 게 아니라, 우리 안에 사시는 유일한 주님께서 가르쳐 주시는 대로 살게 될 것입니다. 이것이 내가 아니라 그리스도를 유일한 왕으로 모시고 그분의 인도를 따라 사는 삶입니다.

---

[24] 대 바실리우스, 「하느님의 심판에 대하여」(『도덕규칙서』 서문), 653b-656a.

08 ____ 마치며

이렇게 그리스도교 영성에서 '분심잡념'과 관련한 주제를 대 바실리우스의 가르침과 연관 지어 살펴보았습니다. 후에 대 바실리우스의 제자라고 할[25] 에바그리우스 폰티쿠스(345-399)는 수도승들에게 분심잡념을 불러 일으켜 수도생활을 포기하는 데까지 이르게 하는 여덟 가지 악한 영[26]에 대한 가르침을 정리하여 남겼습니다. 이 가르침은 수도원 전통을 통해 내려오다가 대 그레고리우스 교종을 통해 일곱 가지 대죄로 정리되어 모든 그리스도인들을 위한 가르침으로 변모합니다.[27] 명나라에 선교사로 온 판토하가 쓴 『칠극』이 칠죄종에 대한 이야기이며, 이 『칠극』이 『천주실의』와 함께 우리 초기 교회의 역사에서 큰 역할을 했음은 널리 알려져 있지요.

대 바실리우스는 우리가 끊임없이 하느님을 기억함으로써 그

---

[25] 에바그리우스 폰티쿠스는 대 바실리우스에게서 독서직을 받고 나지안주스의 그레고리우스에게서 부제품을 받은 교부로서 383년경 이집트로 가서 수도승으로 일생을 마친 분입니다. 그는 나지안주스의 그레고리우스를 평생의 스승으로 여겼습니다.

[26] '로기스모이(loghismoi)'는 수도승을 공격하는 악한 영(생각)을 가리킵니다. 이에 대해서는 허성석 역, 『프락티코스』의 해제, 분도출판사, 2011.

[27] '여덟 가지 악한 생각'이 칠죄종이 되기까지의 과정에 대해서는 황인수, 『칠죄종 일곱 가지 구원』, 성바오로, 2021, 35~49쪽 참조.

분의 성전이 된다고 가르칩니다. 거꾸로 이야기하면, 우리가 그분을 잊을 때 그분을 잃게 된다는 말이 됩니다. 하느님을 어떻게 끊임없이 기억할 수 있는가? 우리 영혼의 입으로 그분의 말씀을 계속 섭취할 때 그 말씀이 우리 안에 살며 이것이 그분에 대한 끊임없는 기억입니다. 그럴 때 이 말씀으로 말미암아 우리 고통의 기억이 치유되며 우리는 자신의 삶에 감사드릴 수 있게 됩니다. 하느님과 화해하게 되는 것입니다. 그전까지는, 다시 말해 고통의 기억속에 있을 때 우리는 하느님 아닌 다른 것을 찾는 죄로 이끌리게 되지요. 나의 기억을 하느님의 기억으로 바꾸는 것, 그분과 화해하는 것은 긴 여정이지만 그것이야말로 우리 그리스도인 본연의 것입니다.

무엇이 주님의 빵과 잔을 드는 이의 일인가? 우리를 위해 죽으시고 부활하신 분에 대한 끊임없는 기억을 보존하는 것이다. 무엇이 이러한 기억을 보존하는 이의 일인가? 더 이상 자신을 위해 살지 않고 그들을 위해 죽으시고 부활하신 분을 위해 사는 것이다. 무엇이 그리스도인의 일인가? 주님의 복음에 맞갖은 가르침에 따라 그의 의로움이 율법학자들과 바리사이들의 의로움보다 모든 면에서 나은 것이다. 무엇이 그리스도인의 일인가? 그리스도께서 우리를 사랑하셨듯이 서로 사랑하는 것이다. 무엇이 그리스도인의 일인가? 자신 앞에서 늘 주님을 뵙는 것이다. 무엇이 그리스도인의 일인가? 주님께서 생각하지도 못한 시간에 오신다는 것을 기억하며 매일 매시간 깨어 하느

님을 기쁘게 하는 일을 완전하게 수행할 준비를 갖추는 것이다.[28]

---

28 대 바실리우스, 『도덕규칙서』 80,22.

완덕오계,
일은 분심잡념을 물리치고

2022년 04월 25일 인쇄
2022년 05월 02일 발행
발행인 | 양낙규
발행처 | 도서출판 형제애
주소 | 서울 성북구 성북로 143
전화 | 02-744-4702
홈페이지 | http://www.brotherhood.or.kr
등록번호 | 제307-2018-11호
만든곳 | 흐름(www.heureum.com)

ISBN 979-11-963522-8-8(04230)
      979-11-963522-7-1(세트)

값 22,000원

*출판 승인: 천주교 서울대교구, 2022년 3월 11일
*이 책의 저작권은 한국순교복자성직수도회가 소유합니다. 저작권자의 허락 없이 이 책의 일부 혹은
  전체를 무단 복제, 전재, 발췌하면 저작권법에 의해 처벌받습니다.